本书系江苏省社会科学基金"基于民事赔偿的刑事责任研究"项目成果（项目编号 13FXB006），扬州大学出版基金资助

论刑事责任的生成

高永明　著

On the Formation of
Criminal
Responsibility

知识产权出版社
全国百佳图书出版单位

图书在版编目（CIP）数据

论刑事责任的生成/高永明著 . --北京：知识产
权出版社，2018.8
ISBN 978-7-5130-5288-7

Ⅰ.①论…　Ⅱ.①高…　Ⅲ.①刑事责任—研究　Ⅳ.
①D914.104

中国版本图书馆 CIP 数据核字（2017）第 290265 号

内容提要

　　传统刑事责任作为刑法基础理论，20 世纪一直处于显学地位，进入 21 世纪后该问
题鲜有人问津。在大陆法系和英美法系国家，与我国完全相反，传统刑事责任一直都
没有成为刑法学的研究对象。近年来研究的动向是从传统刑事责任向责任主义转变。
本书通过"刑事责任的生成"这一命题，从全新的视角，试图解决上述反差以及转变
的原因，并对传统刑事责任做精细化解剖，探讨其规范运作问题。

责任编辑：庞从容　薛迎春　　　　　　　　**责任校对：**潘凤越
封面设计：宗沅书装　　　　　　　　　　　　**责任印制：**刘译文

论刑事责任的生成

高永明　著

出版发行：	知识产权出版社 有限责任公司	网　　址：	http：//www.ipph.cn
社　　址：	北京市海淀区气象路 50 号院	邮　　编：	100081
责编电话：	010-8200860 转 8726	责编邮箱：	pangcongrong@163.com
发行电话：	010-82000860 转 8101/8102	发行传真：	010-82000893/82005070/82000270
印　　刷：	三河市国英印务有限公司	经　　销：	各大网上书店、新华书店及相关专业书店
开　　本：	710mm×1000mm　1/16	印　　张：	16.25
版　　次：	2018 年 8 月第 1 版	印　　次：	2018 年 8 月第 1 次印刷
字　　数：	250 千字	定　　价：	48.00 元

ISBN 978-7-5130-5288-7

/序 一/

高永明是我指导的博士后人员，这部著作是在他博士后出站报告的基础上修改而成的，他邀请我作序，遂欣然应允。

刑事责任理论是刑法学中特别重要的基础理论，它关系到刑法学的存在根据，刑法学总论体系以及刑法基本原则等一系列根本性问题。从源头上看，我国刑事责任理论是从苏联舶来的，至20世纪末期，已经形成了较为成熟的研究成果并具有了一定的研究特色。但2000年后，对传统刑事责任的研究逐渐淡化，以至今日几近沉寂。在这样的背景下，高永明博士以《论刑事责任的生成》为题，选择传统刑事责任作为研究的对象，体现出了其学术探索的勇气，难能可贵。

本书的大部分已经发表在《法律科学》《政治与法律》《当代法学》等期刊上，从内容来看，作者充分吸收了答辩中专家提出的修改意见，运用翔实的资料，采取语言学、文献分析等方法，以"刑事责任的生成"为中心命题，对传统刑事责任理论做了充分的论证和分析。综观本书，最大的特色在于以新的视角对传统刑事责任做了不同于以往的研究。

与以往对传统刑事责任的大多数研究不同，作者以"刑事责任的生成"为中心议题，通过对传统刑事责任生成的考察，提出了犯罪的成立过程同时就是刑事责任的产生过程，即犯罪和刑事责任是同时产生的。通过这一命题，作者较好地解释了刑事责任在我国出现由盛转衰以及和大陆法系、英美法系极大研究反差的现象，在一定程度上解决了传统刑事责任的命运起伏以及沉寂的原因。通过这一命题，也在一定程度上说明了刑法总论体系的"罪—刑"结构。当然，作者对这个问题的论述并不完全充分，也可能并不完全科学，但作者提出的"刑事责任是如何生成的"这一命题，的确给我们重新发现刑事责任提供了一个新的视角。

本书的其他方面无须赘述，体现了作者良好的学术规范和学术态度。但在某些问题的论证中有些意犹未尽之感。作者在著作最后提出传统刑事责任仅应存在于与民事责任和行政责任的关系中，在我看来也不尽合理。

从作者发表的既有论文来看，其对本问题的关注已经十年有余。既然本书成稿已历经多年，我想应当有其可贵之处，毕竟认真思考的学术成果都应予以尊重。祝愿作者在今后的学术生涯中更进一步。

聊作数语，是为序。

2017 年 10 月 25 日于北京世纪新景园

/序 二/

"刑事责任"一词在我国刑法典中出现了 28 次，具有显赫的地位。学界对刑事责任的研究曾经花费了极大的精力，发表的论文、出版的专著、教科书中的相关论述，不说是汗牛充栋，至少也可以说是蔚为大观。但这些研究到底有多少智识上的贡献，不无疑义，在多大程度上促进了刑法学的理论发展和水平提升，解决了多少刑事法治的现实问题，也是值得打一个问号的。

当年读研期间关注刑事责任问题时，发现学界仅是对刑事责任的定义就提出了多种不同的学术观点，诸如法律后果说、法律责任说、法律关系说、法律义务说、刑事评价说、刑事负担说等，搞得人头昏脑胀；对于其地位，也有媒介说（纽带说，认为刑事责任是连结犯罪和刑罚的纽带、媒介）、刑罚上位概念说（认为刑事责任和犯罪是平行的概念，刑罚则是刑事责任的下位概念）、基础理论说（认为刑事责任是犯罪和刑罚的上位概念，是刑法最基础的概念）等多种不同主张，而这些不同学说的学理价值，我当时却实在看不出来。开始我以为是自己水平不行、学力不逮，所以才不能理解这些学说的理论意义，但同时也有疑惑：如果无法确定其基本内涵，连最基本的定义都无法达成共识，那这个概念能在多大程度上发挥统领理论、指导实践的作用呢？如果对其体系性地位都无法确定，这个概念能发挥据说是其拥有的那种统领性作用或者举足轻重的作用吗？

我国台湾地区学者洪福增教授在《刑事责任之理论》一书中认为，"责任"有两种不同的意义：一个是作为法律后果的责任，即广义的刑事责任，"系指可使实行行为之行为者立于承受刑罚的地位之情形"，"此仅不过表示可使行为者受刑罚制裁之抽象的可能性而已"；另一个是作为三阶层之一的"有责性"中的责任，即狭义的刑事责任，是指"行为者在道义上或社会上可非难之心理状态下，而实行适合于刑法上之犯罪构成要件的违法行为时所应受之道义上的或社会上的非难，即为'责任'。故此之所谓

'责任',并非指单纯的心理状态,而系意味着其心理状态在道义上或社会上所能加以非难之性质"。该书对前一种意义上的刑事责任几乎没有论述,对后一种意义上的责任却进行了详细的阐释和论述,看了这本书我才知道研究责任论原来还有另一种理论模式。随着学力的不断提高,后来还是后一种态度占了上风,我终于认为,以广义的刑事责任为研究对象的传统研究是没有学术价值的,所以也就放弃了对该问题的思考和探究。

当代中国刑法学是一种舶来品,其基本框架的原产地在苏联,以四要件为特色的刑法理论20世纪50年代初期引进到中国,20世纪80年代在建设社会主义法制的背景下在中国生根发芽,取得一统天下之势,之后数年时间里刑法学研究都在这一理论框架之下展开。苏联的刑事责任理论也随之进入中国刑法学知识体系中。与此同时,随着改革开放的逐渐深入,大陆法系刑法学的知识产品也开始进入,先是对岸的台湾地区刑法学论著,接着是日本刑法学。在比较中大家发现大陆法系刑法理论比我们熟悉的四要件理论论证更深刻、逻辑更自洽、解释力更强大,几乎所有的刑法人都在捧读韩忠谟、洪福增、林山田、大塚仁、福田平、团藤重光的相关著作。大陆法系的刑法理论理所当然地要进入中国刑法学知识体系,人们试图在四要件的框架下加入另一种知识元素,以提升中国刑法学的品位和格调。在这一过程中,有些知识顺利进入而未发生太大障碍,如不作为、违法性认识、间接正犯、片面共犯等,有些则与四要件理论发生了不可调和的冲突,使其无法在其中找到安身立命之地,如结果无价值与行为无价值之争、期待可能性理论、共犯从属性理论,以及罪数理论中的许多学说等。

在引进这些知识的早期,刑法学知识显得非常混乱,逻辑上的自相矛盾随处可见,理论与实践的严重脱节比比皆是。刑事责任论的研究就是如此,由于四要件理论中没有责任论的地位,是不可归责的犯罪构成(陈兴良教授语),因此只能在犯罪构成体系之外寻找其位置,这样才出现了纽带说、刑罚上位概念说、基础理论说等不同观点。也因此才无法区分两种不同意义上的责任——对有责性中的责任这一更为重要的命题无法进行研究,对作为法律后果的刑事责任则进行了更多探讨,不能不说,这些研究就像永明在本书中指出的,实际上是研究了一个伪问题。此外,试图引进的大陆法系刑法知识虽然造成了刑法学知识体系上的错乱——本来是有责性中的责任(狭义的刑事责任)的内容被用来解释作为法律后果的刑事责任(广义的刑事责任),如认为刑事责任的根据是相对的意志自由，就是用来解释有责性之责任的道义责任论的立场，但这些研究却比研究刑事责任的定义、地位更有学术价值。

随着学术视野的不断扩大和理论研究的进一步深入，学术界终于产生了以三阶层理论取代四要件理论的声音，开始了相应的理论探索，产生了相应的理论产品。随着研究的不断深入，现在的高端学术刊物上发表的刑法学论文均或明或暗地以三阶层理论为学术背景，纯粹在四要件框架下思考问题，既无法深入地探讨问题，也无法提供知识上的贡献，已经不可能在高端学术刊物上发表。在这种背景下，20世纪90年代几乎成为刑法学界"显学"的刑事责任研究，当然就呈现出衰退之势。根据永明的研究，最近几年来，"重量级研究者不再关注这个问题，CSSCI收录期刊再也没有一个刊发过此类文章"：对作为法律后果的刑事责任的研究已经没有多大的学术价值，对作为犯罪成立条件的责任的研究固然重要，但目前的研究水平尚不足以在该问题上超越大陆法系刑法学百年来的研究，因而也就无法产出有价值的研究成果。

永明在本书中指出："从我国刑事责任的历史来看，责任主义是其前世始祖。正是在苏联刑法中，责任主义演变为现在的刑事责任。现在我国的研究动向是将对刑事责任的研究重新转变回对责任的研究，似乎转了一大圈又回到了原点。这似乎具有严重的讽刺意味。"不能不说，刑法学研究走了一段弯路。在刑事责任问题上那么多的优秀学者殚精竭虑地苦苦求索，结果却终于发现这其实是一个伪问题，这样的研究历程不能不让人感慨嘘唏。

20世纪50年代向苏联学习，引进四要件的犯罪构成理论，20世纪80年代法制初建时以四要件理论构建中国刑法学，有当时不得不然的原因，不足深责，而且四要件理论对于重建刑事法治、促进刑法学研究，还是起到了非常重要的作用的。但在法治建设已经发展到今天，人民群众对法治提出了更高要求的时候，在理论研究不断深化、知识积累和人员储备已经达到相当程度的时候，如果仍然抱残守缺，则不能不说是一种遗憾。就像永明在本书中所断言，"从犯罪论现在的发展趋势来看，大陆法系犯罪论的继受几成定论"，在此背景之下对四要件框架之下传统的刑事责任理论进行认真的梳理，指出其概念的静态性、内容的虚无性、功能的错位性、本质的僵化性、根据的虚假性、地位的弱势性以及规范性的缺失，具有重要的理论意义。这也证明了四要件理论的不足和以四要件理论为框架研究犯罪论、研究刑法学的先天缺陷。

学术研究走了弯路，固然是学术资源的浪费，但其实也是一种探索，是在比较不同路径的合理性和合法性；也是一种创新，是在考证既有理论是否足以容纳更多学术内容，是否有足够的发展空间。正是在走过弯路后我们才能发现什么是正确的路径，也才能对正路的适切性有切身的感受。从这个意义上说，学术研究的弯路是不可避免的，是有价值的，它催生了学术路径的转向、知识形态的转型和学术水准的提升。基于此，当年那么多优秀学者对刑事责任问题孜孜不倦的探索，仍然是值得充分尊重的。

永明的著作的意义当然不止于此。大陆法系刑法理论关注狭义的责任即作为三阶层之一的"有责性"中的责任，对广义的刑事责任很少论述；我国以前对刑事责任的研究缺乏学术意义。在此背景之下，一方面应当和大陆法系的刑法同人一道共同研究"有责性"中的责任，另一方面也应当对广义的刑事责任予以关注，这毕竟是我国刑法典中多次出现的概念。永明的具体论述针对的是广义的刑事责任，但他的研究已经和我国此前的研究迥然有别。他提出的刑事责任是生成性的、过程性的，刑事责任的过程性意味着刑事责任的理念应当实现从惩罚到修复的功能性、从观念到实践的价值性的转变，在传统刑事责任生成的过程中，思维、情感、民事赔偿、刑事和解和行政行为这些特殊的因素应当得到充分的关注，以及刑事责任对于区分其与民事责任、行政责任的意义，等等，都具有重要的理论价值。

2004 年从西北政法大学取得刑法学硕士学位后，永明到扬州大学法学院任职，其间他一直在不断地追求教学上的成功和学业上的进步，2008 年他考取了吉林大学刑法学博士，师从李洁教授。李洁教授的学问、人品在刑法学界有口皆碑，跟随李洁教授期间，永明的学业取得了长足进步，虽然艰辛，却很充实，虽遇波折，但收获颇丰。之后他又远赴美国访学，赴中国政法大学从事博士后研究，其学术功底更加扎实、视野更加开阔，这些在他的这本著作中都得到了充分的展现。在教学方面，永明取得了巨大的成绩，先后获得扬州大学中青年教学讲课比赛一等奖、扬州大学教学质量奖一等奖。我期待着永明在学术上也勇猛精进，取得同样的乃至更大的成就。

2017 年 11 月 11 日于西安

/ 目 录 /

绪　论

我国刑法对刑事责任的规定和犯罪相并列，以"犯罪和刑事责任"命名刑法第二章第一节。在理论上，犯罪成立理论一直是刑法理论的重心，关注犯罪是如何成立的，但刑事责任如何成立或者说如何生成的，则根本不是一个问题，也从没有人关注过该问题。从刑法总论立法体系以及刑法总论理论来看，"犯罪—刑事责任—刑罚"这一体系在我国是基本得到认可的通说，犯罪的后果是刑事责任，进而是刑罚，在刑法基本原则中体现为罪责刑相适应原则。但在大陆法系国家，作为我国刑法理论重点研究的刑事责任却从来都不是理论研究所关注的，在其总则体系以及刑法总论理论体系中，是"犯罪—刑罚"，因而形成罪刑均衡原则。那么，犯罪的直接后果是刑事责任还是刑罚？犯罪结果意义上的刑事责任究竟是犯罪之后的进一步"处理"，还是相伴着犯罪同时产生？假如相伴犯罪同时产生，"罪责刑均衡"原则就是一个虚假的命题。长久以来，关于刑法总论体系的结构一直是刑法中的重大命题，也产生了数种说法，但争议基本是命题之内看问题。假如变换一个视角，从问题之外看这一问题，知道了刑事责任是如何产生的，则其和犯罪的关系、刑法总论体系的争议或许会有新的发现。刑事责任的生成是本书的中心命题，本书的基本结论是犯罪的产生过程同时也是刑事责任的生成过程，因而刑事责任并不是犯罪的后果，而是和犯罪同时产生。通过刑事责任的生成这一命题，首先，可以解决刑法总论体系问题。其次，可以透视作为犯罪结果意义上的传统刑事责任这一命题的虚假性。众所周知，大陆法系国家刑法理论基本不研究作为基础理论的我国刑法中的传统刑事责任，体现在其教材中没有专章列刑事责任，学术性专著也没有研究此种结果意义上的刑事责任的，其"刑事责任论"之类的类似研究中的"责任"是作为犯罪成立要件的"责任"。再次，刑事责任的生成这一命题，可以解释在我国以及大陆法系国家对其研究发生差异的原因。最后，传统刑事责任在 20 世纪一直是刑法学中的显学，但进入 21 世纪后基本上无人问津。本书以刑事责任的生成作为解释工具尝试对此做出解释。

作为刑法基础性理论，刑事责任发展到今天，一个公认的事实是其面临着巨大危机，不仅在形式上不再成为研究的热点，而且在内容上现有理论始终停留在 20 世纪 90 年代的水平上无法更进一步。张旭教授认为，这种状况的产生不乏刑法理论中有太多新东西需要研究的原因，更重要的因素是刑事责任研究已经形成相对饱和状态。[1] 从我国刑事责任产生的历史来看，自 20 世纪 80 年代以来，随着刑法理论研究的逐渐深入，我国学者开始考虑将"刑事责任"这一范畴导入罪刑关系当中。[2]如果除去 1956 年刘焕文发表在《华东政法学院学报》上的将刑事责任基本等同于刑罚的文章《犯罪动机与刑事责任》外，以"刑事责任"为题名进行模糊搜索，最早的文章是 1979 年李光灿、罗平发表在《吉林大学学报》（社会科学版）第 5、6 期上的《论犯罪和刑事责任》一文，最新的一篇是徐立发表在《政法论坛》2010 年第 2 期上的《刑事责任的实质定义》一文。刑事责任理论出现在我国只有 30 余年，作为刑法基础性理论在 30 余年时间内能将其研究透彻、清楚而达到成熟无须再研究的程度似乎是不太现实和不太可信的。即便真的达到如此程度，这种理论的生命力只有区区 30 余年，其学术价值也值得怀疑，尤其是作为刑法体系内容之一的基础理论而言尤为如此。其他新课题需要研究从而冲淡了刑事责任作为理论研究热点地位的说法，实际上从反面说明了刑事责任研究和这些问题的研究并没有直接关系。既然没有关系，那么只能说明刑事责任作为刑法基础理论并没有起到真正的基础理论作用。须知刑法基础性理论应在整个刑法中处于中心的、指导的地位，不仅对于刑法的应用理论给予导向和评价，也对刑事立法和刑事司法具有宏观的指导意义。[3]

---

〔1〕 张旭：《关于刑事责任的若干追问》，载《法学研究》，2005 年第 1 期。

〔2〕 肖世杰：《刑事责任与人权保障——以中外刑事责任理论的比较为视角》，载《广州大学学报》（社会科学版），2009 年第 7 期。

〔3〕 杨春洗、刘生荣：《加强我国刑法基础理论的研究》，载《中国法学》，1991 年第 5 期。

杜宇认为刑事责任理论无法提升的原因在于其始终以刑罚为唯一关注，使得责任论与刑罚论难辨你我，无法获得超越于刑罚论的实质性内核[1]。传统刑事责任即使获得了刑事和解赋予的恢复性价值理念，但其在内容等实质性问题上仍没有发生任何变化。传统刑事责任已经走向"死亡"是不争的事实。在这一背景下，近年刑事责任的研究逐渐开始转向责任主义。

自近代以来，责任主义早已是西方各国刑法上的重要基本原则，[2]"没有责任就没有刑罚"亦成为刑法学、刑事司法的基本观念。在今天的德国、意大利等国已将其规定于宪法中，提升至宪法位阶的高度作为一条基本原则在宪法中体现。[3] 我国刑法并没有直接规定责任主义原则，实践中违反责任主义要求的规定和判决并不少见。但西方之"责任"尤其是大陆法系之"责任"与我国刑法中作为犯罪结果的刑事责任并不是一回事，二者几乎风马牛不相及。大陆法系责任归依于其三阶层犯罪论体系，责任的规范性价值无须赘言。我国犯罪构成理论向三阶层犯罪论转向的背景促使对责任的研究发生应有转向。在我国传统刑事责任研究中，研究对象是作为犯罪结果的刑事责任，该研究在 20 世纪八九十年代盛极一时。此后，在对责任的研究上，悄悄地发生了转向——研究由传统刑事责任转向责任主义。

罪刑法定主义是近代以来刑法的一条重要原则，近乎于刑法中的帝王原则。从我国的研究来看，以李洁老师《论罪刑法定的实现》[4] 为代表，张明楷、陈兴良老师等均在此研究上做出了卓越贡献，研究已达相当高之水准。与此形成对照的是，责任主义研究则暗淡无光，只有少数学者近年来才关注于此。盖因研究的重心基本集中于传统刑事责任之故，而且在对传统刑事责任实体化的研究中多少涉及了本应属责任主义的内容，甚至有的研究直接就是责任主义内容的转语而已。从罪刑法定原则与责任主

---

[1] 杜宇：《刑事和解与传统刑事责任理论》，载《法学研究》，2009 年第 1 期。
[2] ［日］大塚仁：《犯罪论的基本问题》，冯军译，中国政法大学出版社 1993 年版，第 176 页。
[3] 肖世杰：《论刑法中的责任原则及其实践悖反之克服》，载邱兴隆、杨凯：《刑法总论研究》，中国检察出版社 2005 年版，第 179 页。
[4] 参见李洁：《论罪刑法定的实现》，清华大学出版社 2007 年版。

义原则的价值看，二者本属于地位等同、价值相似、渊源相近的孪生子，作为"主义"的该种"责任"本不应被忽视。在今天的法治时代，罪刑法定主义在客观方面保障国民行为的预测可能性，而责任主义是通过将故意和过失作为处罚的最起码的主观条件，从而在主观上保障国民的行为预测可能性，刑法正是通过罪刑法定主义和责任主义来保障国民的行为自由，保障行为的预测可能性的。[1] 从对预测客观面的重视转向对预测主观面的重视，正是本书力求解决的。但无论如何都无法无视传统刑事责任的存在，从我国刑事责任的历史来看，责任主义是其前世始祖。正是在苏联刑法中，责任主义演变为现在的刑事责任。[2] 现在我国的研究动向是将对刑事责任的研究重新转变回对责任的研究，似乎转了一大圈又回到了原点。这似乎具有严重的讽刺意味，但事实就是如此。

传统刑事责任理论，从被顶礼膜拜般的趋之若鹜型研究，到现今不以为然似的无人问津，应该对此认真反思。即便冠以责任之名的时下成果，也是以大陆法系中责任理论为模板的研究，内容和后者差异不大。而一直是刑事责任研究领军人物的学者对此也不再关注。无论是我国还是大陆法系国家的刑法，均有作为结果意义上刑事责任的用语。但自始至终，大陆法系国家均没有形成对该种刑事责任的专门理论研究，这不是刑事责任本身的问题，它一直在法条中，问题在于我们如何对待它。

本书通过"刑事责任的生成"这一命题，指出刑事责任的伪命题性，并得出刑事责任的过程性生成这一结论。过程性刑事责任不是独立于传统刑事责任的存在，更不是新的事物，通过过程性的生成这一观察，可以对其本身进行根本性反思，同时基于过程性的生成，赋予传统刑事责任新的理念。

从最近的研究来看，传统刑事责任逐渐走向大陆法系的责任主义。陈兴良老师在《清华法学》2009 年第 2 期上第一次在我国刑法学界明确提出传统刑事责任应向责任主义转变，在此之前已有研究含蓄地将责任

---

[1] [日] 西田典之：《日本刑法中的责任概念》，金光旭译，中国人民大学出版社 2009 年版，第 12 页。

[2] 陈兴良：《从刑事责任理论到责任主义——一个学术史的考察》，载《清华法学》，2009 年第 2 期。

主义内容向传统刑事责任渗透。传统刑事责任之地位、根据、发展阶段以及实现等在责任主义下实难有存在的必要，这是否意味着将要否定传统刑事责任原有的理论呢？果真如此的话，30 余年研究的价值何在？我们真的是在刑事责任问题上走入了一个浪费 30 余年研究时间的可怕误区之中吗？所有这些假如是事实的话，不啻是对我国刑法研究的讽刺。传统刑事责任向责任主义的转向更基于责任主义存在于特定的犯罪论体系下，在我国犯罪构成处于转型期且没有完成重构的情况下，理论的不可兼容性和巨大差异性使责任的这种再生方式必须进行本土性转换。刑事责任的再生问题在犯罪构成这一传统强势热点理论的荫蔽下并没有得到足够关注，然而犯罪构成的转变必然会使这个问题凸显出来。

　　刑事责任面临必须被改变现状的命运，这是学界的共识，从理论研究的努力来看也在向此方向推进。作为我国影响最大的国家社会科学基金项目，2006 年、2007 年、2008 年连续三年均将"刑事责任基本理论"作为课题立项指南，这体现出欲摆脱现状、超越现有研究藩篱与困境的指向，但从最终立项的课题来看，"刑事责任基本理论"并没有被立项，这说明目前研究现状在相当程度上是无法令人满意的。在其他各级科研立项中，杜宇主持的司法部国家法治与法学理论研究项目"和谐社会语境下'刑事责任理论'的反思与重构"2007 年获得立项。刘彦辉主持的黑龙江省哲学社会科学规划项目"刑事责任与民事责任比较研究"2009 年获得立项。仅有的这两个立项多少显示了新型研究的薄弱。罗马法研究的恢复，其结果首先是在欧洲恢复了法的意识，法的尊严，法在保障社会秩序、使社会得以进步方面的重要性，罗马法研究的恢复，还在于把法看成世俗秩序的基础本身这一观念的恢复。[1] 那么，对刑事责任研究的恢复，首先也应该是一种观念的变革，一种对固有观念的超越性摆脱，无论如何，定位于惩罚和结果的刑事责任是无法契合市民刑法的转变的。通过对刑事责任的过程性生成这一视角进行探索研究，会给刑事责任带来新的理念。

---

〔1〕 ［法］勒内·达维德：《当代主要法律体系》，漆竹生译，上海译文出版社 1984 年版，第 48—49 页。

第一章

刑事责任的生成考察

　　20 世纪 80 年代中期，我国刑法界开始系统介绍大陆法系刑法理论，其犯罪构成理论自此进入我国刑法理论框架之内。到目前为止，研究大陆法系犯罪构成理论的成果，从论文、专著到综合性外国刑法著作都较为可观。通过对研究成果的分析可以发现，对大陆法系犯罪构成理论的研究已经超越了初步的介绍阶段，正逐步走向深入，对其如何借鉴以改造我国传统的犯罪构成理论的目前研究动态即反映了这一点。但现有的认识并没有完全揭示大陆法系犯罪构成的全貌，并且忽略了这样一个问题，即当引进大陆法系犯罪构成改造我国通论犯罪构成的时候，我国传统的刑事责任理论没有受到任何影响，对其探讨仍然停留在我国传统刑法理论的框架之下。如果建立了大陆法系层阶式犯罪构成模式，则必然会对责任的内容、地位和性质等相关问题产生影响，但目前我国刑法界基本着眼于对犯罪构成的研究而忽视了对责任的关注。在犯罪构成重构的背景下，必然需要重新认识责任。由于在大陆法系刑法中犯罪的概念和责任的概念是同一的，[1] 犯罪的成立即意味着责任的成立，犯罪的成立即意味着刑事责任的生成，这使得大陆法系并没有出现我国刑法理论中典型的刑事责任概念，也没有出现刑事责任的体系性地位等争议问题，对这些问题的诠释离不开分析犯罪成立和责任成立之间的关系。

　　在英美法系和大陆法系刑法及其理论中，也使用我国刑法意义上的

---

〔1〕 李居全：《刑事责任比较研究》，载《法学评论》，2000 年第 2 期。

"刑事责任"一词，但这并不是其理论研究的直接对象。并不是英美法系和大陆法系不重视该种意义上的刑事责任的研究，其特有的理论机制决定了对该种刑事责任的研究无须以直接的方式进行，而是通过对促成该种责任产生机制的研究自然达到了对该种责任的把握。本部分首先通过对两大法系刑事责任生成方式的解读，得出结论：无论在大陆法系还是英美法系刑法中，犯罪构成实质上就是责任构成，犯罪的成立实质上就是责任的成立。

第一节　大陆法系刑事责任的间接生成模式

一、对大陆法系犯罪构成体系性研究方式的反思

从中国期刊网上搜索专门研究大陆法系犯罪构成一般理论的论文，数量近 20 篇。最早的是宁汉林发表在《政法论坛》1979 年第 1 期上的《反对刑法科学中的法律虚无主义倾向——犯罪构成理论浅谈》一文，该文以阶级分析的视角，对大陆法系犯罪论做了一般性介绍。最早对大陆法系犯罪构成进行系统、全方位研究的是李洁老师发表在《刑事法评论》1998 年第 2 卷中的《三大法系犯罪构成论体系性特征比较研究》一文。该文开创了从体系、形式上研究大陆法系犯罪构成理论的先河，奠定了对大陆法系犯罪构成理论研究的基本视角和方向，该文对大陆法系犯罪构成的认识也成为当前通识之说。正因为该文的贡献和影响，此后的研究基本遵循体系性和形式性视角进行，"层阶性"或"三阶层体系"等说法成为描述大陆法系犯罪构成特征最多的用语。因为大陆法系和我国的犯罪构成其组成的基本材料都是一样的，差别在于如何对材料进行堆积构建形成不同的体系。[1] 也正是由于其体系性、层阶性特征，决定了大陆法系犯罪构成人权保障价值的功能。该种犯罪论体系本身就是一种

---

[1]　李洁：《三大法系犯罪构成论体系性特征比较研究》，载陈兴良主编：《刑事法评论》（第 2 卷），中国政法大学出版社 1998 年版，第 458 页。

刑法上的思维方式，是由其分析性思维模式决定的。[1] 体系性研究目前在我国成为对大陆法系犯罪构成研究的基调和视角。

犯罪构成论的体系是从形式的角度解决犯罪论的形式性问题，通过此研究，达到对体系性特征的认识，进而理解其内容的实质。[2] 因此，通过形式、体系认识最后达到对其实质内容的认识，是该文研究的最初意图和出发点。但归纳目前对大陆法系犯罪构成的研究，可以发现对其实质内容的认识并没有因为我们已经获得了对其体系性认识而有新的突破，对其实质内容的认识仍然停留在最初的三阶层之各自内容和简单关系的层面上。是大陆法系犯罪构成体系性特征的重要性遮掩了对其实质内容的认识，还是《三大法系犯罪构成论体系性特征比较研究》一文的突出影响导致了对其实质性内容认识的裹足不前都不重要，关键是通过形式化的体系性研究能使我们真正透析大陆法系犯罪构成的全貌吗？通过体系性研究我们真的能达到对其实质内容的认识吗？因此，对体系性认识的研究就成为必要。

从犯罪构成演变的历程来看，在 18 世纪末期"犯罪构成"一词才正式出现，但此时其只具有诉讼法上的意义，与今天的犯罪构成没有什么关系。19 世纪初，费尔巴哈将其变成实体法上的概念，但与现代意义的犯罪构成理论并不相同。[3] 1906 年贝林格《犯罪的理论》一书出版，初创了现代的犯罪构成理论；1915 年迈耶出版《刑法总论》教科书，使犯罪构成理论得到发展；1926 年迈兹格发表题为《刑法构成要件之意义》的论文，使得主观构成要件要素出现；此后威尔哲尔提出"人的不法观"，使构成要件理论得到细化，并最终成熟。[4] 因此，大陆法系犯罪构成理论形成的整个时期正是现代资本主义社会发展的阶段，其犯罪构成理论不可避免地受到现代资本主义法律基本理念的影响。按照马克斯·

---

〔1〕 葛磊：《犯罪构成体系的中国之道——以思维方式为原点》，载陈兴良主编：《犯罪论体系研究》，清华大学出版社 2005 年版，第 177 页。
〔2〕 李洁：《三大法系犯罪构成论体系性特征比较研究》，载陈兴良主编：《刑事法评论》（第 2 卷），中国政法大学出版社 1998 年版，第 418 页。
〔3〕 ［日］小野清一郎：《犯罪构成要件理论》，王泰译，中国人民公安大学出版社 1991 年版，第 3 页。
〔4〕 张小虎：《大陆法系犯罪构成理论进程解析》，载《社会科学辑刊》，2007 年第 3 期。

韦伯对法律类型的划分，形式理性的法律是现代资本主义社会的法律表现形式，形式理性的法律是适应资本主义市场经济的发展必然出现的。[1]包括刑法在内的西方大陆法系法律被打上了形式理性的深深烙印。德国纳粹时期的暴戾统治正是刑法形式主义的极端体现。[2] 因此，在现代资本主义形式理性的法律理念和框架下，于此一时期形成的犯罪构成理论必然具有形式化的特征。犯罪构成是认定犯罪的思维方式，而不是对已成立之犯罪的描述或说明，必然要求有认定犯罪的过程而不可能所有的构成犯罪的要件同时呈现于思维中进行认定，因此形式理性借助思维的方式以体系性形式特征表现出来。从社会法治背景及西方思维方式的视角看，大陆法系犯罪构成体系性特征的形成是必然的。

形式化的体系性特征是现代资本主义追求法之确定性，以法保障资本主义活动的必然产物。但是形式理性强调一种无语境性的适用效果，往往会忽视个别正义的实现。并且它不关注实质价值，也无力关注实质价值的实现，在裁判的过程中常忽视裁判者的能动性。[3] 但我国学者较少论及大陆法系犯罪构成体系性特征的局限，相反往往认为其符合思维逻辑，具有操作的便利性，能支持罪刑法定主义。[4] 因此，形式理性的缺陷在此似乎并不存在。而且大陆法系犯罪构成本身具有出罪机制，体现了人权保障的价值和功能，这更遮蔽了形式理性下具有体系性特征的大陆法系犯罪构成可能存在的问题。从我国学者关注的大陆法系犯罪构成的体系性价值来看，强调的是其合乎思维逻辑性和操作便利性，体现了工具主义价值的强烈色彩。虽然大陆法系犯罪构成具有出罪机制，但其出罪机制和体系性特征之间并没有必然联系，并不是因其具有体系性特征而自然地具有了人权保障的价值和功能，而此点正是大陆法系犯罪构成最具实质意义的一点。因此，具有形式理性的体系性犯罪构成在论

---

[1] 黄金荣：《法的形式理性论——以法之确定性问题为中心》，载《比较法研究》，2000 年第 3 期。

[2] 汪海燕：《形式理性的误读、缺失与缺陷——以形式诉讼为视角》，载《法学研究》，2006 年第 2 期。

[3] 汪海燕：《形式理性的误读、缺失与缺陷——以形式诉讼为视角》，载《法学研究》，2006 年第 2 期。

[4] 李洁：《三大法系犯罪构成论体系性特征比较研究》，载陈兴良主编：《刑事法评论》，中国政法大学出版社 1998 年版，第 461—462 页。

证大陆法系犯罪构成的正当价值时完全无能为力，严密的逻辑性和思维的递进性只是更加体现了其认定犯罪的便利性和工具性而已。这点在我国学者的研究中似乎被忽视了。既然大陆法系犯罪构成的体系性特征只是具有司法便利操作的意义而无法决定其是否具有人权保障价值，那么以我国的犯罪构成是否具有逻辑性和体系性作为讨论的出发点和大陆法系犯罪构成相比较，就没有抓住问题的实质和中心。因为我国的犯罪构成即使具有体系性和逻辑性，其意义充其量也仅在于为了认定犯罪的操作便利性。况且我国还有学者认为我国的犯罪构成是有体系性和逻辑性的，并不缺乏判断的层次性，[1] 且经过几十年的适用，其操作简单方便的论调也是支持我国犯罪构成通论者常见的论调。主张引进德日体系的学者大多批评我国的犯罪构成只有入罪机制而没有出罪机制，实际上是说我国的犯罪构成对认定犯罪是没有问题的，只是在认定是否不构成犯罪上存在缺陷而已。从我国通论之犯罪构成在我国实行了这么多年到现在还有不少人主张其不必重构的现状看，我国犯罪构成体系性特征的欠缺并不是那么可怕的问题，从这个角度批判我国通论犯罪构成似乎没有抓住问题的焦点和实质所在，因此对大陆法系犯罪构成体系性特征的研究并不能成为对其研究的全部。大陆法系犯罪构成的人权保障价值既然不是由其体系性特征决定的，其人权保障价值存在的深层次原因何在，看来是形式理性的体系性研究无法解决的问题。前述李洁老师文章的本意在于通过对大陆法系犯罪构成的形式化体系性研究最终获得对其实质的研究，但现在看来，通过这种形式理性的研究是无法真正获得对大陆法系犯罪构成的实质认识的。

二、对大陆法系犯罪构成理论的实质解读

大陆法系犯罪构成的实质意义在于其体系内具有出罪机制，这是许多学者对我国通论犯罪构成予以诟病的基点。但是如上所言，其体系性特征并不足以使其具有这一功能，因此探讨此体系最终成熟的原因及其

---

[1] 黎宏：《我国犯罪构成体系不必重构》，载《法学研究》，2000 年第 10 期。

出罪机制的获得就具有必要性。

在大陆法系刑法中，犯罪的概念与责任的概念是同一的[1] 犯罪成立的过程就是责任成立的过程，因此犯罪成立的直接后果就是刑罚的产生，故在其理论中并不存在罪—责—刑三者关系如何的争议。责任，简言之，就是非难可能性[2] 既然如此，则在责任概念和犯罪概念同一的情况下，认定犯罪的过程就是认定责任的过程，认定犯罪实际上就成为是否可以对犯罪进行非难的过程，那么，在责任作为犯罪成立要件之一的前提下，作为非难可能性本身的责任及其要素是否成立就对犯罪的成立具有了决定意义。责任的要素有责任能力、故意与过失等（期待可能性是否是责任的单独要素存在争议），作为罪责要素的故意与过失是责任的核心内容，心理责任论成为责任要素的性质，传统刑法中的"违法是客观的，责任是主观的"经典命题也正反映了此点。1906 年，由贝林格开创的犯罪构成理论建立了现代犯罪论体系的雏形，形成了分层次判断犯罪成立的基本模式。在贝林格体系中，作为犯罪成立的第二个层次构成要件符合性只是纯客观、无价值的，作为第三个层次的违法性判断也只是规范的、客观的价值判断，只有责任是主观的价值评判[3] 此时，主观的罪责内容和构成要件符合性、违法性两个条件是没有关系的。1915 年，迈耶以规范的构成要件要素实现了对构成要件理论的发展，虽然其仍然认为构成要件是由纯客观的、无价值的事由构成，但此时其已经发现构成要件中含有主观的要素，只是迈耶认为这属于责任的问题[4] 责任的故意与过失对构成要件的影响初步产生。1926 年，迈兹格提出主观的构成要件要素理念，确立了构成要件是客观要素与主观要素、描述要素与规范要素的基本观念[5] 并且迈兹格等主张，一定之犯罪，于判断其行为之违法性时，若干之内心要素，实属不可或缺，如表现犯之违反真实意思之表现、倾向犯之内心倾向和目的犯之目的等，此为主观之

---

〔1〕　李居全：《刑事责任比较研究》，载《法学评论》，2000 年第 2 期。
〔2〕　张明楷：《外国刑法纲要》，清华大学出版社 2007 年版，第 19 页。
〔3〕　张小虎：《大陆法系犯罪构成理论进程解析》，载《社会科学辑刊》，2007 年第 3 期。
〔4〕　张小虎：《大陆法系犯罪构成理论进程解析》，载《社会科学辑刊》，2007 年第 3 期。
〔5〕　张小虎：《大陆法系犯罪构成理论进程解析》，载《社会科学辑刊》，2007 年第 3 期。

违法要素[1] 主观的违法要素之发现，使得对违法判断的对象，不能仅限于外部客观之情事，主观的违法要素亦为违法判断之对象，"违法是客观的"命题发生动摇，责任的罪责要素在构成要件中的地位正式确立，罪责要素由此完成了对构成要件的塑造，也具有了使构成要件定型化、个别化的作用。此后，威尔哲尔提出"人的不法论"，指出行为人设立何种目标、以何种心情等实施行为决定了行为的违法性[2] 之前迈耶即将主观的违法要素归入违法性当中，以维持构成要件的客观性[3] 威尔哲尔的"人的不法论"表面上强调的是行为无价值，实质是重视行为人的主观过错，成为对违法性论的重大发展。对于过失，在第二次世界大战前，在德国的拉德布鲁赫、埃克斯那、恩吉施等人的论著中已经出现把过失理解为违法性的倾向，威尔哲尔的目的行为论也确认了这一点[4] 罪责要素作为构成要件的主观要素，由于构成要件是违法类型，因此罪责要素也就成为主观的违法要素。至此，责任的罪责要素完成了对违法性的塑造，构成要件理论得到成熟和细化。

在大陆法系犯罪构成理论初创时期，贝林格即建立了分层次递进的对犯罪成立的判断模式，其将犯罪成立分为五个层次：行为—构成要件该当性—违法性—有责性—处罚条件[5] 体系性犯罪构成模式初步建立，奠定了大陆法系犯罪构成体系性特征的基石。迈耶于 1915 年出版《刑法总论》教科书，将犯罪成立体系确立为三个层次：构成要件符合性—违法性—归责可能性[6] 此三元犯罪构成理论体系为德日许多学者所接受，成为目前大陆法系犯罪构成理论体系的通说，三阶层理论体系正式确立。1926 年，迈兹格在其论文《刑法构成要件之意义》中提出了"行为—违法类型—责任"的体系，与迈耶的体系相比，把构成

---

[1] 甘添贵：《故意与过失在犯罪论体系上之地位》，载蔡墩铭主编：《刑法争议问题研究》，五南图书出版公司 1998 年版，第 103—104 页。
[2] 张小虎：《大陆法系犯罪构成理论进程解析》，载《社会科学辑刊》，2007 年第 3 期。
[3] 陈兴良：《期待可能性的体系性地位——以罪责构造的变动为线索的考察》，载《中国法学》，2008 年第 5 期。
[4] 陈兴良：《期待可能性的体系性地位——以罪责构造的变动为线索的考察》，载《中国法学》，2008 年第 5 期。
[5] 张小虎：《大陆法系犯罪构成理论进程解析》，载《社会科学辑刊》，2007 年第 3 期。
[6] 张小虎：《大陆法系犯罪构成理论进程解析》，载《社会科学辑刊》，2007 年第 3 期。

要件论包括到违法论当中，与责任论直接对立，行为是不存在违法性判断的事实性行为。[1] 这只是体系内部的内容发生变化，三阶层体系仍得以维持，直至今日。

从上述分析可以发现，大陆法系犯罪构成的体系性特征从产生之初即已确立，至其内容完全成熟，始终没有发生变化，其层阶性体系的特征也没有发生改变。变化的只是体系内部各犯罪成立条件的内容。这进一步说明，大陆法系犯罪构成的实质特点并不是由其体系性特征决定的，体系性特征和犯罪构成发展演进的方向并没有关系。从大陆法系犯罪构成发展演进的过程来看，责任的罪责要素在其中起到了重要作用。罪责要素本来是责任的内容，但在犯罪成立的过程中，其地位发生了从责任至构成要件再至违法性的转移。这种变化的重要意义在于使犯罪论体系在实质内容上最终成熟。因此，理解大陆法系犯罪构成的内容，必须把握责任的罪责要素在其中的作用和地位。在大陆法系犯罪构成的要件中，责任或有责性是在形式上使犯罪成立的第三个要件，但实质上通过责任达到了对其他两个犯罪成立要件的塑造，在构成要件符合性和违法性中都留下了责任的烙印，这不仅使犯罪构成理论走向成熟，也使得责任的罪责要素在其他两个要件中重新获得了自己的意义与存在。大陆法系没有责任就不成立犯罪的"责任主义"在一定程度上也体现了此点。此时重新审视责任与犯罪概念同一性的命题，就能很清楚地明白其原因何在。因此，是责任的规范构造牵动犯罪论体系的结构。[2] 在这个意义上甚至可以说，是大陆法系犯罪论实质内容的变动最终促进了其体系的完善。

作为人权保障机能的出罪机制是和罪刑法定原则分不开的。1789 年法国《人权宣言》第八条确立了罪刑法定原则，自此罪刑法定从思想转变为一种法律制度，并被各国刑事立法所确立。在那个人权观念勃兴和人权保障高涨的时代，犯罪入罪认定的同时必然要求有出罪的判断，入

---

〔1〕　陈兴良：《期待可能性的体系性地位——以罪责构造的变动为线索的考察》，载《中国法学》，2008 年第 5 期。

〔2〕　陈兴良：《期待可能性的体系性地位——以罪责构造的变动为线索的考察》，载《中国法学》，2008 年第 5 期。

罪与出罪实为刑事司法之一体两面。在此观念下产生、发展的犯罪构成理论必然被要求具有人权保障价值，真正反映罪刑法定原则的实质精神内涵。这是大陆法系犯罪构成出罪机制产生的宏观法治背景。罪刑法定原则发展到今天，虽然其内容已经由最初的成文法形式化要求发展到现今的刑罚法规适正等实质内容，但形式理性的犯罪论体系仍然是必须坚持的铁则和戒律。但是，如上所言，形式理性实质价值的缺失有时难以避免，因此，大陆法系犯罪构成理论一方面坚持罪刑法定的形式化体系，另一方面以实质的可罚性来排除不具有社会危害性行为的犯罪性。这种排除有刑法的明文规定，也有超法规的刑法没有明文规定的事由，这凸显出对违法性进行实质解释以达到出罪功能的特点。这是大陆法系犯罪构成出罪机制的第一种方式。

在责任的构成中，虽然期待可能性的地位存在争议，但其对责任成立的影响确定地存在着。以通说之期待可能性为责任的例外要素看，行为人虽具有一定的故意或过失，但期待可能性的存在会阻却行为人责任的成立。此时责任本身即蕴含了阻却责任成立进而阻却犯罪成立的要素，责任的成立更加清楚地体现了对行为人是否应谴责的过程，责任的判断成为一种认定可谴责性是否成立的过程，而不是谴责的结果。责任不是惩罚或者义务，其以作为自身要素的期待可能性给予行为人一定的人性化的关爱、同情和谅解，阻却行为人的行为被评价为犯罪，责任以此体现了对被告人的人权保障价值。正如日本刑法学者所言，它给国民脆弱的人性倾注了刑法的同情之泪。[1] 因此，责任以其自身的期待可能性成为大陆法系犯罪构成的第二个出罪事由。在我国学者的研究中，违法阻却事由作为出罪机制受到重视，但责任要素内涵的出罪功能基本被忽视。我国学者为我们是否应该借鉴期待可能性理论争论不休，但如果将其看作犯罪构成出罪机制之一种，争议或许就会小些。

由此看来，大陆法系犯罪构成出罪机制的获得并不是由其体系性特征决定的，相反正是由于此体系性功能的缺陷才要求对其成立要件进行

---

〔1〕 ［日］大塚仁：《刑法论集》，有斐阁 1978 年版；转引自杨国章：《我国借鉴期待可能性理论的分析》，载《政法学刊》，2008 年第 2 期。

实质解释，作为责任要素性质的心理责任论向规范责任论的发展，使得犯罪构成具有了第二个层次的出罪机制，罪责要素的变化同时也使得犯罪论体系进一步成熟。

如上所述，在大陆法系刑法中，犯罪的概念与责任的概念是同一的，在一定程度上是由责任对犯罪构成其他两个条件塑造的结果，因此犯罪成立的过程就是责任成立的过程，犯罪成立即意味着责任的成立，责任的内容贯穿了犯罪成立各条件的始终。从这个角度看大陆法系犯罪成立的问题，或许可以认为，犯罪构成同样可以被称为责任构成。责任构成的概念体现了犯罪成立过程中责任的意义和功能，体现了犯罪构成之所以成立的实质所在。如此来理解大陆法系犯罪构成，并以此审视我国的相关理论，可以去除许多虚假的学术争议，真正达到对应有问题的研究。

犯罪构成就是责任构成，责任成为认定犯罪的过程，这是责任在与犯罪关系上的定性，这一点对责任的有关问题具有重要意义。其一，责任具有过程性，在与犯罪的关系上，责任的概念就成为认定对行为人是否可谴责的过程。故关于责任的概念，在其与犯罪的关系上即具有了唯一性——责任是认定可谴责性的过程，在大陆法系刑法中不存在关于责任概念的诸多争议原因即在于此。我国刑法理论上责任概念存在诸多争议，观点不一。根据有关学者的研究，责任的概念目前已有十种。[1] 这些概念除了其中的大陆法系责任的概念外，都没有脱离刑事责任之犯罪结果的意义，只是在具体的概念上，结果表现为谴责、惩罚、否定评价或义务等不同的说法而已，因此我国刑法理论中关于刑事责任概念的争议只是在结果意义下的文字游戏而已。其二，犯罪构成就是责任构成，可以消除关于罪—责—刑三者关系的无谓争议。在大陆法系刑法中，犯罪的成立即意味着责任的成立，因此产生了从罪直接到刑的后果。在我国刑法中，责任是犯罪的后果，犯罪成立之后刑事责任才成立，于是在罪—责—刑三者关系的问题上或者说是刑事责任的体系性地位问题上即

---

〔1〕 李永升：《刑事责任的概念和本质探究》，载《河南科技大学学报》（社会科学版），2008 年第 8 期。

产生了争议，我国学者对刑事责任的体系定位提出了诸种不同的观点。[1]刑事责任体系性地位的解决并不是一个将刑事责任置于何处的技术性调整问题，其地位的调整、变动必然关系其内容、概念等的变化。但从我国学者的研究来看，无论如何调整其地位，刑事责任的结果性概念始终没有发生改变，表面纷争的学术繁荣背后存在的是一个伪命题。正是责任概念及其与犯罪的关系，决定了在大陆法系刑法中根本不存在此种争议，我国刑法犯罪和责任的分离则导致了关于刑事责任体系性地位的无谓争议。因此，责任构成的概念将责任与犯罪概念进一步一体化，刑事责任体系性地位等虚假的命题即无从产生。其三，将犯罪构成等同于责任构成，责任在犯罪成立的过程中至关重要，这使得责任具有了定罪的意义。我国传统刑法中责任仅具有量刑意义，这使得责任的内容略显空洞。所以，无论学者如何调整其体系性地位，如果不改变其概念和内容，刑事责任在刑法理论中的弱势地位就无法得到扭转。在大陆法系刑法中责任具有定罪的意义下，其在构成要件符合性和违法性中分别获得了自己的存在，也在这两个层次上分别具有了不同的意义，这使得责任在犯罪论体系中获得了不同的内涵，由此责任的内容在犯罪成立的三个条件上被分解并重新获得了独立内涵。这样责任的内容在相当程度上被充实，避免了我国刑法理论中责任内容的虚化和空洞。

大陆法系犯罪构成的体系性特征在一定程度上被我国学者所神话，"体系性""逻辑性""三阶体系""递进式"等形式特征经常被用来抨击我国通论犯罪构成个性的缺失。但既然体系性特征只是司法操作便利性的功利需要，这种特征的重要性就不是我们想象的那样神圣。犯罪构成的功能不仅在于司法操作的便利性，更重要的在于其应具有出罪的人权保障功能。既然我国也有学者认为我国通论的犯罪构成是具有体系性的，那么构建我国新的犯罪构成更应从其实质的人权保障机制着手，以避免陷入体系化的形式主义泥潭。体系性研究对于大陆法系犯罪构成的认识至关重要，但不是全部。体系性本身实质价值的缺失使得我们无法从中真正洞悉大陆法系犯罪构成的实质内容，因此，大陆法系犯罪构成出罪

---

〔1〕 张旭：《关于刑事责任的追问》，载《法学研究》，2005 年第 1 期。

机制的形成成为我们认识其实质内容的关键所在。责任在大陆法系犯罪构成中具有决定性的意义，正是在于责任塑造了犯罪成立的各个条件，责任的罪责要素的变动最终促使了其犯罪构成理论的成熟，并使其具有了实质性意义的出罪机制。通过责任来认识犯罪构成，使得责任获得了自己的独立存在，并避免了关于责任的概念、体系性地位等许多虚假命题的出现，使得责任真正具有了自己的实质内容，避免了其自身的虚化和空洞。

第二节　英美法系刑事责任的直接生成模式

一、基于现有文献的考察

英美刑法基本不出现"刑事责任"一词，尤其是在其传统刑法理论研究中，这取决于英美国家的传统权利观念。英国人的权利传统可以追溯到盎格鲁-撒克逊人入侵英格兰之前的远古时期，权利基因在其原始居民部落中即已存在着[1] 英国在 17 世纪之后确立了立宪政体，而这实际上在中世纪时即已继受了欧洲国家的有限政府的宪政框架，[2] 因而其具有深厚的宪政传统。这种宪政制度在实际上又强化了英国长久以来的权利观念，1215 年《大宪章》的签署即是明证，英国成为人权史上的先行者，也形成了极其发达的权利观念。因此可以说，英国的权利观念甚至要比大陆法系国家更甚。根深蒂固的权利观念使得无论是在思想观念上还是在法律上均体现着权利本位主义，因而，我国刑法上的刑事责任观念基本不会在英美国家得到重视。1982 年，美国法学家哈特专门对刑事责任进行研究，虽然他也在结果意义上使用"刑事责任"一词，但是其关注的是该种责任的生成并没有像我国学者的研究一样针对结果责任本

---

〔1〕　张立伟：《经验传统与历史选择：英国早期人权进程分析》，载《现代法学》，2002 年第 1 期。
〔2〕　宋显忠：《英美国家的宪政传统及其程序观念》，载《法制与社会发展》，2003 年第 5 期。

身进行，甚至在哈特的责任定义中并没有对这种结果责任进行专门分析。[1] 自此之后，在英美刑法研究中少见关于刑事责任的专门研究。

近年来，美国、英国及欧洲其他国家的刑法哲学研究已经有了一定复苏，其中最受关注的领域是刑事责任理论——恰当追究犯罪人刑事责任的理论。[2] 塔德洛斯在其《刑事责任论》中认为，未遂犯、共谋犯、煽动犯、帮助犯及教唆犯等亦属于刑事责任的范围。如果存在主要犯罪，比如袭击，就会存在袭击未遂、帮助袭击及教唆袭击这种从属犯罪。其刑事责任的某些内容明显与决定从属犯罪的合理范围及内容有关。[3] 而这正是塔德洛斯力图在其书中确定的东西。塔德洛斯认为刑事责任应具有四个要件：一是必须证实行为人具有适格法律地位；二是必须证实行为人实施的行为；三是必须证实行为与行为人是行动者之间有恰当的联系；四是必须证实行为表现出了该当刑事责任污名的人格。[4] 在具体构造上，除上述要素外，刑事责任的构造还由正当事由、宽恕事由和豁免事由等三种辩护事由组成。[5]《刑事责任论》一书共分两编，第一编是刑事责任的特征，分别论述了责任的本质，选择、人格及能力对刑事责任的影响；刑事责任在传达功能上具有的特征；最后论述了刑事责任的构造，在其中区分了不法行为与辩护事由，并对辩护事由进行了三元分类。在第二编中塔德洛斯进一步讨论了刑事责任的几个核心原理，检视了因果关系、意图以及信念的恰当本质和作用，并对不作为犯、犯罪辩护事由的本质和作用进行了讨论，可以认为这些是作者在第一编中所提出原理的具体运用。如果说该书构建了刑事责任的最一般或者最基本的体系，从书中展现的体系来看，则这种体系部分地是和犯罪论交叉在一

---

〔1〕 〔美〕H. C. A. 哈特：《惩罚与责任》，王勇、张志铭等译，华夏出版社 1989 年版，第 200—219 页。

〔2〕 〔英〕维克托·塔德洛斯：《刑事责任论》，谭淦译，中国人民大学出版社 2009 年版，中文版序言，第 1 页。

〔3〕 〔英〕维克托·塔德洛斯：《刑事责任论》，谭淦译，中国人民大学出版社 2009 年版，导言，第 17 页。

〔4〕 〔英〕维克托·塔德洛斯：《刑事责任论》，谭淦译，中国人民大学出版社 2009 年版，第 107 页。

〔5〕 〔英〕维克托·塔德洛斯：《刑事责任论》，谭淦译，中国人民大学出版社 2009 年版，第 106—132 页。

起的，其中不少内容是传统犯罪论的内容，因此，所谓刑事责任论实际上是较为宽泛的体系。安东尼·奥格斯（Anthony I. Ogus）认为刑事责任是因犯罪行为应承担的刑法上的惩罚,[1] 表明了一种因犯罪应承担的后果。在"规制违法的法律框架"一节中，作者将法定辩护事由作为刑事责任的性质，使得辩护事由成为刑事责任的构成部分。虽然这是就具体经济上的问题进行规制提出的，但可以认为这是对一般刑事责任理论的具体运用，或者说是法定辩护事由作为刑事责任组成部分的具体体现。利普·A. 琼斯认为刑事责任由犯罪行为和犯罪意图构成，这两个要素是刑事责任的基本原则,[2] 这样刑事责任实际上等同于犯罪构成。这种观点在道格拉斯·N. 胡萨克那里得到了强化，胡萨克认为传统刑法理论的基本论题均应归入刑事责任的基本原则下论述，从内容看这些基本原则包括合法性、犯罪行为、犯罪意图、同时发生、危害性、因果性、辩护和证据。[3]

可以认为，在英美刑法中，刑事责任与犯罪构成是同一的，犯罪的成立过程其实就是刑事责任的成立过程。从表面上看，英美刑法中犯罪成立后立即导致刑罚的适用，这是由英美国家实用主义的认识所决定的，我国学者的众多研究也表明了这一点，但是其中最根本的原因应该是其制度设计的直接后果。

二、犯罪构成等于责任构成的基本结论

基于上述分析，无论在大陆法系国家还是在英美法系国家，其刑事责任都具有一个共同特点，即在刑法运行过程中作为惩罚性结果意义上的刑事责任都清晰地体现出来，由此诠释出该种责任的自然成立过程。在大陆法系刑法中，犯罪成立过程体现了作为责任核心概念之"可谴责

〔1〕 ［英］安东尼·奥格斯：《规制——法律形式与经济学理论》，骆梅英译，中国人民大学出版社 2008 年版，第 86—89 页。
〔2〕 ［英］鲁珀特·克罗斯、菲利普·A. 琼斯：《英国刑法导论》，赵秉志等译，中国人民大学出版社 1997 年版，第 146 页。
〔3〕 ［美］道格拉斯·N. 胡萨克：《刑法哲学》，谢望原等译，中国人民公安大学出版社 2004 年版，第 320 页。

性"的认定过程，使得犯罪和责任的认定一体化。并且，这个过程使得刑事责任具有层次性和结构性，在各个不同的方面展示了刑事责任的内容，这使刑事责任具有了全新的内涵，让刑事责任在犯罪成立体系中具有了实质性概念，也避免了刑事责任内容的空洞和地位的虚化，刑事责任的基础理论意义即凸显出来。更为重要的是，责任和犯罪认定的一体化过程，使责任的"可谴责性"成为一种有待认定的过程。如果说在大陆法系刑法中，该种刑事责任的成立委婉地通过犯罪成立的方式表达出来的话，那么在英美法系国家则是直接地体现——将犯罪成立的所有要素均直接作为刑事责任构成的要素——刑事责任成立和犯罪成立完全是同一的概念。这体现出大陆法系国家刑法逻辑严谨、逐步推进的理论进路和英美法系国家崇尚实用的操作风格。因而，无论在大陆法系国家还是在英美法系国家，都没有在形式上标榜结果意义的刑事责任具有多重要的实践意义或者理论价值，它们通过责任的规范性生成达到了欲追求的结果，故在规范性的刑法理论研究上无须专门再对该结果进行研究。以竞技体育比赛为例，我们的研究关注的似乎是金牌这个事物本身，而大陆法系和英美法系的研究关注的是如何获得金牌的这个过程。显然仅关注金牌本身而不注重促成金牌产生的过程是没有意义的，最多知道的是该金牌的质地、设计式样等，但这不应是参赛者所应考虑的。

两大法系责任理论给了我们重要的启示：结果性刑事责任必须以规范性的形式在刑法中得到诠释，从而其渗透于刑法运行的过程，如此作为结果的静态性刑事责任的生成过程就是动态性的，责任就具有了动态性特征，其基础理论的意义不言自明，这就要求必须使犯罪成立等同于责任成立，此其一。其二，既然犯罪构成即为责任构成，犯罪成立即为责任成立，则刑事责任和犯罪构成关系密切，责任的真正地位、内容等看来要以犯罪构成来重塑。由此，在此视角下看犯罪构成，或许能够给犯罪构成的转变提供一个新的视角。反过来看，犯罪构成的转变也为责任的重塑提供了背景支撑。

如何恰当地描述我国犯罪构成的现状还真有些困难。说犯罪构成发生变化了，这是一个事实，因为众多的研究已经发生了转向，或自创提出某种理论，或直接引进大陆法系犯罪论体系及对其进行改良，甚至官方性质的 2009 年国家司法考试刑法教材也采取了大陆法系的犯罪论体系，基本按照大陆法系三阶层犯罪成立理论编排。[1] 这是犯罪构成变化的重要体现。但这一变化是艰难的，因为众多学者仍然主张维持原有的四要件体系，更为重要的是基于多年的司法习惯和理论导向，对司法实务部门而言，大陆法系的犯罪论体系在当下仍难以有适用的空间，甚至对有些稍微年长的人而言，这几乎是全新的东西。即使是官方的司法考试教材采用大陆法系的犯罪论体系，也并不意味着其得到认可。2009 年 8 月 18 日，由北京师范大学刑事法律科学研究院与武汉大学刑事法研究中心共同主办的"'新中国犯罪构成理论 60 年'学术座谈会"在春城昆明举行，会议达成了"我国现阶段通行的四要件犯罪构成理论有其内在合理性，虽然有所欠缺，但可以通过不断发展完善来解决，而不应完全照搬外国的犯罪构成理论"的共识。作为司法考试命题组核心成员，力主大陆法系层阶式犯罪论体系的张明楷教授成为众矢之的，遭到了学术界的反对批评。[2] 或许可以这样形容目前我国犯罪构成理论的现状：理论和实践中均逐步前进——许多刑事案件的判决书已经带有三阶层论证特征。我国犯罪构成理论实际上从 1983 年即进入改良阶段，1998 年起进入实质的改革阶段，[3] 其变化是无可争议的。作为认定犯罪是否成立的标准，如果将其看作是一种思维方式的话，大陆法系犯罪论体系或许不适合中国人传统的思维习惯。[4] 而在操作中其被认为不符合中国国情——这个国情就是四要件体系在中国已经施行了几十年。其实这个国情和思维在本质上是一个问题，有时必须有思维方式的转变才会有实践中的转变。相对于具体制度的建设而言，有时思维方式的转变或许更加困难。无论如何，理论上的推动在这种转变中至关重要，目前关于犯罪构成的争议无论是对于改良论者、维持论者还是彻底变革论者而言都是

---

〔1〕 见《国家司法考试》2009 年教材。此后的教材基本上也是按照大陆法系犯罪论体系编排的，虽然有所变化。

〔2〕 《刑法命题人更换是否影响 2009 司法考试?》，http://www.edu1488.com/article/2009-9/97101557.shtml，2010-12-16。

〔3〕 李洁、王志远、王充、王勇：《犯罪构成的解构与结构》，法律出版社 2010 年版，第 178—204 页。

〔4〕 陈兴良：《犯罪论体系研究》，清华大学出版社 2005 年版，第 212 页。

有益的。从中国法治建设之需要、思维理论体系易为人们接受以及层次性理论对我们而言并不陌生的现实来看，这种变化是完全可能的。[1]

在犯罪构成该种现状的背景下，刑事责任的转变也就成为了必然，而如果犯罪构成向大陆法系犯罪论体系转变，我国刑事责任在肃清苏联知识的前提下，向大陆法系过程性责任转变也就成为了必然。

---

〔1〕 李洁：《论犯罪构成理论构建的价值前提与基本思路》，载陈兴良主编：《刑事法评论》（第24卷），北京大学出版社2009年版，第358—360页。

第二章

刑事责任的生成因素与背景

第一节　刑事责任生成的刑事政策因素

刑事政策与刑法具有密切关系,[1] 刑事政策对刑法理论有重要影响。[2] 如果对刑事政策采狭义之说,认为刑事政策指国家以预防及镇压犯罪为目的,运用刑罚以及具有与刑罚类似作用之诸制度,对于犯罪人及有犯罪危险的人发生作用之刑事上之诸对策,[3] 则刑事政策对刑事责任产生最直接的影响。在刑罚作为刑事责任主要实现方式的情况下,刑事政策与刑事责任具有什么样的关系呢? 从理论现状来看,刑事政策与刑事责任的具体关系理论上鲜有论及,在一般意义上谈刑事政策对刑法的影响又不足以体现刑事政策与刑事责任的关系。本部分在考察刑事政策与刑事责任关系的基础上,剖析刑事政策对刑事责任产生影响的机制和二者发展的现实悖论,并最终提出在刑事政策下刑事责任理论的应有发展趋向,或许这可以提供一种新的认识刑事责任的视角。

一、刑事政策对刑事责任的影响

从渊源上看,刑事政策概念的提出是在 19 世纪初,并在 19 世纪末发

---

[1] 周洪波、单民:《论刑事政策与刑法》,载《当代法学》,2005 年第 5 期。
[2] 谢望原:《论刑事政策对刑法理论的影响》,载《中国法学》,2009 年第 3 期。
[3] 张甘妹:《刑事政策》,台北三民书局 1974 年版,第 2 页。

展出完整的理论内容。[1] 作为学科之刑事政策的出现是以事实上的刑事政策为依据的，因此，梳理事实上刑事政策的内容能够更好地厘清其和刑事责任的关系。

（一）理性或人道主义刑事政策与刑事责任

刑事政策以如何有效防治犯罪为其主要目的，[2] 因而对犯罪的认识成为有效预防的前提。远古时期人们不可能科学地认识犯罪现象，至中世纪时，仍把犯罪和其他异常行为归谬为恶魔鬼怪，认为犯罪是中了邪魔的结果，[3] 因此导致认定犯罪采取主观归罪或者客观归罪的方式。在对犯罪人的处罚上，滥用暴行的倾向极为明显，强调以死刑为中心的暴行手段进行威慑来达到防止犯罪的目的。[4] 现代刑事政策的思想即萌芽于中世纪罪刑擅断和刑罚残酷的犯罪人处遇境况下，同时在启蒙思想的影响下，决定了刑事政策思想从一产生就带有人道主义色彩，对犯罪人人道主义处遇成为贯穿刑事政策思想始终的主线。但从刑事政策发展的第一个阶段即所谓理性主义或人道主义阶段来看，刑事政策对犯罪人处遇的实现是通过对刑罚的影响来实现的，刑事古典学派的"罪刑均衡""刑罚人道""刑罚观"等刑罚适用诸多原则和内容成为直接影响犯罪人处遇的重要理念，而罪刑相适应原则成为实现这种影响的直接依据。此时依靠刑罚，强调惩罚和报应的刑罚适用与执行成为这一时期刑事政策的基本方面。[5] 因而在刑事政策发展的第一个阶段，其与刑事责任并不存在直接关系，如果将刑罚看作是刑事责任的主要实现方式，则刑事政策和刑事责任的产生系于较远联系之微弱关系。但实际上，此时与其说是联系，不如说是以刑罚为中介的牵强关系，因为并不是刑罚才是刑事责任的实现方式。

刑事政策在其启蒙发展时期与刑事责任没有产生关联是正常和必然的。"刑事责任"在古罗马语中源于"culpability"一词，来自具有"过失"或

---

[1] 许恒达：《刑罚理论的政治意蕴——评"刑事政策"的诞生》，载《月旦法学杂志》，2006年第 137 期。
[2] 张甘妹：《刑事政策》，台北三民书局 1974 年版，自序，第 1 页。
[3] ［美］理查德·昆尼、约翰·威尔德曼：《新犯罪学》，陈兴良等译，中国国际广播出版社 1988 年版，第 34 页。
[4] ［日］大谷实：《刑事政策学》，黎宏译，法律出版社 2000 年版，第 7 页。
[5] 杨春洗：《刑事政策论》，北京大学出版社 1994 年版，第 412 页。

"过错"意义的"culpa"一词，"culpability"就具有了因过错而产生的"有责任性"之意。因而，刑事责任的初始意义就是具有罪过的责任，但在中世纪刑事责任的这种意义并没有进一步发展下去[1]事实上，真正的"责任"一词在西方17、18世纪才出现，其意是指对国王或议会的管理负责，值得信赖或有能力履行自己的义务，负责精神。在当代哲学和心理学中，其仍保持两层基本含义：对过失的归因和承担义务[2]而在此时期，刑事政策亦正处于萌生状态。从刑事政策兴起的中世纪罪刑擅断背景看，中世纪对犯罪人的处罚带有任意性和擅断性，惩罚不以犯罪行为实际的客观危害与主观罪过为标准，追求的是恐吓和报复效果，体现了原始的报应和野蛮色彩。在这个意义上，从责任的实有意义看，受惩罚者负担的并不是责任，而是一种工具化的角色。因而在刑事政策发展的初期，其不可能和刑事责任产生真正联系。将刑事政策和刑事责任联系在一起的是在刑事政策发展的第二个阶段出现的人身危险性概念。

（二）实证主义刑事政策与刑事责任

奠基于犯罪研究各种实证科学发达的基础上，刑事政策进入发展的第二个阶段，即实证主义或被称为科学主义的阶段。这一时期刑事人类学派通过实证研究认为，因遗传因素影响存在天生犯罪人，因而有些人是先天具有人身危险性的。防卫社会成为刑罚存在的根据，刑罚的大小应根据人身危险性的大小决定，应立足于未然的犯罪寻找刑罚的根据[3]至此人身危险性的概念首次出现。至这一时期刑事政策发展的顶峰阶段，李斯特提出了目的刑主义，认为刑罚应是对那些"危险状态"的体现者采取的防卫措施，即防止具有社会危险性的人危害社会，具有对罪犯侵犯社会进行防卫的目的，并消除犯罪人的危险性，进而提倡保安处分，即根据犯罪人的人身危险性，主张根据各个犯罪人的具体情况予以相应的处遇措施[4]人身危险性因而成为这一时期刑事政策的核心内容，并且成为决定刑事责任的重要因素。在此基础上，实现了罪刑均衡到罪责

[1] 何勤华：《法律名词的起源》（上），北京大学出版社2009年版，第343—344页。
[2] 潭小宏、秦启文：《责任心的心理学研究与展望》，载《心理科学》，2005年第4期。
[3] 卢建平：《刑事政策学》，中国人民大学出版社2007年版，第53页。
[4] 卢建平：《刑事政策学》，中国人民大学出版社2007年版，第66—71页。

刑均衡的转变。[1] 作为刑事政策核心要素的人身危险性也在决定犯罪人刑事责任的同时转变为刑事责任的要素。这样,在刑法理论上,以人身危险性理论为核心的行为人刑法成为这一时期关注的重点,[2] 从而成为刑事责任理论的重点。人身危险性成为影响行为人刑事责任大小的因素,在刑法机制上是如何实现的呢?在人身危险性影响刑事责任进而刑事责任决定刑罚的情况下,"有责任就有刑罚"成为责任主义的基本内涵,刑罚的种类和程度均应由责任决定,因而强调的是责任对刑罚的促生作用。从上述论证来看,人身危险性本就是征表犯罪人潜在犯罪可能的指标,因而关注的是对犯罪人惩罚和预防犯罪之意。以人身危险性为主要内容的刑事责任对刑罚的作用自然就着重于对行为人的惩罚上。这种意义上的责任乃是积极处罚上的责任,责任主义强调的自然就是积极意义上的责任主义。至此,在刑事政策发展的第二个阶段,本来作为刑事政策之内容的人身危险性在成为刑事责任的内容后,在人身危险性的中介下,刑事政策和刑事责任产生了某种关联。但由于人身危险性天生具有的征表犯罪的特征,使得它对刑事责任的影响侧重的是对犯罪人惩罚的不利的一面,积极的责任主义即在此背景下产生。

(三)人权和法治刑事政策与刑事责任

以人身危险性为重要内容的刑事政策的确具有相当的危险性,其致命的缺陷即在于人身危险性和罪刑法定原则的冲突使得刑法的安定性特征被破坏,基于人身危险性概念之弹性,人权保障受到冲击。因而刑事政策的发展进入第三个时期即目前法治与人权的刑事政策阶段。这一时期刑事政策着眼于合理的组织对犯罪的反应。[3] 在对犯罪的认识上,则改变过去警察国家的形象,反对国家将违反国家道德或者国家意志的行为最终都贴上犯罪的标签。[4] 这使得将人身危险性作为刑事处罚依据在

---

[1] 张智辉:《刑事责任通论》,警官教育出版社1995年版,第30页。
[2] 参见李希慧、童伟华:《人身危险性也是刑事责任归责之基础》(上),载赵秉志主编:《刑法论丛》(第八卷),法律出版社2004年版。
[3] 杨春洗:《刑事政策论》,北京大学出版社1994年版,第416—417页。
[4] 孙万怀:《在制度和秩序的边际——刑事政策的一般理论》,北京大学出版社2008年版,第36—37页。

相当程度上被弱化甚至被剔除成为可能。在对犯罪行为的处遇上，"非犯罪化"和"非刑罚化"成为主流，"非刑罚化"的实质是非监禁化，因而出现了越来越多的替代传统刑罚的方法以及轻刑化趋势。在这个角度上刑事责任的实现具有了消散性特征，甚至有些实现方式和传统刑罚已经完全没有了相似性，刑罚的强烈惩罚性色彩在相当程度上被消解，而着重于对犯罪人的教育、改造和帮助其复归社会。非刑罚化更多地建构在教育刑的基础之上，更多地以符合教育、矫正目的的保安处分来取代犯罪防治效果低下的刑事手段，[1] 因而在有责任的情况下并不必然产生刑罚效果。隐藏在这种现实背后的是法治和人权保障的基本观念，在刑法机制上则是消极责任主义的确立。相对于"有责任即有刑罚"的积极责任主义而言，消极责任主义意味着"无责任即无刑罚"，更进一步而言即为有责任并不必然产生刑罚。因而责任不仅仅是报应的需要，在相当程度上是为了预防犯罪、改造和教育犯罪人而存在。因而消极的责任主义限制的不仅是犯罪的成立范围，更是刑罚处罚的范围，目的在于预防犯罪的产生。至此，在人权和法治的理念下，刑事政策的发展赋予了责任主义新的内容和意义，内含于责任之中的预防使得刑事制裁更具合理性并符合犯罪人复归社会的需要。而在责任的预防意义下，刑事政策和刑事责任具有了更为紧密的联系，即刑事政策的发展促生出消极意义的责任主义，而消极意义的责任主义同时也使得刑事政策更加趋向于理性和法治。

二、刑事政策与刑事责任发展之一致性

（一）人身危险性量刑意义的转变及其原因

在刑事政策与刑事责任二者关系的发展过程中，人身危险性和责任主义扮演了最重要的角色。但在刑事政策发展的不同阶段，二者对作为处罚结果意义上的刑事责任之意义并不一致，前者承担的是对犯罪人不

---

[1]　孙万怀：《在制度和秩序的边际——刑事政策的一般理论》，北京大学出版社 2008 年版，第 38 页。

利评价，后者则历经了从对犯罪人不利评价到有利评价之转变。那么，在责任主义转变的前提下，联系责任与刑事政策的人身危险性在刑事政策发展的第三个阶段应承担何种角色呢？这是研究刑事政策和刑事责任二者关系必须予以厘清的问题。

从目前刑事政策发展到第三阶段的各国刑事立法现状看，反映人身危险性的要素在量刑时均有所体现，如德国现行刑法第46条规定的量刑基本原则："行为人的动机和目标，行为所表明的感情和在行为时所使用的意志，违反义务的程度，行为实施的形式和所造成的效果，行为人以前的经历、其人的和经济的关系以及行为之后的活动、特别是其补偿损害的努力及行为人实现与被害人和解的努力。"1974年《日本改正刑法草案》第48条也规定："适用刑罚时，应当考虑犯罪人的年龄、性格、经历与环境、犯罪的动机、方法、结果与社会影响、犯罪人在犯罪后的态度以及其他情节，并应当以有利于抑制犯罪和促进犯罪人的改善更生为目的。"人身危险性无论是初犯可能还是再犯可能抑或是同时包含有二者，[1] 上述犯罪人悔罪表现、生活履历以及主观恶性等都是征表犯罪人人身危险性的重要因素，在刑事政策发展之人权与法治的第三阶段，包含了"人身危险性"的"危险性"概念本已被适当接受，[2] 在人权和法治的刑事政策下，责任的报应色彩在相当程度上弱化，预防犯罪成为责任的重要目的，基于此，消极责任主义对刑罚起相当限制作用。从立法来看，人身危险性对量刑影响的意义也即在于对犯罪的预防和犯罪人的复归社会。人身危险性兴起的初始阶段是以惩罚对象的意义出现的，是犯罪人应受惩罚的征表。这种惩罚是以消灭潜在犯罪人为目的的，因而现代意义上的犯罪预防功效并没有出现。这种状况的改变在人权与法治的刑事政策阶段随着责任主义的转变而得到改变。消极意义上的责任主义限制惩罚的成立范围，关注对犯罪的预防，因而人身危险性此时随之被赋予了预防的功能，人身危险性的现代刑事政策意义得以确立，在消极责任主义下，犯罪人的改善和复归社会成为可能。基于限制刑罚意义

---

[1] 林亚刚、何功荣：《论刑罚适度与人身危险性》，载《人民司法》，2002年第11期。

[2] 卢建平：《刑事政策学》，中国人民大学出版社2007年版，第75页。

的消极责任主义关注对犯罪人的改善和复归社会，因而重视的是特殊预防而忽视一般预防，由此必然导致一定程度的轻刑化趋向，而和重犯罪抑制的一般预防所需要的重刑主义产生分野。这样，在人权与法治的刑事政策下，人身危险性的量刑意义即被定位于减轻处罚的方向上。人身危险性的刑事政策意义在消极责任主义下实现了其减轻处罚上的量刑意义，人身危险性的刑事政策意义和量刑意义由此在理论上是一致的。在特别预防上，刑事政策与责任主义产生了最为密切的关系，二者同时规定了减轻处罚的量刑基本原则。

（二）人身危险性角色的转变及其意义

立足于人权与法治刑事政策下的人身危险性之量刑意义被限制为减轻处罚的方向上，但这并不意味着人身危险性仅具有量刑上的减轻处罚意义，况且，单纯减轻处罚实际上并不会产生特殊预防效果。在人权与法治刑事政策下，人身危险性应该从征表犯罪人潜在犯罪可能的标识转变为征表犯罪原因和预防犯罪可能的标识。在这个意义上，人身危险性的大小意味着基于不同犯罪原因预防可能性的程度，这要求针对不同原因的犯罪以及犯罪人悔罪情况采取不同的处遇措施而达特殊预防之功效。但在量刑上，不应因人身危险性大而加重处罚犯罪人，亦即人身危险性不能成为加重处罚行为人的理由。相反，由人身危险性表明的犯罪产生的他因性应成为减轻处罚的理由。如果从预防观点出发科以超过责任程度的刑罚，是为了社会防卫目的而不当地牺牲犯人的人权，这在法治国家是不能容忍的。[1] 由此，人身危险性在人权与法治刑事政策下体现的是征表犯罪原因和预防犯罪可能的标识，扮演责任减轻之角色。人身危险性只有在人权与法治之刑事政策下，才能产生减轻量刑之功能，也只有在人权与法治的理念下，才能出现其特殊预防之功效。因而人身危险性以其转变的角色和功能在人权与法治的刑事政策下将刑事政策和刑事责任更为密切地联系在一起，这种联系实际上是以人权与法治的刑事政策理念作

---

[1]　[日] 曾根威彦：《量刑基准》，载苏惠渔等主编：《中日刑事法若干问题》，上海人民出版社1992年版，第49页以下；[日] 西原春夫：《日本刑事法的形成与特色》，李海东等译，法律出版社1997年版，第148页。

为支撑，以人身危险性量刑和预防功能的实现作为其刑法机制的。

至此，刑事政策和刑事责任的关系可以作如下表述：在本来作为刑事政策内容的人身危险性概念出现后，其进而成为影响刑事责任的要素，在罪刑均衡转变为罪责刑均衡的情况下，人身危险性也转变成为刑事责任的重要内容。但实证主义的刑事政策决定了人身危险性是以加重刑事责任的面目出现的，这种加重处罚在刑法机制上是通过积极的责任主义完成的。在人权与法治刑事政策下，其使得责任主义实现了从积极责任主义向消极责任主义的转变。在此一时期，人身危险性也从征表犯罪人潜在犯罪可能的标识转变为征表犯罪原因和预防犯罪可能的标识，从而实现了人身危险性从惩罚依据到减轻量刑之预防依据的转变。总的来看，刑事政策对刑事责任产生的影响表现在两个方面，一是对作为处罚结果意义上责任的影响，二是对作为责任主义之"责任"的影响，在此两种影响之间，于刑法机制上前者是通过后者完成的。

三、刑事政策下刑事责任生成之进路

刑事政策与刑事责任具有如此密切的关系，但从我国刑法理论已有的研究来看，我国学者并不关注刑事政策和刑事责任的关系问题，刑事政策和刑事责任各自是完全独立的，我国学者一直一致将刑事责任作为刑法的最基础理论[1] 既然刑事政策和刑法具有密切关系，上述分离现状和刑事责任之重要性显然是相悖的，刑事责任缘何会和刑事政策产生如此分离以及在刑事政策的视角下刑事责任的生成进路如何，这是研究刑事政策与刑事责任二者关系应当解决的现实问题。

（一）我国刑事政策与刑事责任的分离

从上述刑事政策发展的三个阶段来看，无论是人道主义的第一阶段，还是科学主义的第二阶段抑或是人权与法治的第三阶段，刑事政策始终带有自由、平等、博爱和公正等气质[2] 虽然有时具体刑事政策带有功

---

〔1〕 张令杰：《论刑事责任》，载《法学研究》，1986 年第 5 期。
〔2〕 李卫红：《刑事政策学》，北京大学出版社 2009 年版，第 72—76 页。

利性和扩张性，会突破刑法的规定而使道德性和正义性受到影响，[1] 但并不能动摇刑事政策的价值底蕴。即使是今天欧洲大陆的刑事政策出现了对某些犯罪的重刑化趋势，也被认为是协调的、经过深思熟虑的对付犯罪反应的最后手段。[2] 虽然将刑事政策发展的最新阶段称为人权与法治阶段，但自刑事政策产生的第一个阶段即是以人权思想为前奏并以此为中心的，人权与法治阶段的刑事政策不过是这一思想的进一步推进而已。因而刑事政策天然与人权保障相关，其发展的历程也始终伴随着这一思想的扩张和进步。我国的刑事责任生成于义务本位价值观下，强调民众对法律的服从和遵守，对所谓社会整体利益的维护，因而自古以来法律条文更多的是义务性规定，而鲜有权利保障的内容。这导致了我国刑事责任的内涵必然是义务性和承担不利之结果性的。表面上看，我国刑事责任的概念五花八门、种类各异，但最终都没有脱离义务性和结果性之意，因而我国的刑事责任不可能具有任何人权保障的意义，恰恰相反，刑事责任强调的惩罚性和义务性正与人权保障相悖。在这种情况下，讲求义务和惩罚的刑事责任与追求人权和法治的刑事政策自不会产生火花，二者的不交集在现有理论框架下即已被厘定。在我国，刑事政策和刑事责任的分离由此来看是必然的。

但我国学者仍关注人身危险性问题的研究，虽然从上述论述看，这本是一个地道的刑事政策问题。即便如此，在我国刑法理论下，刑事政策和刑事责任仍没有产生任何关联。我国学者将人身危险性理论继承并将其置于我国传统刑事责任框架下，从而也使得人身危险性作为刑事责任的内容对其产生影响。但人身危险性此时的作用在于其可以确定行为人刑事责任的轻重，犯罪行为危害严重，但行为人的人身危险性不大的，可以不必负担严重的刑事责任。相反，犯罪行为虽然不十分严重，但行为人的人身危险性特别大的，也可以让行为人负担较为严厉的刑事责任。[3] 而所谓刑事责任之轻重其实就是量刑轻重而已。很显然，人身危险性作为惩罚依据是在刑事政策发展的实证主义阶段，而此极易产生侵

---

〔1〕 刘军：《刑事政策与刑法关系片论》，载《河南省政法管理干部学院学报》，2007 年第 5 期。

〔2〕 杨春洗：《刑事政策论》，北京大学出版社 1994 年版，第 418 页。

〔3〕 王晨：《刑事责任的一般理论》，武汉大学出版社 1998 年版，第 236—237 页。

犯人权之虞。在刑事政策发展的人权与法治阶段，人身危险性便已经转变为征表犯罪原因和预防犯罪可能的标识，其作为惩罚依据的意义已经被去除。将人身危险性作为量刑的依据实际上是无视人身危险性脱胎于刑事政策母腹之现实及其发展历史导致的基于"危险"之语义产生的随意性结论。因而将刑事政策和刑事责任联系在一起的人身危险性在我国刑法理论中的功能异化也导致其不可能将二者联系起来。相反，人身危险性的这种功能恰使刑事责任与刑事政策更加疏远。

（二）我国刑事责任的转型方向

我国刑事责任一直存在着内容空洞和地位弱化的事实，现有研究也将努力提升刑事责任的地位作为落脚点，因而在罪责刑三者之间的关系上纠缠不清，甚至出现了将刑事责任置于某个地方而对其内容不做任何改变的实质上的技术性调整研究。很显然，这无法实现刑事责任的真正转型。从上述论述来看，既然刑事政策与刑事责任的关系如此密切，在刑事政策视野下寻找我国刑事责任的转型应该是一个新的视角。刑事政策通过人身危险性对刑事责任产生影响，从上述论证来看，是通过消极意义的责任主义实现的，这使得消极责任主义在限制刑罚权的情况下具有了人权保障的意义。在目前讲求人权与法治的刑事政策下，刑事责任的理念应通过刑事政策的人权与法治价值来塑造，刑事责任内容的转变应通过责任主义和人身危险性两个要素来实现，在此基础上达到刑事责任作为基础理论的意义。

传统刑事责任在我国一直是义务性和惩罚性的，这种理念是我国传统文化语境的产物。人权与法治刑事政策着重于对犯罪人的教育、改造和帮助其复归社会，因而强调特殊预防、被害与加害社会关系的修复以及犯罪人的复归社会，惩罚已经不是刑事司法的主旨，这一目标的实现是通过消极的责任主义实现的，同时消极责任主义本身即具有人权保障的意义和功能。因此，传统刑事责任要实现向人权保障功能的转变，必须吸纳消极责任主义于体内才能在刑法机制上实现这一转变。这要求必须改变传统刑事责任的内容，消极责任主义应成为所谓刑事责任之核心要义。因此在一定程度上，我国传统刑事责任需要实现向责任主义的倾斜，以此赋予刑事责任相应的人权保障价值。这是通过责任主义完成的刑事政策之人权与法治理念在刑事责任中的具体播种。要实现这种转型和倾向，人身危险性就不仅是减轻量刑之功能，进而必须具有征表特殊预防之功能。人身危险性在人权与法治的刑事政策下实现了从征表潜在犯罪可能到征表犯罪原因和预防犯罪可能的转变，因而其量刑的意义被弱化。但由于人身危险性具有征表犯罪原因和预防可能的功能，因而其在表明存在犯罪的他因性等促生了犯罪的产生时，其应成为减轻处罚的理由。无论如何，人身危险性不应成为加重处罚的理由，即使其征表着预防可能程度较低，也不能成为加重处罚的理由。因而，如果将人身危险性作为刑事责任的内容，人身危险性必须实现向征表犯罪原因和预防犯罪可能的转变，传统刑事责任在人身危险性的作用下具有了预防意义，从而在相当程度上剔除其结果性单纯惩罚的意义。

　　在人身危险性影响刑事责任生成的现实下，传统刑事责任应在人身危险性角色转变的促进下实现其预防功能，进而突破其结果性单纯惩罚意义，这是我国刑事责任应有的发展方向。虽然有传统刑事责任应完成向责任主义转型的观点，[1] 但至少在目前我国犯罪论体系仍维持原有四要件体系的理论框架下，完全实现刑事责任向责任主义的转型是困难的。从传统刑事责任与刑事政策的关系上看刑事责任的生成，或许可以为这种转变提供一个思维视角。

第二节　刑事责任生成的哲学转向背景

一、过程哲学转向

　　现代西方哲学正经历着一个转折时代，一个革命时代，过程哲学成为现代一个非常重要的现象。[2] 现代西方哲学仍然是生发于本体论与认

---

[1]　陈兴良：《从刑事责任理论到责任主义——一个学术史的考察》，载《清华法学》，2009 年第 2 期。

[2]　《当代西方的过程哲学与中国古代哲学》，http://wenku.baidu.com/view/3652c7e2524de 518964b7d8c.html，访问日期：2010 年 12 月 20 日。

识论的哲学传统根基之上的,[1] 但现代西方哲学已经转向哲学的实践性和价值性问题,在一定程度上,现代哲学出现了语言学转向之后的价值论转向和实践论转向,[2] 哲学与社会的现实更加紧密地联系在一起。作为 20 世纪实践哲学的主宰,过程哲学影响深远。

过程哲学的源头可以追溯至古希腊时期的赫拉克利特,但哲学发展的主流形式是从主体论到认识论。至黑格尔时期,他把世界视为永无止境的运动、变化和发展的过程,他认为绝对理念在"本质上是一个过程"。[3] 过程思想在黑格尔哲学中已得到呈现,这为过程哲学的产生提供了背景。同时,19 世纪后期开始,西方传统哲学受到后现代的猛烈抨击,更由于现代性的局限所导致的各种危机,作为解构现代性的过程哲学最终以后现代主义的方式产生。其代表海德格尔认为,传统形而上学混淆了存在者与存在,其根源在于主客二分的认知方式,克服实体思维的知性主客二分悖谬在于建构一种过程思维方式。海德格尔认为,传统哲学思维方式就是将一切"存在"都对象化为固定的、僵死的东西,这种思维方式已无法支撑整个哲学向前发展,看待存在的本真面目应由名词性视野变成动词性视野,从静态视角转向动态过程。在他的视界里世界就是一个发生、发展、灭亡的过程。[4] 作为过程哲学的大师怀特海则旨在克服传统实体思维困境,首次明确提出"过程哲学"概念。怀特海认为,存在(being)是由它的生成(becoming)构成的,事物存在于过程之中,世界即为过程,这便是"过程的原理"。[5] 存在本身具有足以促成其中若干可能的秩序、形式或属性在现实中实现的动力,现实实有是"刹那过程",处于永恒的产生和消失之中,而在消失时,它又以某种

〔1〕 韩秋红、史巍:《现代西方哲学转向与哲学观的变革——以西方哲学发展的内在逻辑为视角》,载《社会科学战线》,2007 年第 2 期。
〔2〕 孙伟平:《哲学转向与哲学范畴的变迁》,载《求索》,2004 年第 1 期。
〔3〕 李景春、李佳:《过程哲学视域的社会进化》,载《湖南城市学院学报》,2010 年第 3 期。
〔4〕 闫顺利、敦鹏:《存在过程论与过程哲学的对话——海德格尔和怀特海的过程观比较》,载《昆明理工大学学报》(社会科学版),2009 年第 2 期。
〔5〕 〔英〕阿尔弗雷德·诺思·怀特海:《过程与实在》,周邦宪译,贵州人民出版社 2006 年版,第 31 页。

方式实现创造性前进，因而是一个有机的过程。[1] 在怀特海过程哲学的诠释下，世界成为了一个活生生的、有生命的机体，由各种实际存在物相互包含、相互联系和相互作用而形成，这实际上确定了"过程"在过程哲学体系中的本体地位。[2] 过程思想以怀特海的哲学为基础，背离了传统哲学对于单个实体的构想，把固定不动的物质实在看作一系列经验的运动，它的产生与发展意味着现代西方哲学的终结和其哲学资源的枯竭。[3] 其实，西方基督教末日审判理论将生命视为一种流（flux），或许这是过程性的一种最直观的体现，[4] 即使在死亡之后，人仍然要经受在炼狱中全部涤清罪过的苦难过程。

过程哲学的经典结论"世界即为过程，事物存在于过程之中，或者说过程即为事物的存在形式"为我们认识事物提供了全新视角。事物过程性的生成命题清晰展现出事物的生成过程和事物的存在形式，这给了我们一个重要的启示：无须寻找的事物是什么，而只需解决其是如何生成的即可，由此事物的地位就是由其存在决定的。

哲学曾被视为其他学科的基础，现今已从知识体系的顶端、从"文化之王"的神坛上跌了下来，[5] 但哲学仍在多方面不可避免地对其他学科产生方法论上直接或间接的影响。过程哲学作为现代西方哲学的潮流，在伦理学、价值哲学、美学、教育学、文化哲学、精神和宗教哲学等方面都产生了深刻影响，[6] 在我国已有人用过程哲学进行法学研究。[7] 但总的来看，过程哲学对法学研究的影响仍没有引起我们足够的重视。根据成凡的统计，哲学对法学研究的影响是外部学科中最大的，《中国社会

---

〔1〕 袁祖社、董辉：《过程哲学的人文旨趣及对生态价值的"后现代"承诺》，载《河北学刊》，2010年第5期，第36页。

〔2〕 李景春、李佳：《过程哲学视域的社会进化》，载《湖南城市学院学报》，2010年第3期。

〔3〕 李世雁、曲跃厚：《论过程哲学》，载《清华大学学报》（哲学社会科学版），2004年第2期。

〔4〕 ［美］哈罗德·J. 伯尔曼：《法律与革命——西方法律传统的形成》，贺卫方等译，中国大百科全书出版社1993年版，第211页。

〔5〕 王政勋：《刑法解释问题研究现状述评》，载《法商研究》，2008年第4期。

〔6〕 ［美］杰伊·麦克丹尼尔：《过程哲学及其对世界的适用性》，载《"哲学：基础理论与当代问题"国际学术研讨会论文集》，2007年。

〔7〕 王新举：《论后现代主义对法律主体的解构和建构——以过程哲学为视角》，载《求是学刊》，2008年第5期。

科学》和《中外法学》（从 1993 年到 2002 年）在法学研究中哲学的被引用率分别高达 37.41% 和 28.83%，远远超出政治学、社会学、历史学等其他学科的引用率。[1] 但作为 20 世纪西方哲学的翘楚，过程哲学并没有在法学研究中被意识到。过程哲学思维对犯罪、责任的研究意义重大。

二、过程哲学的契合

笔者在上文中已经论证了大陆法系和英美法系犯罪构成实质上为责任构成，结果性刑事责任的成立是以作为归责要素的责任在大陆法系犯罪论体系中从责任到违法再到构成要件符合性的前塑的方式最终完成，在英美法系责任成立直接就以犯罪成立的方式出现，因而结果性刑事责任的生成贯穿了犯罪成立的始终，其也以犯罪成立的过程形式体现、存在着，因而其不是脱离犯罪构成的孤立存在。在这个意义上，我国刑法理论上犯罪成立之后责任才产生的观点是不成立的。分析两大法系刑事责任的成立过程可以发现其均以动态的生成方式存在着，刑事责任的生存和存在方式完全符合过程哲学"事物存在于过程之中，过程即为事物的存在形式"的结论。如此以过程哲学、过程思维作为对刑事责任分析的工具完全是可行的。或许可以猜测，大陆法系犯罪论体系理论从产生到最终成熟的过程或许有过程哲学的影响，而且从时间上看也基本相符。

以哲学的过程哲学转向背景来看我国传统的刑事责任，如果使其发生向大陆法系责任的倾斜，由此必须使其具有过程性特点，以此才能获得自己的真实存在。

---

[1] 成凡：《是不是正在发生？——外部学科知识对当代中国法学的影响，一个经验调查》，载《中外法学》，2004 年第 5 期。

第三章

刑事责任的生成样态

第一节　刑事责任生成的过程性

一、通过责任的过程性生成

自从责任从客观责任发展到主观责任后，归责意义上的责任主义在我国其实一直都存在。有学者甚至认为我国刑法上规定的故意和过失责任实质上就是来源于大陆法系的责任主义，乃为"大有来头"。[1] 在理论及实务上也一直使用故意责任或过失责任之称谓，如在中国知网"法律知识仓库"的"中国法律知识资源总库案例库"之刑事案例库搜索中，在刑事责任要素中即有主观方面故意或过失以及行为主体的责任能力等责任要素。将德日等国刑法理论上的责任主义视为犯罪成立的条件，这种见解对我国刑法理论体系的构建并非没有影响，我国大多数刑法教科书都将作为犯罪主体要件要素的行为人辨认、控制自己行为的能力称作刑事责任能力就是一个明显的例证。[2] 这种状况同时反映了我国刑法犯罪构成理路的一个尴尬，即在大陆法系犯罪论体系中，责任要素和责任能力是作为责任的要件出现的，而在我国刑法犯罪构成理论中，责任要

---

〔1〕　阮齐林：《刑法总则这两款大有来头，删不得！》，载《检察日报》，2008年2月25日。

〔2〕　齐文远、周祥：《刑法、刑事责任、刑事政策研究——哲学、社会性、法律文化的视角》，北京大学出版社2004年版，第193页。

素是作为犯罪成立四个要件之一的主观方面的内容出现的，责任能力却是以犯罪主体的形式存在的。由此，责任的要素被分解成两个并列的犯罪构成要素。行为人对基于自己的意志自由而选择的行为负责思想，使得主观归责取代了客观结果责任，行为人与自己的意志自由紧密联系在一起。到了启蒙时代的人文主义思想背景下，这一联系被从人权保障的角度来认识，体现行为人主体性的责任能力此时与体现行为人意志自由的责任故意和责任过失逐渐发展成为大陆法系犯罪论中的责任论的内容，因而二者以规范的形式成为限制犯罪成立的第三个限缩性条件。责任能力和责任要素的关联建立在行为恰当地反映出行为人是行动者这一哲学命题之上，这种反映正是体现自己意志自由的故意和过失。我国犯罪成立理论中将二者予以分裂，分别作为犯罪成立的条件，在一定意义上脱离了存在与意识不可分离的哲学命题。[1] 但我国学者又确确实实地将故意、过失视为责任形式，将主体要件要素视为责任能力。这种矛盾的消除在于如何对待归责之责任主义。

　　我国《刑法》第 14 条第 2 款和第 15 条第 2 款无论是否与大陆法系的责任主义有关联，其"来头"如何，都确定地给我们一种观念指向，即没有故意或过失的行为，行为人对此不负作为犯罪结果的惩罚意义的刑事责任，这也是主观责任的原初意义。在我国现行犯罪构成理论下，归责意义的责任主义难以在此体系中以规范的形式体现出来。我国目前有学者将故意、过失作为责任要素使用，实际上只是将责任要素作为故意与过失的上位概念使用而已，并不是从主观归责之责任主义的价值意义上使用的，因而归责之责任主义的犯罪论意义并没有得到清晰呈现。事实上，正如上述所言，在我国犯罪构成理论下并没有大陆法系归责之责任主义存在的空间。但没有故意或过失，行为人就不负刑事责任的观念在我国存在已久，那么，借用大陆法系以故意和过失作为实质内容的责任概念，在不涉及犯罪构成理论变动的前提下，可以将归责之责任主义作为一种观念责任，作为我国犯罪成立的一个原则，即"观念责任"。

---

[1] 车凤成：《过程性思维之内涵理解——兼论怀特海过程哲学》，载《延边大学学报》（社会科学版），2008 年第 1 期。

观念责任旨在提倡这样一种思想，即行为人知道应对自己故意或过失的行为负责，自己能够不这样而进行了如此行为。因此，观念责任首要的意义在于使行为人认识到应该不这样做（否则应负责任），这样做是法律所反对的，这样，观念责任就具有了一般预防之意。观念责任旨在从一般意义上向公众宣示应负责任的个人主观条件，这与大陆法系犯罪论中责任作为个别的判断是相异的。作为个别判断的责任是规范性的，仅有故意和过失并不能使行为人对自己的行为负责，还必须依行为时具体外界情状可以期待行为人能够不为该行为，才可令行为人对自己的行为负责。作为一般刑法意义的观念责任并不是规范的判断，也无须进行规范的刑法运作，只是给公众提供主观上顶测行为是否具有可能性而已，因而对其无须做具体的个别的判断。观念责任的意义恰好契合罪刑法定原则。

我国传统刑事责任作为犯罪的结果，表面上它依附于犯罪而产生，但实际上其脱离犯罪而单独存在。而只要将刑事责任作为静态的结果性的，它就永远只能陷入与罪和刑关系的形式牢笼之中，无法真正解释自身何以产生、缘何存在，目前刑事责任研究呈穷途末路之势的根本原因即在于此，因而刑事责任研究的转变首先应在于其结果性这一静态特征的转变。陈兴良老师认为我国刑事责任应向大陆法系国家的责任主义转变[1]，在犯罪构成转向大陆法系犯罪论体系的整体背景下，这种观点是有道理的。但这并不能成为转变后的刑事责任的全部，无论从理论渊源还是责任实际乃至我国责任的历史和现实而言均是如此。即便是部分向责任主义转变，由于我国传统责任和大陆法系责任的巨大差异，直接照搬是不符合其存在的理论语境的。结果意义上的责任在其他国家同样是存在的，在大陆法系刑法中也存在我国刑法之结果意义上的刑事责任用法，如德国《刑法典》第19条规定，行为人行为时不满14岁的，不负刑事责任。第20条规定，精神病患者不负刑事责任。第37条规定，议会言论和议会报道不负任何责任。但现实法律中的使用并没有使这种刑事责任成为刑法学研究的内容，在我国的各种比较研究中唯独没有刑事责任的比较，

---

[1] 陈兴良：《从刑事责任理论到责任主义——一个学术史的考察》，载《清华法学》，2009年第2期。

如高格教授编著的《比较刑法学》（长春出版社 1991 年版），其中无刑事责任的比较内容，以及较早的金凯先生编著的《比较刑法》（河南人民出版社 1985 年版），其中也无刑事责任的相关比较。张智辉先生著有《刑事责任比较研究》（台湾五南图书出版公司 1997 年初版），但从该书的内容来看，基本是以大陆法系责任的内容为主线进行的，结果意义的刑事责任并没有成为比较的对象。如果仍旧保有责任的结果意义，同时将其剔除出刑法学的研究范围，并能达到向责任主义的转变，这就要求结果性刑事责任必须得到相当消解，使犯罪的成立能够体现责任成立的过程，体现出结果之责任产生的过程，从而使责任自身得以自足。要达此目标，责任动态成立的特征必须体现出来，由此大陆法系责任主义本土性转换的另一个步骤就是确立刑事责任过程性、动态性特征，消解乃至去除其结果性、静态性特征。

　　一般而言，事物的特征是由其内容决定的，故而通常情况下是根据事物的概念、内容等来归纳进而得知其特征，但很明显这种特征的获得方式在正寻求转变的刑事责任下是无法产生的，相反，要通过过程性特征来达到对责任的重塑。在我国犯罪构成趋向于大陆法系体系的前提下，犯罪成立等于责任成立的命题在我国应该是成立的，在这一前提下，使犯罪成立的过程能够体现责任成立的过程，将责任在犯罪成立的过程中展现出来，那么责任的过程性特征即可由此获得，这是责任构成等于犯罪构成的必然结论。依此方式，如果结果性责任能够获得过程性特征，这就意味着犯罪的成立能够诠释责任是如何成立的，因而这必然在内容上要求犯罪构成体现出责任的不同层次内容，定罪之责任就必须在犯罪构成中呈现出来。在此，作为罪之成立意义上的责任得以出现，责任必须在与犯罪产生具体关系的情况下其才可能获得应有内容并真正存在。犯罪构成等于责任构成这一普适性结论成为解决刑事责任过程性特征及其内容的重要前提。

　　刑事责任过程性的存在之深层依据在于事物的过程性本质。世界不是一成不变的事物的集合体，而是过程的集合体。[1] 康德批判哲学使得

---

〔1〕《马克思恩格斯选集》第 4 卷，人民出版社 2012 年版，第 240 页。

哲学本体和思维方式实现了从实体性到过程性的转变，经过程哲学的努力，实体作为过程的存在被确立下来，过程哲学强调作为本体的实体是通过自我分化得以自我生成的过程，[1] 过程是一种正在发生着的动态共生活动，[2] 即"存在"是由"生成"构成的。事物作为点的存在之唯一性和僵化性已经不再适合解释事物的存在和生成过程，过程哲学显示事物的生成是一个有始有终的过程。如果以过程哲学来看刑事责任，须将其视为一个动态性过程存在，过程性就必须成为刑事责任这一事物的特征，问题是如何使其具有过程性特征。关于这一问题的解决，大陆法系和英美法系刑事责任的形成过程其实已经给了我们很好的启示：犯罪成立同时就是责任成立的命题即可赋予责任动态性过程特征。由此，责任从静态结果性向动态过程性的转变是符合近代哲学转向的，因而也更符合责任本身的真正特点。过程性特点使结果性刑事责任获得了规范性的生成和存在，从而自动诠释了责任的基础性意义。

二、过程性刑事责任的结构特征

刑事责任生成的过程性特征决定了其不应是单向的、线性的。传统刑事责任的运行是单行性的，结构是单一的，仅仅是国家和被告人之间的关系，因此传统刑事责任搭建的解决被告人刑事责任的平台是线性的，由于不注意被害和加害关系的解决，因此没有被害人的地位，忽略了被害人的角色。如果要恰当解决被害和加害的关系，达到社会关系的恢复与和谐，就必须将被害人纳入刑事责任的解决机制，这样，刑事责任的结构就具有三角性，即应包含被害人和加害人、国家和加害人以及国家和被害人的关系。在这个结构中，首要的是被告人对被害人的责任和被告人对国家的责任，其次是国家对被告人的责任。解决被害人和加害人的关系处于第一位置，在此基础上解决国家和加害人的关系，即使加害人得到应有的刑罚惩罚。关于此点，在传统刑事责任下，是通过对加害人予以惩罚从

---

〔1〕　张曙光：《过程范畴与过程哲学》，载《学术交流》，1992 年第 5 期。
〔2〕　［美］小约翰·科布、大卫·格里芬：《过程神学》，曲跃厚译，中央编译出版社 1999 年版，第 4 页。

而自然达到被害和加害关系恢复的目的。如有人认为，生命刑、肉体刑、自由刑、名誉刑、财产刑这些易感触的力量虽然不能补偿犯罪所造成的损失，但能使受损害的社会关系得到恢复，借以达到社会宁静。[1] 但这是可能的间接效果，直接效果只是满足了被害人的报复心理而已。因犯罪导致的社会恐惧心理因此可能得到平复，但受害人的愤恨和痛苦仍然存在，被害和加害的关系并不会因加害人受到了刑罚惩罚而得到修复，变得和谐。因此，我们无法借助刑罚的适用自然达到被害和加害关系的修复，被害和加害关系的解决必须与刑罚的适用作为不同的问题分别处理。按照于光远先生的解释，责任是一种社会关系，[2] 国家对犯罪人的责任，实际上是国家和犯罪人之间的刑事法上的关系，刑事责任的内容是国家依法惩处犯罪人，实现犯罪人应得的刑罚惩罚。

刑事责任的另外一层结构是国家对受害人的责任，在传统刑事责任下此点完全被忽视。在刑事诉讼的历史上，被告人的地位不断上升，但被害人直到 20 世纪中期，随犯罪被害人学的兴起，才得到应有的关注，在我国直到近年才引起关注。经常发生的现象是刑事案件随被告人被判刑等而结案，但受害人遭受的损失无法得到有效赔偿，因犯罪行为导致的自身身体残疾、生活困苦、终生痛苦的情况经常发生。国家在很大程度上忽视了受害人的这种状况。因此，如果要很好地解决被害和加害的关系，使两者关系得到恰当恢复，并使社会关系和谐有序，就必须解决上述被害人的问题，国家应对此承担起一定的责任。如建立起对受害人的心理诊疗和抚慰机制，对因犯罪导致生活困苦而犯罪人无力赔偿的应进行一定的经济救助等。国家的这种责任是因被告人的犯罪行为产生的，因此可以看作是因犯罪人之刑事责任产生的国家的派生性或附带性责任。刑事责任的派生性国家责任将受害人、国家和犯罪人连接在一起，有利于真正重视被害人问题，并可以反过来促进社会秩序的恢复和社会关系的和谐。

因此，刑事责任的结构不是单一的，它分别包含着犯罪人对受害人的责任、犯罪人对国家的责任、国家对犯罪人的责任以及国家对受害人

---

[1] 李化祥：《刑事责任及其本质》，载《湖南广播电视大学学报》，2004 年第 1 期。

[2] 于光远：《关于责任学的两篇文章》，载《学术研究》，1992 年第 1 期。

的责任，由此形成了相互联系的刑事责任三角结构。传统刑事责任的结构仅仅是犯罪人对国家的责任，因此是片面的。刑事责任的三角结构只是表明了责任的方向性和主体之间的对象性，并不是具体的权利义务的内容，因此它和刑事法律关系、刑事诉讼法律关系是不同的概念。

正是上述结构特征，决定了刑事责任的现代理念应具有对社会关系的修复性效果。被告人刑事责任的解决并不是终极目的，还应有效地解决被害和加害的关系，而不是单纯地对被告人予以惩罚。在此解决方式下，被害和加害的关系被完全修复，被破坏的社会关系重新恢复到原有状态。加害人能够真诚地悔过，其再犯可能性和人身危险性完全消失；对受害人而言，他可以从无尽的仇恨状态中解脱出来，从而开创崭新的人际关系。同时，给罪行的制造者以机会，在被害和加害的平等对话中，使加害人从内心的愧疚、愤怒和耻辱中解脱出来，[1] 真正实现被害和加害关系的和谐共处，因犯罪导致的社会恐慌心理也能够得到平复。因此，当代刑事责任应注重被害和加害关系的修复，刑事责任的负担方式并不是对被告人一判了之、一关了之或者一杀了之，仅仅对被告人实施了刑罚惩罚并不是刑事责任的实现，由其行为导致的社会关系的恢复和社会恐惧心理的消除应该成为刑事责任的应有之义。

从刑事责任发展的历史来看，刑事责任强调社会关系的修复实际上和事实的刑事责任的理念是契合的，它表达了刑事责任最原初的意义，是刑事责任本真意义的回归。

三、以发散存在为根基的基础理论地位

传统刑事责任广为诟病的是，理论上宣称并追求其基础理论的地位，但实际上并没有产生该种效果，内容的虚无性决定了其地位的弱势性；而传统刑事责任命题的虚假性则决定了其地位弱势性的必然，因而刑事责任基础理论的基本地位就难以产生。不把刑事责任作为犯罪与刑罚的连接，犯罪成立的过程就是责任的生成过程。确立这一命题的普遍性，

---

〔1〕　吴常青：《论恢复性司法的本土资源与制度构建》，载《法学论坛》，2006 年第 3 期。

首先可以确定过程性刑事责任的基础理论地位。

过程性刑事责任的三种基本形式是观念责任、具体规范责任和实践责任。观念责任作为对大陆法系国家归责之责任的转化处理方式，其在观念上向人们预示着在具有罪过心理支配下实施的行为应负刑事责任，其中具有明显的价值评价的否定色彩。这种思想导向是刑事立法的基本方向，规定着刑事立法的基本价值评价，因而是刑事立法的指引。规范性责任是责任质的实现方式，实践责任是责任量的实现方式，因而规范责任和实践责任构成了刑事司法的具体过程。在这个意义上，观念责任是抽象的，规范责任和量刑责任是具体的；观念责任是形而上的，规范责任和量刑责任是形而下的。观念责任主要具有刑事立法上的指引功能，规范责任和实践责任主要具有刑事司法上的操作功能，使结果责任最终得以实现。在这个意义上，过程性责任成为刑事立法和刑事司法整个过程的灵魂和肉体，其基础理论的地位在一定程度上得以呈现。

过程性责任的观念形态和具体实现形态意味着责任存在于观念之罪和具体之罪的形式中，换言之，责任在实际的罪产生之前即以观念的形式存在于潜在行为人的思维中，在具体之罪产生和实现的过程中，过程责任诠释了责任的具体生成过程，犯罪的成立过程体现了责任的存在，过程成为责任的存在方式。在此，结果责任以发散的形式存在于整个犯罪成立的过程中，直至责任大小量定时。正如上文所言，责任并不限于或位于某个地方，惩罚的整个过程都体现了责任的存在。与传统的静态结果性刑事责任相比，这种发散性存在的结果责任无疑更具有根基性意义和基础理论的基本功能。

第二节　过程性刑事责任的基本理念

在传统刑事责任研究中，刑事责任的目的基本与刑罚目的相同，甚至是将刑罚目的简单延伸拔高为刑事责任的目的。[1] 刑罚作为刑事责任

〔1〕 杜宇：《刑事和解与传统刑事责任理论》，载《法学研究》，2009 年第 1 期。

最重要的承担方式，其理念在发展历程中经过了数次转变，[1] 这理应引起刑事责任理念的相应变化，因为刑罚目的与刑事责任的理念确有密切关系。在现代市民刑法语境下，僵化和保守的传统刑事责任理念已经脱离了应有的时代性和发展性，原来的惩罚和负担观念需要被弱化。作为法律责任的一种，传统刑事责任会永远存在，因而并不是完全抛弃传统刑事责任，但研究、关注的方式必须改变。

一、传统刑事责任理念的知识考古

考察我国和其他国家或地区远古时期成文刑法的规定可以发现，其中只有关于犯罪和刑罚的规定，并没有刑事责任的内容。无论是我国最早的《孝经纬》的记载还是西亚的《汉谟拉比法典》、欧洲的《十二铜表法》等均是如此。在刑法规定犯罪与刑罚的相当长一段时间后，刑法典中才有了刑事责任年龄的规定，此时有关刑事责任的问题才正式见于刑法典。虽然在一个很长时期内立法上没有刑事责任的规定，但事实上从刑法规定犯罪时起，刑事责任就已产生，并默默发挥作用。[2] 事实上，刑事责任问题在被刑法规定前即已产生，只是在观念上没有被认识到而已。也就是说，自然状态的刑事责任在被知识捕获之前实际上已经存在，这种状态的刑事责任可以称为事实的刑事责任，它是一种先验的知识形态。事实的刑事责任反映了刑事责任的一种本真状态，即它不受人类认识和知识的约束，一如原生态存在之物。

但是我们根本无从具体考察法或者刑法与国家的具体产生时间。事实上，刑法与国家不可能骤然产生，而是一个渐进的过程。刑法的渐进性产生特征使得刑事责任在刑法正式产生之前即已产生，只要有惩罚就会有关于惩罚的基本规则和标准，刑事责任事实上就会存在。这也使得事实的刑事责任的产生同样是一个渐进的过程。因此，在原始禁忌、习俗或宗教规范向法律迈进的过程中，刑事责任的原初形态即已具备，虽

---

〔1〕 邱兴隆：《刑罚理性评论——刑罚的正当性反思》，中国政法大学出版社1999年版，第6页。

〔2〕 周其华：《刑事责任解读》，中国方正出版社2004年版，第104—107页。

然此时其还不是典型的"刑法"上的责任，但我们仍然无法否认原始禁忌等在转化过程中形成并逐渐具有"半刑事性"或"准刑事性"色彩。"准刑事责任"仍然是事实的刑事责任的一种形式，也是法定刑事责任的原初形态，在这个意义上，刑事责任包含了前国家时期的"准刑事责任"，刑事责任理念的发端即源于此。在梅因看来，前国家时期的刑事责任，金钱赔偿的适用具有普遍性，可以适用于盗窃、强盗甚至杀人行为，强奸的行为也可以通过和解费的方式加以解决，以眼还眼的理论从没有真正地实行，通常是用赔偿金的形式加以替代了，[1]"他们要求的是恢复原状或者赔偿金，而不是社会的报复"[2]。同样的情况也适用于中国前法律时期的刑事责任。我国古代的法律制裁侧重训导，同时辅之以金钱抵赎。[3] 训导和抵赎侧重的是对行为人的内心教化和对行为的金钱救赎，目的是"恢复原状"，而这种恢复原状就杀人、强奸等行为而言，只能是社会关系的恢复而不可能如物一样真的"恢复原状"。因此，从刑事责任原初的形态及其意旨来看，最初的事实之刑事责任体现了其蕴含的使社会关系恢复的理念。

事实的刑事责任在被认识之后，形成一定的观念，进而又为刑事立法所吸收，此时法律的刑事责任正式产生。法律的刑事责任是刑事责任刑法化的产物，是刑法隐含或明示的刑事责任理念的体现。刑罚的历史演变透视出刑事责任的类型特性和发展趋势，而无论报复刑、威慑刑和等价刑，还是矫正刑和折中刑，刑事责任的负担方式都是对犯罪人的或报复或威慑，或两者并行，或矫正而已，关注的是犯罪人的个人性，而没有涉及犯罪人与受害人关系的恢复问题，可以说刑事责任刑法化后的整个历史都体现了这种特征。在《圣经》中，亚当和夏娃违背上帝命令，偷食禁果犯下原罪，被逐出伊甸园。故在西方基督教教义中，作为亚当后代的每个人都有原罪，而人今生所犯本罪，也都是从原罪发出，因而对罪的惩罚乃在于惩罚对上帝的悖逆，而无关乎与他人的关系以及关系之修复。以《圣经》在西方的影响和地位，想必这种观念会产生根深蒂

---

〔1〕 邓子滨：《法律制裁的历史回归》，载《法学研究》，2005 年第 6 期。
〔2〕 [美]博西格诺：《法律之门》，邓子滨译，华夏出版社 2002 年版，第 328 页。
〔3〕 邓子滨：《法律制裁的历史回归》，载《法学研究》，2005 年第 6 期。

固之影响。在西方中世纪时，将犯罪看作是魔鬼附体的结果，因而负担责任完全就是接受惩罚，惩罚至此达到无以复加的程度。同样的情况也出现在我国。我国古代法律以刑法为中心，因而自法律正式成文化之后，由刑法主导的法律更多地着重于惩罚的色彩。在注重关系恢复和补偿等的民事法律尚不具有独立地位的状态下，刑法中的关系恢复就更加难以想象了。在我国刑事诉讼发展的整个历史上，被害人始终都是解决关系自己利益问题机制的局外人，被害人可有可无的地位决定了对被告人刑事责任的解决不会关注其和被告人关系的恢复问题，刑事诉讼的历史实际上可以归结为被告人权利不断增加、地位不断提升的历史，但始终没有关注纠纷的真正焦点——被告与被害关系的恢复。因此，法律化后之刑事责任更多地体现了报复性和惩罚性，这已经偏离了刑事责任应有的焦点，是对事实的刑事责任的误读。

事实的刑事责任和法律的刑事责任反映了刑事责任的两张面孔：本真的刑事责任和被语词赋予意义后的刑事责任。在本质主义者看来，语言与世界共有一种逻辑本质，命题与事实、语言与世界的关系是严格的单一关系。[1] 因此，事实的刑事责任和法律的刑事责任就应具有统一性，法律的刑事责任应能够恰当地描述事实的刑事责任。然而，本质主义只是一种精神诉求，[2] 后现代思潮中的反本质主义反思本质主义的普遍永恒本质存在的思想，认为同类事物之间充其量只是"家族相似"而已，命题可能并不是其真正描述的实在的图像，[3] 因此认为命题和它所描述的东西一定有相同的"形式"是不合理的。[4] 因此，法律的刑事责任与事实的刑事责任就不可能真正完全统一起来，作为知识形态的法律的刑事责任所表达的理念和事实的刑事责任之实际理念就必然会产生差异。法律的刑事责任作为刑事责任刑法化之后的产物，没有体现出其应依附的事实刑事责任之理念，传统刑事责任理念因此只是法律之刑事责任理念的体现而已。

---

〔1〕　张汝伦：《现代西方哲学十五讲》，北京大学出版社2003年版，第159页。
〔2〕　和磊：《反本质主义》，载《国外理论动态》，2006年第11期。
〔3〕　张汝伦：《现代西方哲学十五讲》，北京大学出版社2003年版，第160—161页。
〔4〕　[美]马尔康姆：《回忆维特根斯坦》，李步楼、贺绍甲译，商务印书馆1984年版，第60页。

　　知识化后传统的刑事责任理念应以刑事责任的概念、本质以及其内容作为支撑。就其概念而言，虽然存在"负担""否定性评价""谴责性""法律后果""法律责任"等诸多存在争议的表述方式，[1] 但其核心要义均在于刑事责任是行为人因犯罪行为接受国家的一种制裁，实际上把刑事责任归结为上述几种表述方式，也并不矛盾。[2] 因此，概念存在的诸多争议实际意义并不大。在内容上，传统刑事责任以承受国家刑事指控、接受国家刑事审判和刑罚及非刑罚处罚为主要内容；在性质上，则基本认为刑事责任体现了道义伦理性和社会性的辩证统一，即对行为人的道德评价和社会责任评价的统一。[3] 以此来看刑事责任的传统理念，它体现的是一种单向责任，即犯罪人向国家所负的一种责任，其以惩罚性的刑罚为主要内容。刑事责任的本质无论其是道义责任还是社会责任，抑或是人格责任或是性格责任，体现的都是对犯罪人的评价或谴责的基础，而不是对犯罪事件的评价。刑事责任的惩罚性内容体现了刑事责任的单纯回顾性、单向性特征，单向性的主线从犯罪人承受国家的刑事诉讼立案开始，至接受刑事审判，再至最终负担现实的刑事惩罚或非刑事惩罚止，犯罪人和国家之间的关系贯穿这条主线的始终。它的运行完全是由国家的强力单方推动的，被害人和刑事责任的追究这一公权力的运行几乎没有任何关系，有时最多成为"被害人陈述"这一证据形式的载体而已，被害人的主体性地位被忽视，即使在今天的中国刑事诉讼理论界，被害人不是诉讼的主体仍是权威刑事诉讼法学教科书的结论。[4] 这意味着刑事责任的负担主要表现为国家和犯罪人的关系，国家追求的只是对犯罪人的"否定评价"或者"谴责"。由此可以发现，我国传统刑事责任重在追究被告人的刑事责任，而不兼及被害和加害关系的处理，注重的是被告人对国家所负的所谓责任，而不顾及被破坏的社会关系的恢复责任。由于受害人始终游离于司法运行过程之外，不可能实质地参

〔1〕　武小凤：《刑事责任专题整理》，中国人民公安大学出版社 2007 年版，第 33 页。
〔2〕　张智辉：《刑事责任通论》，警官出版社 1995 年版，第 80 页。
〔3〕　陈兴良：《刑法总论》，群众出版社 2001 年版，第 356 页。
〔4〕　徐静村：《刑事诉讼法学》（上），法律出版社 1997 年版，第 72—74 页；龙宗智、杨建广：《刑事诉讼法》，高等教育出版社 2003 年版，第 73 页。

与对犯罪的处理，因此对犯罪人刑事责任的追究只是满足了被害人报复的心理而已，然而其对犯罪人的憎恨之情并没有减少，其可能仍沉浸在被侵害的无尽痛苦之中，加害人也可能对判决不服，甚至认为自己的行为是正义和道德的。因此，被告人的刑事责任虽然得以追究，但问题的症结并没有被发现，冲突的根源并没有消除。国家构建的司法平台并没有给被害人和加害人提供真诚面对过去的机会，以使得他们都能正视问题从而达成谅解。这使被犯罪行为破坏的社会关系不可能真正得以恢复。在以刑罚为主要内容的刑事责任体系下，刑事责任有时甚至异化为单纯对被告人的刑罚惩罚。

二、基于刑罚目的的考察

使行为人对自己的行为负责因而对其施以刑罚惩罚，自负其责与惩罚的目的是完全一致的。即使在大陆法系国家，刑事责任的性质是和刑罚联系在一起的结论也是普遍的。[1] 基于刑罚目的自古形成的经典理论，透过刑罚目的展示责任的理念对于传统刑事责任理念的变革也是一个必要的路径。而无论是报应刑还是功利刑都蕴含着对社会秩序保护的要义。

关于刑罚的目的自古以来即存在两种对立的观点。第一种观点认为，因为犯了罪，所以要科处刑法，这是现代报应刑思想的雏形。第二种观点认为，为了防止犯罪，所以要科处刑罚，这是现代目的刑思想的雏形。[2] "恶有恶报"的报应刑的思想源于康德和黑格尔哲学。其最初的形式是私人复仇，后来国家的法律报复代替私人复仇，标志着野蛮的私力救济向文明的国家制裁的让位。[3] 黑格尔有一个众所周知的论断，即犯罪是对法的否定，刑罚乃是对否定的否定，法的恢复才是刑罚的正当化根据。这种法律报应论是以维护法律秩序为出发点的。[4] 法的恢复实

---

〔1〕 ［日］曾根威彦：《刑法学基础》，黎宏译，法律出版社 2005 年版，第 246 页。
〔2〕 ［日］西田典之：《日本刑法中的责任概念》，金光旭译，载《比较刑法研究》，中国人民大学出版社 2007 年版，第 3 页。
〔3〕 邱兴隆：《从复仇到该当——报应刑的生命路程》，载《法律科学》，2000 年第 2 期。
〔4〕 邱兴隆：《报应刑的价值悖论——以社会秩序、正义与个人自由为视角》，载《政法论坛》，2001 年第 2 期。

际上是对社会秩序的恢复，因法律秩序本身就是一种社会秩序。报应论在维护道德与法律秩序的同时构成对被道德与法律本身所规范、调整的社会秩序的保护，只不过报应刑是通过对道德与法律秩序的维护而保护被道德与法律所调整的社会秩序，因而显得不是直接而是间接保护社会秩序罢了。[1] 报应刑的核心在于刑罚的正义价值，正如邱兴隆先生所言，报应刑对社会秩序的保护只是次要价值而已。

功利刑或者说目的刑是以预防或抑制犯罪的效果作为刑罚的正当化根据的。功利刑的个别预防论以预防特定人犯罪为目的，意味着对社会秩序的积极保护，个别预防论把社会秩序的保护放在刑罚的至高无上的价值地位上，其对刑罚之于社会秩序的价值的注重，是远非只主张刑罚以消极惩罚为目的的报应论所可以比拟的。[2] 一般预防论旨在通过刑罚的适用，让潜在的犯罪者远离犯罪，并可以确证规范的存在，从而启发一般国民的规范意识，由此达到预防犯罪的目的。[3] 在功利刑体系中，对社会秩序的保护始终处于首要位置，从贝卡利亚到边沁再到当代学者哈格均是如此。[4] 功利刑之"功利"也正是基于保护社会秩序之意义而言的，功利刑乃天然的为社会秩序之保护而生。预防论实现的机制有接受教育、职业培训等多种方式，但也有认为刑罚的机能是通过将苦痛施加于犯罪人，使被犯罪所动摇的社会重新恢复和谐，使一定范围的人们恢复其和谐的心态来从事社会共同生活。[5] 以刑罚直接施加苦痛以求达到预防之效，在一定程度上有以报应促预防的意义。

无论是报应刑还是功利刑，对社会秩序的保护均是其理论蕴含之本意，只是在社会秩序之保护与正义的选择上以何者侧重而已。刑罚的目的就是要通过对社会秩序中人类行为秩序的控制，促使人类和自然之间

---

[1] 邱兴隆：《报应刑的价值悖论——以社会秩序、正义与个人自由为视角》，载《政法论坛》，2001 年第 2 期。

[2] 邱兴隆：《个别预防论的价值分析》，载《法学论坛》，2000 年第 2 期。

[3] ［日］西田典之：《日本刑法中的责任概念》，金光旭译，载《比较刑法研究》，中国人民大学出版社 2007 年版，第 4 页。

[4] 邱兴隆：《一般预防论的价值分析》，载《法学论坛》，2000 年第 4 期。

[5] ［日］西田典之：《日本刑法中的责任概念》，金光旭译，载《比较刑法研究》，中国人民大学出版社 2007 年版，第 4 页。

以及人类个体之间形成和谐的关系，即通过对人类行为秩序的控制来保障社会本体秩序的形成，通过国家的强制力来保障社会关系[1]。由此，以刑罚作为主要实现方式的刑事责任通过刑罚之报应和预防功能使得自身在相当程度上具有了社会秩序之保护和社会秩序恢复之意。我国传统刑事责任依附于刑罚存在的特有现状更加决定了这一点。

三、基于本质主义哲学思维的结论

关于本质，黄金荣先生根据亚里士多德对本质的定义，将其划分为经验主义的本质和理念主义的本质。经验主义的本质是指事物在比较之际体现的差异性，由于与一个事物可以进行比较的其他事物的种和类是极其多样的，事物的本质只是在与其他事物的具体对比关系中表现的特殊属性，而一旦离开具体的对比关系，这种属性就可能不再是该事物所特有的了。因此，经验主义的本质是依赖于具体语境、具体对比关系而表现的事物的属性，它在现实表现上必然是多元的、多变的。理念主义的本质是指每一个事物内部都存在一个决定自己的终极因素即"本质"，只要认识了这个本质也就认识了事物本身，这意味着事物的本质是事物特有的内在属性，本质与事物相同一，事物的内在本质决定了事物的外在特征，这种本质属性不随着语境的改变而改变，也不依赖于与其他事物的比较关系而存在，因此本质必然是一元的、绝对客观的。可以发现，理念主义的本质观要求事物的本质在任何场合下都与事物保持永恒的同一，但经验主义的本质观却只能保证在具体的场合下与事物保持一种暂时的同一。理念主义的本质超语境普遍性的存在是不可能获得的，要运用定义获得对本质的认识，但实际上只要给事物下了定义，就必然要运用经验的认识方法，因为"种差"与"属"必然要通过此事物与具体的其他事物比较区别才能获得，并且在经验的范围内，我们不可能同时与"所有"的其他事物进行比较，这时所获得的结果也必然是具

---

[1] 李翔、韩晓峰：《自由与秩序的和谐保证——从刑罚目的谈起》，载《中国刑事法杂志》，2004 年第 3 期。

体语境下经验主义的具体"本质"。理念主义的本质把本体论命题当作是经验世界的最高级的解释，它总是抱有这种幻想：只要认识了事物的本质，就会如同天眼的开启，事物在现实世界中的经验知识就会骤然全部展现在眼前。追求这种所谓的"最高知识"固然反映了人们美好的愿望，但实际上这又是一种简单化的思维方式：以为只要发现了事物的"本质"，就可以一劳永逸地解决事物的经验知识问题，它在现实的经验世界里并不具有直接的现实性；它只能是一种假设，一种信仰，而不可能是关于事物的实在知识。[1]

如果以本质作为观察刑事责任理念的基点，同样可以发现刑事责任的经验主义和理念主义两层含义。经验主义刑事责任由刑事责任的经验主义本质决定，是刑事责任某一时期的现实状态，具有时代性和语境性，因此和社会变化发展的历史是一致的，在不同的时代，刑事责任的理念不是永恒同一的，它只能是一种现实的存在，是语境性和社会性的，刑事责任的理念因此也是多元的，在不同的时代或不同的社会，自应发生变化。理念主义刑事责任由刑事责任的理念主义本质所决定，因此刑事责任的本质是一元的、永不变化的，由刑事责任理念主义本质所决定的刑事责任的理念也是永不变化的。事实上，我们永远无法获得一个事物的所谓永恒的本质，事物的理念主义本质只能是一种乌托邦。受我国传统哲学事物本质不变原理的影响，传统刑法理论认为刑事责任的本质是不变的，关于刑事责任的理念也是不变的，因此把所获得的刑事责任的本质当作一种永恒的真理，把对本质的追求和探索当作对刑事责任终极的认识，但从没有进行这样的思考，即获得的这种所谓终极本质的意义究竟何在。相反，这种哲学观念阻碍了对刑事责任理念的具体理解和研究，因为在以追求刑事责任终极本质为目标的研究指向下，即使获得了对刑事责任本质的某一认识，也会将其当作终极的理解而不再关心在具体社会条件下刑事责任的变化问题，荒唐地自诩已经掌握了通向刑事责任天堂之门的钥匙。理性主义本质所决定的刑事责任的理念只是无法达

---

〔1〕 黄金荣：《法的本质：神话及其背后的实在》，http：//www. publiclaw. cn/article/Details. Asp？NewsId＝2007&classid＝2&classname，访问日期：2011 年 1 月 10 日。

到的信仰，甚至会把经验主义刑事责任的理念当成是理性主义刑事责任的理念，从而自绝探索之路。

传统刑事责任理论追求的是刑事责任的终极本质，即理念主义刑事责任的本质，而忽视了刑事责任本质的时代性，没有认识到经验主义刑事责任所表达的理念，因此一直注重刑事责任的单行性和对犯罪人的惩罚性，形成了刑事责任理念的保守和僵化。刑事责任的传统理念表达的是理念主义刑事责任的理念，作为传统刑事责任理念重要依托的刑事责任本质的片面性，导致了对经验主义刑事责任理念探究的阻塞。

四、过程性刑事责任的具体理念

（一）从观念责任到规范责任再到实践责任

过程性刑事责任首先是一种观念上的责任形式，基于其规范性生成的特征，因而也是一种规范性责任和实践责任。观念责任是原则意义上的认识导向性责任；规范性责任是过程性刑事责任的具体表现，由其主导责任的产生；实践责任是量刑意义上的责任，为责任的具体应用。作为责任的实体，规范责任是责任的主体，观念责任和实践责任乃为该种责任的一般观念和具体功能的体现。

观念责任为"应负责任"，即使公众能够意识到应当为自己的行为负责，因而应审慎地选择进行自己的行为，应负责任乃因社会对公众的强制性要求落空，社会对公众的预期没有得到实现。社会的预期要求乃是"应当"做的事情，"应当"本具有一定的道德评价色彩，意味着"善"的东西。在道德哲学中很容易将"应当"一词扩展到"正当"这个词。[1]"应当"一词体现出道德意涵和评价性意义，责任与道德的不可分，体现了责任的伦理内涵和道德价值，[2] 因而责任观念具有的社会价值观和对一般公众的导向意义是显而易见的。由于行为人自己基于意志自由而选择是否为一定的行为，因而在"应当"的情况下，实质上行为

---

〔1〕 ［英］理查德·麦尔文·黑尔：《道德语言》，万俊人译，商务印书馆2005年版，第148页。
〔2〕 谢军：《责任论》，上海世纪出版集团2007年版，第113—124页。

人于内心中是被强制要求的，"这应当是"意味着"这是被命令的"，[1]
因而是必须做的。观念责任的内心强制性的命令特质和道德评价意义对
于公众而言在行为选择上显然具有强烈的导向性。观念责任无须通过具
体法律的实施即可在一般意义上达到使公众审慎对待自己的行为的目的，
选择为道德行为或者不为刑法不允许之行为的效果是完全可能的。主观
归责之责任主义在我国犯罪构成理论中无法加以体系性处置，但将其观
念责任的形式以一般刑法原则来提倡同样能够达到刑罚基于责任而产生
的效果。与作为其前世的大陆法系责任主义相比较而言，观念责任还具有
一定的抑制效果和行为选择导向，西田典之先生所言的其在主观上作为保
障国民行为预测可能性之原则得以实现，故观念责任有一般预防之意义。

观念责任并不是现实中产生的刑事责任，它只是一种预期责任，即将
要为做了不应当做的事情应负的责任，从上述分析可见，这种责任是一种
评价性责任，同时也是一种价值性责任。这种价值性、评价性责任是基于
"应当不为某行为"之"不为某行为"而产生的，因而观念责任的预期责
任内含一定的事情于其中并以其为基础，观念责任同时又具有了事实性基
础和描述性意义。在观念责任中，这两个层次的责任并不矛盾，预期责任
是评价责任，它以"不为某行为"的事实责任为基础，也正是这种事实才
对行为人产生了行为导向的强制功能。其实在伦理哲学中，这种情况是常
见的。某一语句通过价值词表达着人们（说话者）对某一对象的主体评价，
又给人们（听者）提供某种事实性描述的信息。比如，"这是一种好草
莓"，在表达说话者对该草莓的评价的同时，又包含着这种草莓个头硕大、
多汁、甜蜜等事实信息。[2] 观念责任以一般公众为对象，在西塞罗看来，
这种人们普遍都负有的责任为"普通的责任"。[3] 预期责任实际上为普
通责任的一种具体体现或表达。

规范责任是刑法运作实现的具体形式，也是观念责任的具体实现，
其内涵为以过程的形式使责任得到生成和实现。如上文所述，将犯罪成
立等同于责任成立，则刑事责任作为犯罪单纯结果的传统结论就不成立。

---

〔1〕 ［英］乔治·摩尔：《伦理学原理》，长河译，上海人民出版社 2005 年版，第 128 页。
〔2〕 ［英］理查德·麦尔文·黑尔：《道德语言》，万俊人译，商务印书馆 2005 年版，第 4 页。
〔3〕 ［古罗马］西塞罗：《论老年 论友谊 论责任》，陈奕春译，商务印书馆 2007 年版，第 216 页。

在过程思维下，刑事责任是动态的生成过程，犯罪成立等于责任成立的命题可以透视刑事责任规范性生成的效果。大陆法系结果性刑事责任的生成由于责任的前溯性，责任的实现更具有层次性和动态性。在不改变我国犯罪构成理论的情况下，通过犯罪构成等于责任构成的命题首先可以透视刑事责任规范性的生成，因而依附于犯罪成立的事实可以实现过程性刑事责任的实体化意义。过程责任以犯罪成立的方式存在于犯罪成立的过程中，这使得责任本身也以犯罪成立之过程的形式存在，因而责任获得了动态性特征。责任的动态性特征改变了传统刑事责任的静态结果性意义，传统刑事责任通过过程的方式，动态地自然体现出其产生、确立、实现和终结的过程。在这个意义上，刑事责任并不限于或位于某个地方，惩罚的整个过程都体现了刑事责任的存在，过程即是其存在的方式。这正体现了刑事责任的基础理论地位之功能，与将静态结果性刑事责任放置于何处解决其地位的方式相比，通过过程性本质使其地位自然呈现出来的方式显然更好。前述学者针对刑事责任地位提出"改造模式"，在形式上的确达到了使刑事责任呈现基础理论地位的意义，但无从说明责任生成的内在机理。过程性责任保留了传统刑事责任的结果性，但其将该种结果的出现进行了规范性诠释，在该种结果缘何出现的问题上提供了明确的解说。在与传统的犯罪论和刑罚论的关系上，犯罪构成等同于责任构成的命题使责任与犯罪产生真正的联系，犯罪成立诠释出责任的成立过程。因而可以认为，犯罪构成是刑事责任的实践机制之一，其决定了责任的产生和存在方式。传统结果性责任由过程性责任来诠释和体现，从而达到传统结果性责任自然出现的结果，在这个意义上，过程性刑事责任注重成立之过程的特征，在相当程度上消解了传统刑事责任的概念。单纯的结果性刑事责任是一个伪命题，没有单独存在的应有研究价值。结果性刑事责任必须以过程性责任进行诠释，并以后者来体现，因而研究的重点也就必然落到对结果性责任形成过程的追寻上来。

实践责任为量刑责任，是过程性责任的实践功能。传统刑事责任的量刑功能一直是理论上重点关注的，在传统刑事责任中人身危险性作为影响量刑的重要因素，由于在犯罪构成中无法占有一席之地，因而被置于刑事责任中，因而传统刑事责任就具有了量刑的功能。在我国刑法的罪责刑相适应原则中，刑罚与责任相适应或者说刑罚的大小由责任来决定就是此意。这一原则的讹误之处，后文专有论述。即使从传统刑事责任的量刑功能来看，也是疑问重重的。

在人身危险性作为传统刑事责任的内容影响量刑时，刑罚的大小由责任确定，这也是我国刑法一贯的观念。由于作为刑罚基础的刑事责任还要与犯罪相一致，必然就要求罪与刑也最终一致。但由于在刑事责任中加入了人身危险性因素进而构成刑罚的基础，在人身危险性影响量刑的情况下，罪和刑就可能不一致，这就导致了传统的罪责刑相一致原则存在的问题。大陆法系国家讲罪刑均衡原则，刑在罪的控制下裁量，同时由于量刑责任主义的功能，形成了责任限制预防、报应限制功利的基本量刑原则，即责任只能由犯罪的严重性来决定，对于预防（一般指个别预防）方面的考量，则只能在对犯罪人进行量刑时才予以考虑，而不能用于评价刑事责任之大小。而且，法官在量刑时只能在刑事责任决定的刑罚幅度内才享有一定的自由裁量权，基于个别预防的考量绝不能僭越责任所决定的刑罚之上，即"特殊预防的目的在量刑时只能在罪过内容决定的刑罚范围内作为减轻刑罚的因素发挥作用"[1]。换言之，刑罚的最大限度是由罪的程度决定的，不允许基于预防的考虑增加刑量。值得注意的是，日本刑法理论中盗窃时的贫困、行为人的成长经历等客观事实被认为属于客观的责任要素，其对合法行为的期待可能性会产生影响[2]。对此，德国刑法理论认为，客观责任要素——客观上能够把握的责任要素，如所有的责任减轻事由与责任阻却事由，永远不可能对行为人造成不利，而通常只是对行为人有利，但该要素必须被行为人认识[3]。因而在大陆法系刑法中，客观的责任要素可能对行为人的期待可能性产生影响，也可能对责任产生影响。我国台湾地区学者认为，法官在决定了罪名之后，进一步决定应该判处被告多重的刑罚的时候，理论上必须考虑全部和犯罪预防目的以及衡平原则有关的因素。因此，除了犯罪行

---

〔1〕 ［意］帕多瓦尼：《刑法学原理》，陈忠林译，法律出版社1998年版，第354页。

〔2〕 ［日］大谷实：《刑法总论》，黎宏译，法律出版社2003年版，第236页。

〔3〕 ［德］汉斯·海因里希·耶塞克、托马斯·魏根特：《德国刑法教科书》，徐久生译，中国法制出版社2001年版，第537页。

为所产生利益侵害的大小、行为人行为时所受到的刺激、行为人的教育等的考量外，也兼及其他行为前后相关因素的考量，例如行为人事后的态度或和解的情形等，而最后所形成的具体刑罚的轻重，应该和这些因素之总和的考量成一定的比例关系，所以简单说，此一责任的意思就是，量刑因素的基数。而刑罚对人过度侵害的界限，建立在刑罚的预防功能与刑罚的侵害之间的衡平关系[1] 这种责任被认为是广义有责性的概念。我国台湾地区学者的广义有责性概念含有若干标识人身危险性的因素，或许这成为大陆学者将人身危险作为我国刑事责任内容的原因之一。在英美国家也是先按照该当性原理构造暂时的规则，然后再基于预防的目的进行调整，但调整需要以保持制度定位于对均衡的、该当的惩罚方式进行。[2] 哈特认为，最现代形式的报应论承认，任何旨在与当代刑法体系相适应的刑罚理论，都必须给这样的功利概念以一席之地，即刑罚制度只有作为预防有害行为的一种手段才能证明是正当的。[3] 这也是基于报应和预防的协调而进行的。

　　过程性之下的刑事责任作为量刑的实践最重要的是处理好人身危险性的作用问题。人身危险性无法作为犯罪成立的要素存在，在过程性责任中基于犯罪成立等于责任成立的原理，其也没有存在的空间。那么，人身危险性只能作为责任之外影响量刑的因素。德国学者阿亨巴赫认为，作为刑罚基础的责任即归责责任指的是犯罪成立要件该当性、违法性和有责性共同构成的刑事责任，即犯罪性。[4] 阿亨巴赫的刑事责任概念与我国的传统刑事责任概念几近相当，只是阿亨巴赫的刑事责任是以犯罪成立的形式体现的，即为本书所言的过程性刑事责任。由此，刑罚的最高限应该是由过程性责任所限定的。在这个基础上，人身危险性在这个限度内对刑罚大小进行调节。在今天人权与法治之刑事政策下，人身危险性也从征表犯罪人潜在犯罪可能的标识转变为征表犯罪原因和预防犯罪可

〔1〕 黄荣坚：《刑法学基础》（下），中国人民大学出版社 2009 年版，第 392 页。
〔2〕 ［美］安德鲁·冯·赫希：《已然之罪还是未然之罪——对罪犯量刑中的该当性与危险性》，邱兴隆、胡云腾译，中国检察出版社 2001 年版，第 177—178 页。
〔3〕 ［美］H. C. A. 哈特：《惩罚与责任》，王勇、张志铭等译，华夏出版社 1989 年版，第 224 页。
〔4〕 罗中树：《刑法制约论》，中国方正出版社 2000 年版，第 93 页。

能的标识，因而其已经实现了从惩罚依据到减轻量刑之预防依据的转变。这种转变仅仅是针对行为人而言的，是基于特殊预防之目的。因而，作为实践责任的量刑责任在实现量刑功能的同时，还具有特殊预防之意义。

（二）从惩罚责任到预防责任再到修复责任

如上所述，过程性责任的形式体现为观念责任、规范责任和量刑的实践责任。观念责任是一般意义上的思想导向责任，规范责任的形成实质上是犯罪的成立，因而规范责任是责任的实体，量刑责任则体现了责任的追求和功能，因此过程性责任的目的由观念责任、规范责任和量刑责任三者共同体现和承担。

即使是一般责任，惩罚也是其实现的根本调控机制。[1] 刑事责任的惩罚意味更甚，在任何时候、任何国家的刑事责任均是如此，惩罚是责任的基调，也是永恒的主题。惩罚面对过去，因而是过去的责任，其旨在报应加害人和抚慰受害人。传统责任注重的是惩罚，甚至专恃惩罚，在今天专以惩罚为内容的刑事责任已经被抛弃，基于刑事政策的考量惩罚已被渗入了预防犯罪的功利目的，时至晚近，惩罚与预防并重已经成为责任的核心内容。预防责任基于预防犯罪保护社会而面向未来，因而仍然是社会本位意义的。在今天，责任在众多新型司法理念下，已经转向以恢复被害人和加害人之间的关系为主要内容，因而将"人之关系"的解决置于首要位置。以被害和加害关系的恢复为重心真正把握了责任应该关注的焦点。惩罚注重负有责任的人，预防和修复同时考虑赋予责任后所要造福的那些人的利益，[2] 因而预防和修复均着眼于未来，但修复更注重以人的关系和人的利益为出发点。在这个意义上，修复责任真正回归到了责任的本真意义，即初始刑事责任使社会关系恢复的普遍状态。过程责任的惩罚、预防和恢复之内容在理想状态下三者应该是同时兼具的，只是不同司法制度下不同的选择决定了侧重点不同而已。过程责任当以社会关系的恢复为重点。

---

〔1〕 谢军：《责任论》，上海世纪出版集团2007年版，第217页。
〔2〕 ［澳］皮特·凯恩：《法律与道德中的责任》，罗李华译，商务印书馆2008年版，第68页。

第四章
刑事责任生成的规范运作

以观念责任、具体过程责任和实践责任为内容的责任主义该如何运作，关系到责任实效的实现，对于一个规范性命题而言，这是一个具体的现实问题。本书将犯罪成立的过程作为过程责任来处理，因此，过程责任的运作实际上就是犯罪的实现。在犯罪构成即等于责任成立的前提下，过程责任通过犯罪的成立得以实现。除了有关定罪和量刑的传统规范化运作之外，思维、情感、民事赔偿、行政行为以及刑事和解都是影响责任生成的特殊因素。

第一节　思维与刑事责任

一、思维之于责任的意义

理论是思维的产物和定型，一定的思维方式决定着理论的特点和个性。刑事责任在德日和我国刑法中的地位实际上与思维方式具有重要关联。人类的思维方式总的来看有整体主义和本质主义两种，[1] 在 18 世纪之前，西方一直以直线思维为主，[2] 此后发生转变，整体主义思维方式

---

〔1〕 陈吉猛：《本质主义与整体主义》，载《广西社会科学》，2005 年第 8 期。
〔2〕 刘宗棠：《中国传统思维方式的逻辑哲学》，载《贵州社会科学》，1993 年第 1 期。

风行于西方 20 世纪的各种学科研究中，整体主义的思维不仅是对事物存在的整体进行把握，更重要的是它强调事物各部分的存在方式和存在结构，以此达到对事物整体的分析、反映和构造，获得一个具体清晰的整体。其分析的过程从被领悟的整体始，以被掌握的整体终，是从整体到整体的思维。[1] 整体主义的思维方式重在强调事物存在的结构性特征，从作为部分的结构中领会整体的构成和意义，以对部分的分析来把握整体，通过对作为部分的各结构要素的关系寻找作为整体的事物是如何存在的，并且使存在方式通过存在结构表现出来。同时，整体主义思维将事物本质问题暂时悬置起来，避免给事物下定义，只管"存在"，不顾"本质"，[2] 只注重过程，而不注重结果。[3] 整体性思维在我国也是传统思维一以贯之的思想，但我国传统的整体思维强调的是"天人合一"的宇宙观，[4] 注重的是国家和群体，因此在相当程度上是忽视作为整体的组成部分的，更不专门关注部分的存在方式等问题。故而西方 20 世纪的整体主义思维和我国的整体思维并不是一回事，两者之间存在理念上的重大差异。整体主义思维方式对于 20 世纪的各学科产生了深刻的影响，瑞士学者皮亚杰分析了整体性结构主义在社会研究中的各种应用，[5] 显示了整体性结构主义的方法论意义和影响。

本质主义思维方式是西方哲学思维的基础，其将世界和事物一分为二：现象/本质、个别/一般、普遍/特殊、必然/偶然、形式/内容、表层/深层等，认为纯粹知识或科学的任务是去发现和描述事物的真实本性，即事物的本质，其追求终极和绝对本质的特征，如唯物论认为的世界的本质是"物质"。[6] 同时，本质主义注重抽象和事物的同一，注重结果而不关注过程。在二元区分中，本质主义注重的是事物的本质、内容和深层次的东西，而事物的本质正是由这些东西决定的，因此，本质主义的思维方式

〔1〕 陈吉猛：《本质主义与整体主义》，载《广西社会科学》，2005 年第 8 期。
〔2〕 陈吉猛：《本质主义与整体主义》，载《广西社会科学》，2005 年第 8 期。
〔3〕 易小明：《本质的生成与生成的本质——本质主义思维方式与生成主义思维方式比较探究》，载《社会科学战线》，2005 年第 4 期。
〔4〕 徐行言：《中西文化比较》，北京大学出版社 2004 年版，第 110 页。
〔5〕 ［瑞士］皮亚杰：《结构主义》，倪连生、王琳译，商务印书馆 1984 年版，第 83—90 页。
〔6〕 陈吉猛：《本质主义与整体主义》，载《广西社会科学》，2005 年第 8 期。

是基于二元分立的一元决定论的思维方式，正是由于对本质的重视，致使作为事物构成的现象要素在一定程度上是被忽视的，不讲求事物要素的存在方式和结构方式等。由于近代西方哲学发生了非本质主义的转向，主客二分原则逐渐被打破，[1] 同时，由于本质主义思维方式知识霸权主义和知识专制主义的存在，[2] 加之整体主义思维方式在皮亚杰和海德格尔等大师的引领下受到更多关注，本质主义思维方式渐趋衰弱，而整体主义思维呈强势之态。然而，本质主义思维方式在我国却得到了强劲的发展。

马克思主义哲学是随着社会形态的变化而于新民主主义革命时期进入我国，中国人的思维模式开始发生深刻变革。[3] 而分析马克思主义哲学的内容，可以发现西方本质主义思维方式和内容占有相当比例，比如主客二分、现象与本质、整体与部分等本质主义学说的内容。这种通过政治方式普及本质主义理论和思维的方式取得了极为明显的效果，也使得本质主义思维方式迅速成为学科研究的重要思路。本质主义思维方式，实际上和我国传统文化是吻合的。我国传统文化观的重要特征之一便是群体认同和义务本位，漠视组成"家"的个人，因此讲求整体性而不注重组成整体的部分，本质主义思维和我国传统文化因此具有了一定程度的契合，也使得本质主义思维方式迅速被接受。

1906 年贝林格《犯罪的理论》一书出版，犯罪构成雏形出现。1915年迈耶《刑法总论》一书指出构成要件的中性色彩和分层判断犯罪成立，犯罪构成的基本模式得以确立。1926 年麦兹格《刑法构成要件之意义》提出主观构成要件要素理论，新构成要件论形成。1930 年贝林格发表《构成要件的理论》修正了原来构成要件中性无色的特点，指出犯罪类型是由多种不同的要素构成的，既包括客观要素，也包括主观要素。此后，在 20 世纪 30 年代，威尔哲尔提出目的行为论，创立开放的构成要件理论，主张故意和过失的构成要件要素，将犯罪构成理论推向深入。[4] 可

---

〔1〕　张汝伦：《现代西方哲学十五讲》，北京大学出版社 2003 年版，第 12 页。
〔2〕　陈吉猛：《本质主义与整体主义》，载《广西社会科学》，2005 年第 8 期。
〔3〕　白玉民、王子平：《关于思维方式若干问题的思考》，载《河北师范大学学报》（哲学社会科学版），2008 年第 4 期。
〔4〕　张小虎：《大陆法系犯罪构成理论解析》，载《社会科学辑刊》，2007 年第 3 期。

以看出，犯罪构成理论的发展实际上就是责任的罪责要素向前逐渐渗透的过程，通过这种渗透使犯罪成立体系得到发展和成熟，也使得刑事责任获得了不同角度和意义下的内容，产生了刑事责任的完整形象和观念，并且以自身的罪责要素联系的犯罪成立的三个要件体现了责任存在方式的过程性。因此，责任以犯罪成立的形式表现，始终在犯罪成立的圈子中运行，始自犯罪又终于犯罪。在犯罪成立的框架中，犯罪论体系显示出整体性思维的结构性、层次性，由于责任和犯罪的统一性，责任以犯罪的形式体现，因此责任的存在自然也表现为一定的结构性和层次性。20 世纪盛行的整体主义思维支配着责任地位的形成，在整体主义思维下，以犯罪形式存在的责任因此更多地关注责任的存在过程，而不注重责任的结果意义。

在政治引领下，本质主义思维方式和苏联的刑法理论在同一时期进入我国，并在与我国传统义务文化契合的情况下，本质主义思维方式在刑事责任的理论上迅速获得支配地位。由于本质主义思维方式注重结果而不关注过程，在我国刑事责任的存在是一个孤立的个体，其与犯罪几乎不存在实质上的联系，传统上认为的从罪到责再到刑的关系和过程是空洞的，几乎没有任何实质意义。因此，在我国刑事责任理论中，刑事责任的内容并不具有一定的层次性和过程性。基于刑事责任内容的空洞和理论地位的低下，有人提出以刑事责任论取代刑罚论，从而提高刑事责任的地位。[1] 但刑罚本来就是负担刑事责任的形式而已，或者说二者在本质主义的思维下本就是表层与深层的关系而已，在刑事责任的内容没有发生改变的情况下，是无法提高刑事责任的地位的。因此，本质主义的思维方式决定了刑事责任在我国刑法中的地位。

二、思维转变下的刑事责任

在犯罪构成重构的情况下，刑事责任的地位也必须被重构。在思维方式的非本质主义视角的转向下，刑事责任在我国刑法中的地位也应该

---

[1] 张明楷：《刑事责任论》，中国政法大学出版社 1992 年版，第 152 页。

得到改变。

我国刑事责任的地位如上所言是本质主义思维下的产物，其将刑事责任看作一种结果，一个孤立的存在，而且不具有任何层次性结构，无法展现出可谴责性产生的过程。虽然理论界已经认识到刑事责任应具有比目前其在刑法中更为重要的地位，且为此也进行了相当的理论研究和努力，但效果甚微，刑事责任的内容仍显空洞，其根本原因在于受本质主义思维支配的刑事责任之结果的法律地位所导致。目前无论何种理论，在前提上都把刑事责任看作是犯罪的法律后果，即使将刑事责任提高到与刑法基本理论并列高度的理论，也是将刑事责任视为犯罪的结果。[1]这样在形式上刑事责任的地位确有提高，但其内容仍和原来一样没有任何改变。因此，这种改变只是表层的，是没有根基的。如果将刑事责任单纯看作是犯罪的法律后果，无论怎样都不会改变刑事责任的弱势地位。这是本质主义思维方式的知识霸权主义和专制主义所导致的必然结果。要改变此点，改变刑事责任的弱势地位，改变对刑事责任的认识思路，才有可能实现根本性的改变。

本质主义思维方式和我国传统群体认同义务本位的文化观是相契合的，其漠视组成整体的个体存在之特性使得其迅速被传统中国接受。本质主义思维下的刑事责任是一种承受惩罚、谴责此一结果的义务，故其在我国刑法中的概念虽有"责任""制裁""后果"等争议，但实质上都是一种义务而已，责任的内容意味着行为人接受惩罚的非难性结果，而不是考虑行为人是否具有非难可能性。如果能够考虑到对行为人的非难可能性，意味着在责任中考虑不处罚行为人的可能性，责任应存在着出罪因素，这是符合现代刑法之人权保障理念的，而本质主义思维赋予刑事责任结果的地位使其无法具有这一功能，故而要求责任的成立过程应在责任是否能够成立和不成立两个方向上进行。从此角度来看，本质主义下的刑事责任之结果地位也必须改变。

如前所述，本质主义思维方式和中国传统义务文化具有契合性，但在目前之中国，群体认同和义务本位已经在发生变化，当代中国社会的

---

[1] 张旭：《关于刑事责任的若干追问》，载《法学研究》，2005 年第 1 期。

典型特征是主体觉醒和个人权利意识增长,[1] 权利本位已经成为中国 21 世纪民主发展的核心理念[2]。这种变化是法治社会发展的必然,与其相适应的本质主义思维方式也必然会被取代。

整体主义思维方式对刑事责任的地位做了过程性界定,从而科学地体现了作为责任核心概念之"可谴责性"的认定过程,使得犯罪和责任的认定一体化。并且,过程性的刑事责任具有层次性和结构性,在各个不同的方面展示了刑事责任的内容,使刑事责任具有了全新的内容,让刑事责任在犯罪成立体系中具有了实质性概念,避免了刑事责任内容的空洞和地位的虚化,刑事责任的基础理论意义即凸显出来。更为重要的是,责任和犯罪认定的一体化过程,责任的"可谴责性"成为一种有待认定的过程,从而使责任具有了一定的出罪功能和人权保障意义,行为人是否可谴责体现为一个清晰的过程。整体主义思维不仅强调整体性,还注重组成整体之部分及组成要素之间的关系,注重认识事物的过程,所有这些使得在整体主义思维下产生的刑事责任可以改变目前刑事责任在我国刑法中的弱势地位。在整体主义思维得到复兴的今天,[3] 在刑事责任的研究中,整体主义思维的应用其实仅仅是目前思维方式变革的一个例证而已。刑事责任的过程性法律地位因此必须成为刑事责任发展的一个方向,至于其具体的表现形式要依附于具体的犯罪成立体系的形式而定。

第二节　情感与刑事责任

一、宽恕与刑事责任

江苏南通曾发生一起奶奶以踩踏头部的残忍方式杀死四天大的孙女

---

[1] 赵修义:《主体觉醒和个人权利意识的增长:当代中国社会思潮的观念史考察》,载《华东师范大学学报》,2003 年第 3 期。

[2] 王国宏:《论 21 世纪中国发展的核心理念:权利本位》,载《攀登》,2006 年第 6 期。

[3] 徐志辉:《分析方法独占思维方式的王位:整体观念的缺失及危害》,载《南京晓庄学院学报》,2002 年第 1 期。

的案件。经鉴定，被告人张某具有完全刑事责任能力，南通市中级人民法院以案发后儿子、儿媳原谅为由，判处被告人十年有期徒刑。[1] 被告人手段极其残忍，自然不属于情节较轻的情况。但法院仍然以被告人得到被害人父母的宽恕为由判处了故意杀人罪第一档次法定刑中最轻的刑罚。而在"2013年长春周某杀婴案"中，对周某故意杀人行为，法院直接判决周某死刑立即执行。从杀人过程看，周某将婴儿掐死，其手段远没有张某残忍，且周某还有自首情节。此两案被告人的刑事责任缘何差异如此巨大？其原因只能用是否取得了被害人父母的宽恕来解释。这种现实意味着刑事宽恕在司法实践中影响责任基本得到认可。2012年3月通过的《刑事诉讼法修正案》确立了刑事和解制度，立法提出了谅解或者说宽恕的课题。刑事和解改变了传统刑事诉讼的不足，使刑事被害和加害的关系有可能得到修复。但从实践运作看，赔偿往往成为反制谅解的条件，导致和解异化为单纯的赔偿，这种情况在和解制度被正式确立前的试点中即已经有所体现。[2] 这背离了刑事和解制度设立的初衷，和解的重心应是悔罪和谅解或者说忏悔与宽恕的对话过程。司法现实使刑事宽恕难以真正发挥宽恕正义的社会关系恢复之效。刑法不应是冰冷的单纯惩罚，宽恕的私人情感可以为刑法注入温情的人性光辉。作为私人情感的刑事宽恕应成为刑法的重要私人生活，善良的心是最好的法律，法律排斥丑陋贪婪的人性，但刑事法治的发展并不排斥具有良知的人性。

　　本部分以刑事宽恕的量刑功能为中心，在分析其对刑事责任具体影响的基础上，阐释其影响机理及如何实现。最后基于该影响，提出其对刑事诉讼法学和犯罪学的学科影响命题。

（一）刑事宽恕对刑事责任的影响——量刑减轻功能

1. 国外的实践

　　在西方国家，宽恕是一个具有很长历史的在宗教中值得尊重的古老概念，[3]

---

〔1〕《奶奶重男轻女杀死孙女被判十年，作案手法残忍》，http://news. Youth. cn/sh/201612/t20161203_8911964_1. Htm，访问日期：2016年12月6日。

〔2〕 王瑞君：《刑事被害人谅解不应成为酌定量刑情节》，载《法学》，2012年第7期。

〔3〕 Savoy，"The Spiritual Nature of Equality：Natural Principles of Constitutional Law"，*Howard Law Journal*，1985，2，p. 871.

甚至在刑法中，宽恕也是一个古老的概念[1]。几个世纪前，忏悔和宽恕仪式就是殖民司法系统的中心[2]。在伊斯兰国家，宽恕并不是《古兰经》的要求，但有可能是一种道德上的义务，《古兰经》实际上鼓励家属原谅罪犯和以赎金或赔偿金作为替代报应[3]。西方国家普遍肯定宽恕影响量刑，也和其宗教信仰的传统有关。《圣经》里关于宽恕的基本教义是："如果你的兄弟对你犯下了罪恶，要劝诫他；如果他懊悔了，就宽恕他。"犹太教珍视每个人生命的价值，犹太法典规定："如果你拯救了别人一命，就像你拯救了整个宇宙。"[4]在政治制度的宏观背景下，或许对犯罪人的宽恕及刑罚优待还和制度自信有关。托克维尔认为，残酷是对政权弱点的承认，仁慈是其实力的象征[5]。从社会政治意义看，宽容并非弱者的表述，而是一种强者的表现[6]。

美国在1797年北卡罗来纳高等法院就做出过受宽恕影响的判决[7]。该案中，盗窃他人马匹的被告人 Long 因悔罪以及受害人的宽恕，法院宣告其无罪。这是目前所能查阅到的关于宽恕的最早判例。在理论上美国学者也认为，应该通过考虑被害人的宽恕从而考虑其利益[8]。甚至在减轻处罚情节中，被害人宽恕会受到特别的重视。当基本的犯罪并不严重的时候，进行民事赔偿的法律外处罚因素是较为普遍的减轻处罚因素，一旦出现死亡（案件）的时候，像受害人的宽恕这种法律外的处罚因素则一般会超过对赔偿的重视[9]。但是在美国，刑事宽恕是否具有量刑减

---

〔1〕 Douglas Hay，Peter Linebaugh，"Property，Authority and the Criminal Law" in *Albion's Fatal Tree：Crime and Society in Eighteenth-Century England*，Verso，1975，p. 44.

〔2〕 Lawrence M. Friedman，*Crime and Punishment in American History*，Basicbooks，1993，pp. 25-26.

〔3〕 Russell Powell，"Forgiveness in Islamic Ethics and Jurisprudence"，*Berkeley Journal of Middle Eastern & Islamic Law*，2011，4，p. 18.

〔4〕 David M. Lerman，"Forgiveness in the Criminal Justice System：If It Belongs，Then Why Is It so Hard to Find?"，*Fordham Urban Law Journal*，2000，27，p. 1668.

〔5〕 Alexis de Tocqueville，*Democracy in America*，Henry Reeve trans. ，Saunders and Otley，1945，p. 327.

〔6〕 ［德］伽达默尔：《伽达默尔选集》，夏镇平译，上海三联书店1988年版，第105页。

〔7〕 State v. Long，2 N. C. 455，upreme Court of North Carolina，Salisbury，March，1797.

〔8〕 Stephanos Bibas，"Forgiveness in Criminal Procedure"，*Ohio State Journal of Criminal Law*，2007，4，p. 334.

〔9〕 Paul H. Robinson，Sean E. Jackowitz，Daniel M. Bartels，"Extralegal Punishment Factors：A Study of Forgiveness，Hardship，Good Deeds，Apology，Remorse，and Other Such Discretionary Factors in Assessing Criminal Punishment"，*Vanderbilt Law Review*，2012，4，p. 788.

轻价值仍然存在一定的争议。美国佛罗里达上诉法院第五巡回法庭在1993 年的判决中认为，有效的减轻处罚要素必须和罪行或者被告人之前的记录有关，[1] 包括新泽西最高法院在内的众多法院判决认为减轻处罚因素必须以某种方法和犯罪有关。[2] 1996 年 Beck v. Commonwealth 案中，弗吉尼亚最高法院认为，减轻处罚的证据如果与案件具有相关性即可采用。[3] 1996 年 Campbell v. State 案以及 1998 年 State v. Barone 案中，法院以既与被告的性格也与犯罪的情节无关系否定了宽恕的减轻处罚理由，[4] 宽恕的量刑减轻功能被否定。在理论上认为，对犯罪人的怜悯或仁慈看起来是不公平的，因为它以不同的方式对待相似的案件。[5] 相反的情况是认可宽恕的量刑减轻功能。美国联邦量刑规范给反映悔罪、道歉和宽恕的有罪答辩以 35% 的量刑浮动幅度。[6] 实证调查发现，被害人宽恕支持减轻处罚依赖于基本罪行的严重性：对于相对小的盗窃和攻击性犯罪，受害人宽恕有 31% 和 23% 的受访者支持刑罚的变化，但对于鲁莽凶杀和谋杀，只有 16% 和 12% 的受访者支持该种减轻。[7] 理论上认为，平等要求相似案件相似处理，也要求不同案件不同处理，宽恕就是一个使案件有差异并值得不同刑罚的因素。[8] 有学者从人性的角度对待宽恕，认为这种减轻因素是法律中的"一滴眼泪"，减轻处罚并不是因为他们减轻了

〔1〕　State of Florida, Appellant, v. Lowell L, Hodges, Appellee. District Court of Appeal of Florida, Fifth District, No. 92-1692, February 26, 1993.

〔2〕　Sate of New Jersey v. Thomas J. Koskovich, Supreme Court of New Jersey, 776 A. 2d 144, 172, June 7, 2001; State v. Timmendequas, 737 A. 2d 55, 115-16 (N. J. 1999); State v. Clark, 990 P. 2d 793, 806-07 (N. M. 1999); State v. Torres, 713 A. 2d 1, 18 (N. J. A. D. 1998).

〔3〕　Beck v. Commonwealth, 484 S. E. 2d 898 (Va. 1997).

〔4〕　Campbell v. State, 679 So, 2d 720 (Fla, 1996); State v. Barone, 969 P. 2d 1013 (Or. 1998).

〔5〕　Graham v. Collins, 506 U. S. 461, 492 (1993).

〔6〕　Stephanos Bibas, Richard Bierschbach, "Integrating Remorse and Apology into Criminal Procedure", *Yale Law Journal*, 2004, pp. 141-144.

〔7〕　Paul H. Robinson, Sean E. Jackowitz, and Daniel M. Bartels, "Extralegal Punishment Factors: A Study of Forgiveness, Hardship, Good Deeds, Apology, Remorse, and Other Such Discretionary Factors in Assessing Criminal Punishment," *Vanderbilt Law Review*, 2012, 65, p. 795.

〔8〕　Stephanos Bibas, "Forgiveness in Criminal Procedure", *Ohio State Journal of Criminal Law*, 2007, 4, p. 338.

罪行,而是反映了被宽恕的被告不是绝对的邪恶。[1]

2. 我国的现状

从立法规定来看,"犯罪嫌疑人、被告人真诚悔罪,通过向被害人赔偿损失、赔礼道歉等方式获得被害人谅解,被害人自愿和解的,双方当事人可以和解"。和解最重要的两个条件是嫌疑人、被告人真诚悔罪与被害人谅解,赔偿损失、赔礼道歉只是悔罪的体现,并成为被害人谅解的前提。从立法上看被害人悔罪能够得到减轻处罚,无论在理论上还是实践中均已不成为问题。但对于刑事宽恕,立法体现出相当的谨慎——司法机关对"和解的自愿性、合法性进行审查",同时其未必绝对影响量刑。相反,司法实践体现出开放的态度,司法解释及实践中对其完全认可——《人民法院量刑指导意见》明确规定,对于取得被害人或其家属谅解的,综合考虑犯罪的性质、罪行轻重、谅解的原因以及认罪悔罪的程度等情况,可以减少基准刑的20%以下。在理论上,从法的统一性与刑法适用平等的角度考虑,应否定谅解作为从轻或减轻处罚的因素,[2] 但也有明确反对的观点。[3]

在中国传统文化中,虽然不存在西方以教堂和僧侣为主的社会文化群体,但先圣孔子提出过忠恕的仁学思想。[4] 它是中华文化中最初存在于日常交往中的一种社会实践思维,并且在此基础上逐步发展成为一种哲学和宗教理念。[5] 法律上的宽恕在中国立法史上间或出现过,但更多的是基于帝王之喜好作为一种有效统治的工具,其和内心解放、打破精神枷锁的"为爱而爱"的向善境界相去甚远。毋庸多言,传统的刑事司法更是难以体现受害人宽恕的意义。在刑事和解制度确立后,忏悔与宽恕本应成为和解的主题,但对赔偿的重视或者以赔偿换取谅解书成为一种危险的趋势。

刑事和解后法院对被告人最终的判决可以从轻,这是世界通例。我国刑事诉讼法规定,"对于达成和解协议的案件,公安机关可以向人民检察院提出从宽处理的建议。人民检察院可以向人民法院提出从宽处罚的

---

[1] Jeffrey L. Kirchmeier, "A Tear in the Eye of the Law: Mitigating Factors and the Progression Toward a Disease Theory of Criminal Justice", *Oregon Law Review*, 2004, 83, p. 654.

[2] 劳东燕:《被害人视角与刑法理论的重构》,载《政法论坛》,2006 年第 5 期。

[3] 王瑞君:《刑事被害人谅解不应成为酌定量刑情节》,载《法学》,2012 年第 7 期。

[4] 孙万怀:《刑事正义的宣谕——宽容》,载《环球法律评论》,2012 年第 5 期。

[5] 傅宏:《中国人宽恕性情的文化诠释》,载《南京社会科学》,2009 年第 8 期。

建议；对于犯罪情节轻微，不需要判处刑罚的，可以作出不起诉的决定。人民法院可以依法对被告人从宽处罚"。从轻的原因从法律的表述看是因为和解。从构成和解的要素上寻求从轻的理由是适当的，问题又重新归结为宽恕对刑事责任的影响功能上。如果被害人真的重新被发现，意味着犯罪不是对抽象的社会利益的侵犯，而是对具体受害人的权利侵犯。在针对个人切身利益的处置上，个人如果具有发言权甚至决定权是个人主体资格的最重要体现。如果个人可以宽恕犯罪者，作为个人代理人的国家理应尊重或至少部分尊重受害者个人的这种决定。从案件本身来看，宽恕的确和犯罪事实本身无关，甚至与犯罪者个人无关，但既然受害人承诺可以在刑法上阻却违法，将宽恕解释为"事后的准承诺"，进而影响刑事责任也未尝不可。宽恕影响刑事责任仍具有自身深刻的内在机理。

（二）刑事宽恕影响刑事责任的机理

宽恕被告人最理想的效果是被告人和受害人关系的修复。宽恕对受害人、被告人以及社会分别有不同的心理调节作用，这是产生社会关系修复之效的实质原因。

1. 通过改变当事人的情感消减惩罚必要性

对于受害人而言，作为宽恕者，宽恕的首要作用在于改变受害人的消极情感，使其抛弃愤怒和悲伤的情绪。宽恕通过清除受害人的愤怒和复仇之魂，促进情感康复，[1] 可以阻止其沉湎于义愤并犯下精神骄纵之罪[2] 相反，较少宽恕者少有同情心，有较高的沮丧、神经质、否定性情感以及复仇动机[3] 作为受害者，能够宽恕他人也是道德的一种自我提升和自为过程[4] 实证研究发现，此时宽恕者展现出更高的同情、理解、宽容、亲和以及导致亲社会性转变的洞察力[5] 宽恕通过该种情感变化影响被告人和受害人之

---

〔1〕 Hannah Arendt, *The Human Condition*, the University of Chicago Press, 1998, pp. 240-241.

〔2〕 John Hospers, "Psychoanalysis and Moral Responsibility", in *The Problems of Philosophy*, William P. Alston & Richard B. Brandt eds., 1978, p. 417.

〔3〕 Caryl E. Rusbult et al., "Forgiveness and Relational Repair", in *Handbook of Forgiveness*, Everett L. Worthington, Jr. ed., 2005, p. 185.

〔4〕 Minow, "The Role of Forgiveness in the Law", *Fordham Urban Law Journal*, 2000, 27, p. 1376.

〔5〕 Caryl E. Rusbult et al., "Forgiveness and Relational Repair", in *Handbook of Forgiveness*, Everett L. Worthington, Jr. ed., 2005: 194.

间的关系。南非大主教图图说，一个人通过其他人才成其为人，[1] 宽恕意味着我们能像其他人一样。宽恕的这种"以人代己"是西方宗教影响下的产物。"爱人如己"的思想是宗教宽容的内在品德，关注宽恕甚于献祭，爱上帝、仁慈和宽容是耶稣的全部律法。[2] 这种人与人之间的宽恕相处方式，使人通过宽恕获得内心的平和与安宁的心境。除了情感影响外，美国的梅约诊所列举了宽恕的六个好处：更健康的关系，较好的精神和身体健康，减少焦虑感、压力和敌意，较低的血压，较少的沮丧症状，较低的酒精和药物滥用风险。[3] 相反，不宽恕会成为心理健康降低和内疚、耻辱与遗憾上升的压力的核心构成，[4] 有的研究甚至指出宽恕可以减少心血管问题，提高免疫力。[5]

对被告人而言，如果犯罪的受害者准备宽恕的话，法院和陪审团倾向于施以较轻的处罚。相反，愤怒的被害人如寻求更重的处罚，法官和陪审团会留意到此点。[6] 但被宽恕不仅是量刑优待问题，更是自身的重新塑造。获取宽恕的愿望是促进其健康、积极变化的催化剂。[7] 被宽恕有助于被告人的心理康复，提高身心健康，恢复受害者个人权利感，促进受害人和加害人的和解，增大对真实世界冲突的解决希望。[8] 同时，宽恕意味着被告人补正、返回到人性的本真，并且重新发现自己，[9] 在抛弃自己错误的情况下，被害人的宽恕可以抵消负面宣传以

---

〔1〕 Linda Ross Meyer, "Forgiveness and Public Trust", *Fordham Urban Law Journal*, 2003, 27, p. 1517.

〔2〕 陈根发：《论宗教宽容的政治化和法律化》，载《环球法律评论》，2007 年第 2 期。

〔3〕 Mayo Clinic, *Forgiveness: Letting Go of Grudges and Bitterness*, 2011, p. 11.

〔4〕 Solangel Maldonado, "Cultivating Forgiveness: Reducing Hostility and Conflict After Divorce", *Wake Forest Law Review*, 2008, 43, p. 349.

〔5〕 Charlotte van Oyen Witvliet, Thomas E. Ludwig & Kelly L. Vander Laan, "Granting Forgiveness or Harboring Grudges: Implications for Emotion", *Physiology, and Health*, *Psychological Science*, 2001, 12, pp. 117-118.

〔6〕 Susan W. Hillenbrand & Barbara E. Smith, Victims Rights Legislation: An Assessment of Its Impact on Criminal Justice Practitioners and Victims 71 tbl. 5-9, A. B. A. Crim. Just. Sec. Victim Witness Project 1989.

〔7〕 Stephanos Bibas, "Forgiveness in Criminal Procedure", *Ohio State Journal of Criminal Law*, 2007, 4, p. 335.

〔8〕 Frederick Luskin, "The Stanford Forgiveness Projects", in *Forgiveness: A Sampling of Research Results*, 2006, 14, http://www. Apa. org/international/resources/forgiveness. pdf.

〔9〕 Fethullah Gulen, "Forgiveness", http://en. fgulen. com/recent-articles/903-forgiveness. html.

及与犯罪有关的恶性影响。在受害人、社区广泛参与包括假释、减刑在内的听证情况下，被宽恕可以使被告人能够较为容易地融入社会。研究发现，在被告人道歉和被害人宽恕的情况下，双方和解的可能性大大地增加。[1]

2. 通过消解仇恨文化消减惩罚必要性

对于社会而言，宽恕体现了社会通过谴责和惩罚后的人文关怀。[2]"我们允许过去的积怨以确定我们现行的政策，将他们的过去拖到现在，并给我们的未来留下深刻的印记。其结果是，我们的文化因而自我奴役到自己痛苦的过去。并通过固定本身于过去，文化让其成为未来的仇恨。"[3] 这种仇恨文化不仅使社会关系难以真正和谐，甚至引发"仇恨犯罪"。学者认为，传统复仇文化在我国长期显性存在，绵延至当代，其引发的仇恨犯罪是我国转型时期面临的典型挑战之一，它比因贪财、贪色、寻求刺激等动机实施的犯罪更具危险性。[4] 消解仇恨心理乃至从根本上消除仇恨犯罪，需要营造宽恕的社会心态，这也从反面印证了上文所言的社区宽恕存在的必要性。

从我国的现实看，社会普遍存在的暴戾之气反映了宽容、宽恕心态的极度缺失，培育民众理性、平和与宽容的心态是一个较为泛化的大工程，在具体刑事个案中体现宽恕，培育宽容心态或许是一个不错的选择。对犯罪者而言，实证证据表明，犯罪人经历宽恕更可能以亲社会的行为行事。[5] 不仅如此，宽恕对社会的直接意义在于社会道德的提升，或者是最低程度的道德改良。这会形成良性循环，在最宽泛的意义上，道德

〔1〕 Barton Poulson，"A Third Voice：A Review of Empirical Research on the Psychological Outcomes of Restorative Justice"，*Utah Law Review*，2003，167，p. 191.

〔2〕 Stephanos Bibas，"Forgiveness in Criminal Procedure"，*Ohio State Journal Criminal Law*，2007，4，p. 342.

〔3〕 Richard Lowell Nygaard，"On the Role Forgiveness in Criminal Sentencing"，*Seton Hall Law Review*，1997，27，p. 984.

〔4〕 王文华：《"法外复仇"传统与"仇恨犯罪"的抗制——以中国传统复仇文化为视角》，载《法学论坛》，2011 年第 6 期。

〔5〕 Brad R. C. Kelln & John H. Ellard，"An Equity Theory Analysis of the Impact of Forgiveness and Retribution on Transgressor Compliance"，*Personality & Social Psychology Bulletin*，1999，25，p. 864.

改良或者提升有助于犯罪的减少，在最直接的意义上，这种道德宽恕直接减少量刑。因而如果宽恕促进道德改良，则传统的惩罚需要的更少[1]。"我们必须改变惩罚的观念：它必须是实现被告人改变需要的工具，并且，它不应是实现公众复仇欲望的武器。"[2] 如果刑罚不是实现惩罚欲望的工具而是为了改变罪犯，较少使用刑罚就是正当的。这点告诉我们，宽恕的社会价值还能够在一定程度上促进刑罚观念的变革。

（三）刑事宽恕的实现

1. 刑事宽恕实现需要处理好的关系

第一，刑事宽恕与悔改。正义不是绝对的平等[3]，它需要许多竞争性价值的平衡，不是一个简单的一维标准，宽恕的可能性对于维持正义免于无情和僵化是一个重要的因素[4]。因此宽恕并不敌视正义[5]，它也是正义实现的方式之一，正义并不拒绝宽恕。特别在修复性司法背景下，宽恕已成为正义实现的前提之一。但是，如果被告人不悔罪，受害人即便予以宽恕也可以实现正义吗？宽恕是受害者的权利，因此它是个人选择事项[6]，自然的宽恕是可能发生的，它是一种不需要将道歉、悔罪以及赔偿作为礼物的恩典——虽然这些可能发生[7]。从宽恕作为人之真实情感的终极意义看，无条件的宽恕完全可以发生。但是，如果将宽恕作为修复关系的一种方式，悔改对于宽恕仍具有重要意义，单纯的宽恕并不能达到双方关系修复的效果。和解取决于双方的可信赖行为，并不仅

---

〔1〕 Stephanos Bibas，"Forgiveness in Criminal Procedure"，*Ohio State Journal of Criminal Law*，2007，4：334.

〔2〕 Richard Lowell Nygaard，"On the Role of Forgiveness in Criminal Sentencing"，*Seton Hall Law Review*，1997，27：988.

〔3〕 Kurt Vonnegut，*Welcome to the Monkey House*，Rosettabooks，1968，p. 7.

〔4〕 Stephanos Bibas，"Forgiveness in Criminal Procedure"，*Ohio State Journal of Criminal Law*，2007，4，p. 334.

〔5〕 Frank D. Fincham，"Forgiveness：Integral to Close Relationships and Inimical to Justice?"，*Virginia Journal of Social Policy & the Law*，2009，16，p. 336.

〔6〕 Richard Lowell Nygaard，"On the Role Forgiveness in Criminal Sentencing"，*Seton Hall Law Review*，1997，27，p. 982.

〔7〕 Everett L. Worthington，Jr.，"Is There a Place for Forgiveness in the Justice System?"，*Fordham Urban Law Journal*，2000，27，p. 1730.

仅是宽恕的授予。[1] 在这个意义上，被告悔罪、适当惩罚作为宽恕条件是有意义的。但是，宽恕一个没有懊悔之心的人，是在廉价出售被违背的道德规则和受害者的个人自尊，[2] 其结果可能是规则被进一步蔑视和破坏，受害者永远难以从痛苦中解脱。虽然宽恕需要一定的责任免除，但它并不要求犯罪者被免予处罚，这种惩罚的非难或斥责在宽恕的程序中是重要的，这意味着通过它社会能够教导作恶者其行为是错误的。当然，这是社会宽恕的全部目的——使犯罪人重新复归社会，使其重新具有创造性，因此社会仅应在作恶者悔改时宽恕他们。[3] 因而，即便受害人无条件宽恕了被告人，惩罚仍然是需要的。通过惩罚和犯罪人的悔改，宽恕权将受害人置于比罪犯高的位置之上。[4] 惩罚的功能还在于能证明受害者的正确和清白，[5] 这能部分改变因犯罪行为导致的权利不平衡以及恢复受害者的权利感。因此，作为内心单纯情感的宽恕可以没有任何条件，但作为刑事上的宽恕程序以及宽恕权行使的初衷，惩罚和悔改是必要的。

　　第二，刑事宽恕与宗教。宽恕在西方具有浓郁的宗教气息，因而也使得宽恕易于实现，但宽恕和宗教并没有必然联系。宽恕是跨越宗教的世界性实践，[6] 比如没有宗教信仰传统的我国仍然有宽恕和宽容的文化。事实上，具有真诚宗教信仰的人对其罪行完全可能死不悔改，一些真诚悔改的人完全可以是非信仰宗教者或者反宗教者。[7] 因此，并不存在必

〔1〕 Everett L. Worthington, Jr., "Is There a Place for Forgiveness in the Justice System?", *Fordham Urban Law Journal*, 2000, 27, p. 1725.

〔2〕 Stephanos Bibas, "Forgiveness in Criminal Procedure", *Ohio State Journal of Criminal Law*, 2007, 4, p. 331.

〔3〕 Dennis M. Cariello, "Forgiveness and the Criminal Law: Forgiveness through Medical Punishment", *Fordham Urban Law Journal*, 2000, 27, p. 1610.

〔4〕 Edna Erez, "Who's Afraid of the Big Bad Victim? Victim Impact Statements as Victim Empowerment and Enhancement of Justice", *Criminal Law Review*, 1999, p. 545.

〔5〕 Stephanos Bibas, "Forgiveness in Criminal Procedure", *Ohio State Journal of Criminal Law*, 2007, 4, p. 334.

〔6〕 Mahmoud Ayoub, "Repentance in the Islamic Tradition", in *Repentance: A Comparative Perspective*, Amitai Etzioni & David E. Carney eds. 1997, p. 96.

〔7〕 Jeffrie G. Murphy, "Remorse Emorse, Apology, and Mercy", *Ohio State Journal of Criminal Law*, 2007, 4, p. 428.

然的宗教上的宽恕。[1] 宽恕的实现与宗教没有关系，提倡宽恕并不需要宗教作为前提。

这样说，主要是因为宽恕首先是一种自我情感，在一定程度上是对人的一种高尚塑造和要求。刑法规范源于私人生活，刑法尤其在创建和维护以道德规范为必要的社会共识方面扮演着中心角色。事实上，在形形色色的社会中，刑法可能是唯一一个超越文化和种族分歧的全社会范围的机制。[2] 因而刑事程序中的宽恕不是道德强迫，更不需要宗教文化的引领，即便宗教有时在此会发生作用。

第三，刑事宽恕与复仇文化。宽恕权的行使即使没有限制，宽恕的实现仍有一定的障碍，这主要是具有情感因素的复仇文化。复仇的渴望是宽恕的最大障碍，复仇意味着愤怒、憎恨和难以忘记。愤怒、憎恨是保护自己的一种反应，可以对抗因被伤害带来的不平衡感，这种情绪反映了渴望被尊重和关系欲恢复的意识。不可能要求他人在被伤害时无动于衷，这也提醒被告人了解自己对他人造成的痛苦。愤恨会在一定程度上难以忘记，但宽恕需要放弃个人憎恶，[3] 对过去的遗忘是宽恕的重要组成部分，[4] 宽恕意味着忘记、和解或者否定结果的去除。[5] 但"宽恕并忘记不仅不切实际且没有成效，忘记也是不真实的"[6]。在我国古代，复仇行动并不具备法律上的正当性，但曾经激起过普遍的理解和广泛的同情，甚至一直延续至今。[7] 可以说，复仇在我国传统法律文化中具有根深蒂固的影响。从我国的现实来看，要求忘记过去似乎有些困难。正

〔1〕 Hannah Arendt, *The Human Condition*, the University of Chicago Press, 1998, p. 328.
〔2〕 Paul H. Robinson, Sean E. Jackowitz, Daniel M. Bartels, "Extralegal Punishment Factors: A Study of Forgiveness, Hardship, Good Deeds, Apology, Remorse, and Other Such Discretionary Factors in Assessing Criminal Punishment", *Vanderbilt Law Review*, 2012, 4, p. 792.
〔3〕 Anne C. Minas, "God and Forgiveness", *Philosophical Quarterly*, 1975, 25, p. 138.
〔4〕 Meg Leta Ambrose, Nicole Friess, Jill Van Matre, "the Future of Forgiveness in the Internet Age", *Santa Clara Computer & High Technology Law Journal*, 2012, 29, p. 101.
〔5〕 Julie Juola Exline et al., "Forgiveness and Justice: A Research Agenda for Social and Personality Psychology", *Personality and Social Psychology Review*, 2003, 7, p. 340.
〔6〕 Richard Lowell Nygaard, "On the Role Forgiveness in Criminal Sentencing", *Seton Hall Law Review*, 1997, 27, p. 987.
〔7〕 明辉：《法律与复仇的历史纠缠——从古代文本透视中国法律文化传统》，载《学海》，2009年第1期。

因如此，在过去的记忆无法消除的情况下，弱化此中的仇恨意识，提倡记忆是对过去的怀念，应成为观念的一种转变。宽恕不应是为了忘记过去而是为了改变未来。[1]

第四，刑事宽恕与和解。我国刑事诉讼法规定，"被害人谅解，被害人自愿和解的，双方当事人可以和解"，因而被害人的谅解、宽恕并不一定产生和解的结果，法律不会要求因为宽恕了对方就一定要与对方和解。因而，有宽恕无和解是一种常态。宽恕是一个内部过程，和解是双方的外部过程，是外部人际关系修复的过程，二者并不是伴随出现的。[2]因而和解的前提是彼此相互之间的信任，当被冒犯者认为存在进一步伤害的可能时，他便不会与冒犯者和解，但却可能宽恕对方，即放弃消极的情绪和行为，此时宽恕与和解是分离的。[3]即便被冒犯者选择宽恕冒犯者时，并不意味着被冒犯者欲修复受损的人际关系。[4]不过，宽恕经常有助于迈向和解的实现，即宽恕是和解的必要条件，实际上，有时是案件的和解打开了通向未来宽恕的大门。[5]但宽恕未必导致和解，和解虽经常需要宽恕，但和解也会促成宽恕。

和解与宽恕的该种关系，在司法实践中并没有得到很好的认识。经常发生的现象是被告人或其家属通过赔偿等方式获得受害人或其亲属的一纸宽恕谅解书，司法机关据此即认定为和解。刑事诉讼法规定，司法机关要对和解的自愿性、合法性进行审查，但忽略了一个事实，即受害人是否真的谅解或宽恕才产生了和解结果。如果这点都没有做到的话，对和解的自愿性、合法性审查就会导致生硬地创设出一个本不存在的和

〔1〕 Kin S. Hirsh, "Daughter of Holocaust Survivors Finds Commonality with Children of Oppressors", *Chicago Trib.*, Apr. 30, 1995.

〔2〕 F. B. M. Wall, & J. J. Pokorny, "Primate Conflict and Its Relation to Human Forgiveness", In E. L. Worthington, Jr. (Ed.), *Handbook of forgiveness*, New York: Brunner-Routledge, 2005.

〔3〕 H. Reed, L. Burkett, & F. Garzon, "Exploring forgiveness as an intervention in psychotherapy", *Journal of Psychotherapy in Independent Practice*, 2001, 2, pp. 1-16.

〔4〕 Worthington, Everett, L., Jr., Sharp, C. B., Lerner, A. J., & Sharp, J. R., "Interpersonal Forgiveness as an Example of Loving One's Enemies", *Journal of Psychology and Theology*, 2006, 34, pp. 32-42.

〔5〕 Jeffrie G. Murphy, "The Role of Forgiveness in the Law", *Fordham Urban Law Journal*, 2000, 27, p. 1352.

解。宽恕是通向和解的大门，但并不是绝对的。

2. 刑事宽恕实现的限度

受害人对罪犯的宽恕有限度吗？实际上，有些事情由于过于恐怖而不能被宽恕，[1] 因为无视不正当行为的恶劣程度，一味对其姑息迁就，会带来让至高无上的道德勇气瘫痪的严重后果。[2] 从刑法的角度看，罪行太严重，超出了极端恶习的界限，乃至人的界限，变成滔天之罪，而对于此不可补偿者，不存在宽恕的可能，甚至不存在有意义的宽恕。[3] 否则，宽恕罪恶是对刑法逻辑的一种挑战。[4] 但这种观点实际上没有区分宽恕的两种类型，即个人宽恕和作为国家刑罚权的宽恕。国家刑罚权的宽恕并不是这里所要讨论的问题，但不可否认，即便对严重罪恶者也可以进行大赦。受害者从个人态度和个人权利出发，也可以宽恕严重伤害自己的人。作为个人态度的宽恕是没有限度的，因为对他人权利的尊重是没有限度的。[5] 我国刑事诉讼法规定了两类可以和解的案件，是对和解案件类型的限制，而不是对宽恕的限制。我们有时能够给那些我们认为不值得爱的人以爱。[6] 实践中存在大量的案件即便如死刑案件，也常出现受害者宽恕犯罪人的情形。如居住南京的德国人普方被杀后其母亲写信给法院要求宽恕被告人，[7] 在伊朗也发生过宽恕死刑犯的例子。[8] 宽恕没有限度，在直接受害者宽恕的情况下，作为个人代理人的国家没有必要越俎代庖，可以适当考虑量刑宽宥。国家的代表可以审判，

---

[1] Meg Leta Ambrose, Nicole Friess, Jill Van Matre, "the Future of Forgiveness in the Internet Age", *Santa Clara Computer & High Technology Law Journal*, 2012, 29, p. 133.

[2] 莫妮克·坎托－斯佩伯：《我们能宽容到什么程度》，钟明良译，载《第欧根尼》，1999 年第 1 期。

[3] Vladimir Jankélévitch, *L'imprescriptible*, Paris：Seuil, 1986, p. 50. 转引自张宁：《德里达的"宽恕"思想》，载《南京大学学报》（哲学·人文科学·社会科学），2001 年第 5 期。

[4] Vladimir Jankélévitch, *Pardon*, Paris：Aubier, 1967：165. 转引自张宁：《德里达的"宽恕"思想》，载《南京大学学报》（哲学·人文科学·社会科学），2001 年第 5 期。

[5] 约安娜·库茨拉底：《论宽容和宽容的限度》，黄育馥译，载《第欧根尼》，1998 年第 2 期。

[6] Everett L. Worthington, Jr., "Is There a Place for Forgiveness in the Justice System?", *Fordham Urban Law Journal*, 2000, 27, p. 1721.

[7] 《德国人南京灭门，同乡以德报怨》，http：//news. Qq. com/a/20091230/002251. htm，访问日期：2016 年 12 月 27 日。

[8] 《宽恕的力量》，http：//blog. Sina. com. cn/s/blog_ 57377dc90101m99w. html，访问日期：2016 年 12 月 27 日。

但宽恕与审判不相干，它甚至与公共政治领域不相干，即便它是"公正的"，宽恕的那种公正性也许与司法的公正性、与法律无涉[1] 因而这种刑罚宽宥并不会妨碍正义，相反有利于实现社会关系恢复之效。

（四）刑事宽恕对刑事责任功能的延伸性影响

目前，对刑事宽恕的重要意义在其量刑上，这也应成为研究的重点。劳东燕女士则从被害人视角分析了刑法理论的重构问题，[2]提出了富有启迪性的创见。正是基于量刑功能，刑事宽恕还在刑事诉讼法和犯罪学上提出了新的课题。

1. 刑事诉讼上的"悔罪—宽恕"程序

在我国传统刑事诉讼中，被害人只是被害人陈述这一证据形式的载体，在刑事诉讼法教科书中明确指出，被害人不是刑事诉讼的主体。[3]刑法是公法，刑事罪错被代表国家而不是受害人的公共代理人起诉，刑事诉讼是为保护公共利益而不是为了补偿个人受害者或者家庭受害者。[4]这是传统刑事司法的常态。传统刑事司法程序在主体上否定了被害人个人的存在，把被犯罪侵害的社会关系仅仅限定为抽象和普遍意义上的社会关系，认为犯罪是对整个社会或者国家制度的侵害和威胁。[5]此时无论被害人还是被告人，二者均被抽象化，具体的个人被隐没于在法庭上相遇的"原告"与"被告"的符号性身份之中。[6]从实际效应看，传统刑事司法系统显然搞错了重点——其首要的兴趣在于监禁一个被判处特定罪刑的人，这个系统并不能充分改变犯罪产生的一个结果：人们之间源于犯罪之信任关系的摧毁。[7]这导致产生的判决并不是富有成效的，就像医生对所有的病人进行相同的手术，或者对所有的病人开出同样的

---

〔1〕　张宁：《德里达的"宽恕"思想》，载《南京大学学报》（哲学·人文科学·社会科学），2001 年第 5 期。

〔2〕　劳东燕：《被害人视角与刑法理论的重构》，载《政法论坛》，2006 年第 5 期。

〔3〕　徐静村：《刑事诉讼法学》（上），法律出版社 1997 年版，第 72—74 页。

〔4〕　Wayne R. LaFave, Austin W., Jr. Scott, *Criminal Law*, West Publishing Company, 1986, pp. 12-13.

〔5〕　蔡军：《借鉴恢复性司法重构刑事司法正义》，载《求索》，2008 年第 7 期。

〔6〕　耿开君：《中国亟待建立修复正义的观念与实践体系》，载《探索与争鸣》，2004 年第 11 期。

〔7〕　David M. Lerman, "Forgiveness in the Criminal Justice System: If It Belongs, Then Why Is It so Hard to Find?", *Fordham Urban Law Journal*, 2000, 27, p. 1663.

药方，对所有的问题给出同样的答案。[1] 然而，刑事司法程序不应如此冰冷、抽象和不近人情，更个性化的、具体的刑事司法系统可以对罪犯、被害人及社区成员的利益和愿望给予更大的权重考量。[2] 由于西方国家具有浓郁的宗教传统，宗教成为一种生活方式，因而宽恕观念不可避免地对世俗审判产生影响，甚至国家会通过引导宗教的宽恕情感达到法律宽恕的目的。在这种理念的支配下，刑事诉讼程序通过被告人忏悔和受害人宽恕能够较好地解决二者关系的修复和信任问题，并通过利益赔偿或者补偿达到对受害人的生存保护这种较为现实的结果。从整体上看，忏悔和宽恕的对话是其中重要的环节，通过在刑事法中确立这一程序真正实现了被害和加害关系的修复。

和解程序基本可以细化为悔罪、道歉、赔偿、宽恕、谅解，道歉和赔偿其实是悔罪的体现，进而受害人宽恕、谅解，最后双方和解。因此，和解程序的核心实际是悔罪与宽恕的对话过程。从和解在中国的运作情况看，赔偿却成为主要的诉求。这一方面是出于现实的无奈——赔偿难、执行难，没有建立被害人救助补偿制度；另一方面，在"冤冤相报"的传统报复心理下，宽恕思想极度欠缺，因而只有利用赔偿来解决较为现实的问题，这也由此引发了对"花钱买刑"的质疑。改变这种报复性心理需要逐步引导，更需要在法律上建立悔罪—宽恕程序。正如庞德所指出的，为了用理智和现实的方式处理犯罪，我们必须放弃报复性理论。[3] 实际上，即便在美国，受害人赔偿难的问题也大量存在，[4] 受害人也经常期待金钱赔偿。[5] 受害人对实际利益的寻求并无国界差别，在得到利益赔偿的同时采用悔罪和宽恕的程序达到和解是最完美的结局。但对于赔偿的过度诉求显然使和解偏离了应有的立法旨趣，这使将和解程序的

---

[1] Louis Blom-Cooper, *The Literature of the Law*, The Macmillan Company, 1965, p. 70.

[2] Stephanos Bibas, "Forgiveness in Criminal Procedure", *Ohio State Journal of Criminal Law*, 2007, 4: 331.

[3] Roscoe Pound, *Criminal Justice in the American City – A Summary* (1922), Kessinger Publishing, 2010, p. 559.

[4] Dean G. Kilpatrick et al., "The Rights of Crime Victims – Does Legal Protection Make a Difference", *National Institute of Justice*, 1998, 12, p. 6.

[5] Heather Strang, Lawrence W. Sherman, "Repairing the Harm: Victims and Restorative Justice", *Utah Law Review*, 2003, 15, pp. 23-24.

精义强化为"悔罪—宽恕"程序成为必要，宽恕在此程序中又尤为重要，因为极端的情况下即便没有悔罪也可能宽恕。不过，宽恕和修复性司法二者并不等同，尽管它们有许多共通之处。"悔罪—宽恕"程序不是论争性对抗。论争性对抗的逻辑导致每一方采取敌对的方式，而不是进行对话并理解对方的观点。[1] "悔罪—宽恕"程序的重心在于沟通、理解与对话，重新构建信任关系。在现实意义上，它突出了刑事和解的要义，将被告人与受害人的对话真正置于诉讼的重心，可以有效解决现实偏差。因而，现行的和解程序应适当精化为"悔罪—宽恕"程序，而不应是一般的赔偿换取谅解书的过程。

2. 无被害人犯罪的颠覆

晚近以来，随着犯罪被害人学的兴起，"重新发现被害人"成为重要的学术思潮和司法动向。以刑事和解为征表的修复性司法得到大力提倡和应用。这种代表受害者的立法，其目的是给予被害人在刑事司法系统中更大程度的权利和保护，并确保受害者有被通知、出席参与法院诉讼程序的权利，以保持对被告人的定罪、量刑、监禁状态和释放等被通报的状态，并在审判中具有提出影响罪刑证据的权利。[2] 由此在刑事和解制度下，被害人广泛参与诉讼过程。在被害人权益的直接立法保护上，美国于1984年即制定了《联邦犯罪被害人法》，英国、德国、日本等国也制定、颁行了类似法律。[3] 但基于学科差异，往往将犯罪学上的被害人与刑法学上的被害人

---

[1] Stephanos Bibas, "Forgiveness in Criminal Procedure", *Ohio State Journal of Criminal Law*, 2007, 4, p. 329.

[2] Susan Bandes, "Empathy, Narrative, and Victim Impact statements", *University of Chicago Law Review*, 1996, 63, p. 361.

[3] 此种立法主要有：英国1964年制定的《刑事伤害补偿方案》，加拿大（魁北克）1971年制定的《犯罪被害人补偿法》，德国1976年制定的《暴力行为被害人赔偿法》，奥地利1972年制定的《联邦犯罪被害人扶助法》，荷兰1976年制定的《暴力犯罪补偿基金会临时设置法》，韩国1987年制定的《犯罪被害者救助法》、1988年制定的《犯罪被害者救助法施行规则》《犯罪被害者救助法施行令》，日本1980年制定的《犯罪被害人等给付金支给法》《犯罪被害人等给付金支给法施行规则》、1998年制定的《犯罪被害人保护法》，联合国1985年制定的《为罪行和滥用权力行为受害者取得公理的基本原则宣言》。1965年加利福尼亚州率先通过《犯罪被害人政府补偿条例》。到1982年，美国超过2/3的州实行了犯罪被害人政府补偿计划。1984年，美国国会通过《犯罪被害人法案》，最终确立了联邦补偿制度。截至1992年，美国各州都建立了犯罪被害人补偿制度。

做严格区分，使得被害人具有不同指涉。[1] 在刑法学中，诸如赌博罪等往往被视为无被害人犯罪。自1935年以来，学术界对无直接被害人犯罪的研究日益增多。[2] 在此背景下，宽恕被纳入刑事程序的事实使得无被害人犯罪在刑法上应被重新认识。

或许我们并不完全接受洛克的社会契约论，但社会个体之间的信任以及在此基础上构建的规约构成了社会顺利运转的基础，犯罪与公众期望的社会信任相悖，刑事司法系统是利用规范性影响的强大力量维持社会的道德信誉和社会大众的期望。[3] 然而对公众信任的违背使得整体安全与信任通过犯罪被打破，这不是仅对直接受害人犯错的问题了。[4] 即便没有直接受害人，公众的心理安全和信任已然遭受破坏。宽恕包括了对犯罪反应的全部类型——被冒犯的个人以及被犯罪影响的社会。[5] 在没有直接受害人犯罪的情形下，我们能忽视公众的反应吗？如果报复是刑罚的主要指引，在没有直接受害人犯罪的情形下，没有切肤之痛进而引发的报复就会弱化乃至没有。但在犯罪学历史上，通过调节复仇开始，以公众正义代替私人复仇使其臻于成熟。[6] 在根本上，对无被害人犯罪的强调仍然是报复和报应刑罚思想的体现。公众对于犯罪的情绪和倾向是对国家文明的经久不衰的测试，[7] 无被害人的犯罪应该非犯罪化，但并不能在刑事司法的过程中忽视公众反应。

公众对犯罪反应的直接方式就是社区反应。在没有真正被害人的场合，能够进行宽恕的具有公共角色的社区可以被犯罪立即影响，比如社

[1] Cornelius Prittwitz, "The Resurrection of the Victim in Penal Theory", *Buffalo Criminal Law Review*, 1999, 3, p.117.
[2] 姜涛：《无直接被害人犯罪非犯罪化研究》，载《法商研究》，2011年第1期。
[3] Paul H. Robinson, Sean E. Jackowitz, Daniel M. Bartels, "Extralegal Punishment Factors: A Study of Forgiveness, Hardship, Good Deeds, Apology, Remorse, and Other Such Discretionary Factors in Assessing Criminal Punishment", *Vanderbilt Law Review*, 2012, 4, p.800.
[4] David M. Lerman, "Forgiveness in the Criminal Justice System: If It Belongs, Then Why Is It so Hard to Find?", *Fordham Urban Law Journal*, 2000, 27, p.1521.
[5] David Heyd, "Is There a Duty to Forgive?", *Criminal Justice Ethics*, 2013, 32, p.164.
[6] Richard Lowell Nygaard, "On the Role Forgiveness in Criminal Sentencing", *Seton Hall Law Review*, 1997, 27, p.984.
[7] Winston Churchill, Home Secretary, Speech Delivered to House of Commons, Robert Rhodes James ed., 1974, p.1589.

区附近充斥着毒品交易或者拉客妓女，[1] 因而犯罪会产生对社区的伤害。这种无形的伤害是一种道德负债和道德责任。在这种道德责任的形成上，罪犯对社区不敬，蔑视社区法律，因而播种下恐惧和罪恶，从而产生了对社区的道德之债。[2] 道德责任不是法律责任，能够以刑法规制吗？如果将本属人类情感的宽恕纳入刑法之中，则宽恕整合道德责任就没有问题。在我国现行的社区矫正实施前进行的评估调查实际上就是测试社区的反应。

如果考虑到犯罪人复归社会的需要，社区宽恕更应在刑法中得以体现。社区矫正考虑了犯罪人复归社会的需要，这也是一种世界性的趋势。但此中存在的悖论是重视行刑过程中对社区的重视，却缺乏定刑阶段社区的参与。试想，将一个陌生的罪犯放在一个对其茫然无知的社区中，其矫正效果会大打折扣——社区并没有对犯罪者的任何了解，没有经历与其对话的过程，双方的信任难以建立，社区对其接纳会变得困难。社区在行刑之前阶段如能参与量刑过程，实际上是对罪犯个人的尊重，是其存在的体现。宽恕是罪犯重新融入社会并渴望复归社区的基础，社区对其接纳远比对其放逐好得多，[3] 因而社区宽恕能达到真正的和解以及个人和社会关系的修复。[4] 目前，美国的许多州建立了社区中心法院，它的建立反映了一种信念——没有无被害人犯罪。法院承认，社区与个人一样可以成为受害者。[5] 因而，有犯罪即有受害者，从犯罪人复归社会的角度看，社区宽恕决定了这一点。

很长一段时间以来，我们对刑事和解的讨论还停留在司法不公还是宽严相济的层次上，很重要的原因在于欠缺对刑事宽恕的科学理解，甚至没有意识到宽恕的权属意义。人类社会需要诸如宽恕之类的东西作为

---

[1] David M. Lerman, "Forgiveness in the Criminal Justice System: If It Belongs, Then Why Is It So Hard to Find?", *Fordham Urban Law Journal*, 2000, 27: 1663.

[2] Stephanos Bibas, "Forgiveness in Criminal Procedure", *Ohio State Journal of Criminal Law*, 2007, 4, p. 330.

[3] Dennis M. Cariello, "Forgiveness and the Criminal Law: Forgiveness through Medical Punishment", *Fordham Urban Law Journal*, 2000, 27, p. 1608.

[4] Stephanos Bibas. "Forgiveness in Criminal Procedure", *Ohio State Journal of Criminal Law*, 2007, 4, p. 331.

[5] Derek A. Denckla, "Forgiveness as a Problem-Solving Tool in the Courts: A Brief Response to the Panel on Forgiveness in Criminal Law", *Fordham Urban Law Journal*, 2000, 27, p. 1620.

其基础，因为，有限的人不可能为我们无限行为的全部结果负责。[1] 刑事宽恕在刑法中应有一席之地，刑法并不排斥私人情感，冰冷的司法无法达到真实的正义。

二、忏悔与刑事责任

刑事诉讼法确定了被告人真诚悔罪成为和解的重要条件，刑法以及相关司法解释中也有关于忏悔的诸多规定，因而以悔罪形式体现的忏悔对刑事责任产生了重要影响，即量刑上减轻处罚。但忏悔究竟缘何影响量刑以及在多大程度上影响量刑却成了一笔糊涂账。在量刑精细化的今天，悔罪等各种忏悔方式在刑法中的规范意义以及机理并没有得到深入研究，心理学上的研究成果也没有在刑法学中得到应用，被告人忏悔的量刑问题应成为刑法学中的重要研修课题。

本部分在分析忏悔影响刑事责任的实践基础上，研究忏悔该种影响的机理，提出这种影响的困境并对此提出解决方案。对忏悔量刑功能的研究可以使忏悔成为修复性正义的真正注脚，也真正为刑法注入一定的人性情感。

（一）忏悔影响刑事责任的实践

忏悔在西方具有浓郁的宗教传统，它也对司法产生一定的影响，最具典型特征的是美国。根据维基百科的介绍，美国实行政教分离制度，但宗教在美国政治中相当活跃，甚至美国的许多教堂都有鲜明的政治观点，在有些教堂上即有关于法律权利的标语。根据 2014 年盖洛普公司的调查，美国的宗教人口占总人口的84%。美国司法过程的民众参与程度也已经远远走在世界前列，因此，美国的刑事忏悔具有相当的代表性。本部分即对美国和我国的实践进行介绍并评议。

1. 美国的实践

在法律的竞技场中忽视人性会产生恶魔，[2] 各国的司法均深谙此道。在修复性司法勃兴的时代，注重被告人的忏悔和受害人的宽恕是这个司

---

[1] Hannah Arendt, *The Human Condition*, the University of Chicago Press, 1998, pp. 240-241.

[2] Maxine D. Goodman, "Removing the Umpire's Mask: The Propriety and Impact of Judicial Apologies", *Utah Law Review*, 2011: 1529.

法样本的典型特征。因而，表现忏悔和道歉成为恢复性司法和治疗法学思想的核心。[1] 在将修复性司法推向巅峰的美国，被告人的真诚忏悔在量刑中应作为减轻要素在许多司法区——即便不是所有司法区——已成为尘埃落定的法律规则。[2] 个别的州如南卡罗来纳州没有在法律上把忏悔列为减轻处罚情节，尽管如此，该州通过判例，认为死刑被告人享有宪法上的权利，提出其性格或记录的任何方面以及罪刑的任何情节作为减轻要素，[3] 因而该州事实上在刑事案件中尤其在死刑案件中将忏悔作为减轻要素处理。[4] 同时，也有部分州对此予以否定。如堪萨斯法院拒绝将懊悔作为减轻要素，认为这是正常发生的，并不是不同寻常的事情。[5] 印第安那州一家法院也认为，忏悔仅仅是自然不过的事情，不能作为减轻情节。[6] 存在的一个独特司法现象是，俄亥俄州在法律上将被告人没对其罪行表现出真诚的忏悔作为量刑时的加重处罚要素考虑。[7]

美国刑事司法中无论是肯定还是否定忏悔的意义，都体现了忏悔对刑事司法的影响，这和美国社会的宗教生活不无关系——根植于宗教中的忏悔促生被告人内心的反省、自责和追求革新的人格转变。在形式上忏悔直接以悔恨自己的行为为表达方式，而不附加其他条件，当然这并不排除法官在判断忏悔真实性的时候以其他辅助方式进行。这是美国刑事司法中忏悔的一个典型特征。正是因为受宗教传统的影响，忏悔被认为是自然的事情，或者说是被告人的责任，因此出现了否定忏悔具有减刑功能的观点，也正是该种宗教原因，否定的观点也被认可。美国对待刑事忏悔的主流观点是肯定其减轻处罚的功能，这主要源于修复性司法之社会关系修复的主旨要求，也在一定程度上反映了诉讼效率的价值诉求。

[1] Monica K. Miller, Edie Greene, Hannah Dietrich, Jared Chamberlain, and Julie A., "How Emotion Affects the Trial Process", *Judicature*, 2008, 92: 61.
[2] Steven Keith Tudor, "Why Should Remorse Be a Mitigating Factor in Sentencing?", *Criminal Law and Philosophy*, 2008, 2: 241.
[3] McKoy v. North Carolina, 494 U. S. 433, 440-43 (1990).
[4] State v. Koon, 328 S. E. 2d 625, 627 (S. C. 1984).
[5] State v. Spain, 953 P. 2d 1004, 1015 (Kan. 1998).
[6] Wilkie v. State, 813 N. E. 2d 794, 800 (Ind. Ct. App. 2004).
[7] Ohio Revised Code, 2929, 12 (D) (5).

2. 中国的现实

从我国的刑事立法来看，忏悔的表达方式共有"悔罪""悔改""悔过"以及"悔悟"四种。在我国刑法、刑事诉讼法、司法解释以及各级法院的量刑规则中都有体现被告人忏悔的规定。其对刑事责任的影响只有一种方式，即无法单纯起作用，而是认罪、悔改、无社会危险性以及遵守监规的一种综合表达方式。从法律、司法解释等的规定来看，经常使用的表达方式虽然有上述四种，但主要使用的是"悔改"一词。换言之，不仅要"悔"，还要"改"——有改正罪错的现实，言外之意是单纯的忏悔对量刑很难产生实质性影响。忏悔是否能单独影响量刑，减少基准刑，并没有在各级法院的量刑规则中规定，目前也没有看到单纯因忏悔得以减轻处罚的判决或其他处理。最为接近以悔罪作为减轻处罚原因的是云南昆明崇明县法院对"躲猫猫"案件的判决，法院认为"被告人确有悔罪表现，且在看守所被羁押期间，有阻止他人自杀等情节，可酌情对其依法从轻判处"，法院以阻止他人自杀及悔罪减刑处罚，但阻止他人自杀的不可信导致判决被认为因悔罪才得以减轻处罚，从而备受质疑。[1]

基于法律的规定，忏悔使犯罪人受益是可能的，虽然未必一定能减轻处罚。因此，实践中大量的犯罪人在庭审的最后陈述阶段，基本将此变成了忏悔陈述。特别是服刑中的被告人，由于其忏悔具有"现身说法"的社会效果和警示意义，因而忏悔的减刑效果更为可能。媒体对此虽有认可，[2] 但更多地表现出怀疑，更愿意相信这是为获得从轻处罚的作秀，[3] 或者是自己表演的道具，[4] 是责任的推脱而非真正的救赎，[5] 因而不宜对忏悔进行过分渲染，否则易造就伪君子。[6] 这概因对忏悔导致司法不公的担心以及忏悔在我国缺少稳定的社会文化心理背景，忏悔

---

〔1〕 任朝亮：《"躲猫猫"案一审 宣判牢头判无期狱警判缓刑》，载《广州日报》，2009 年 8 月 15 日，第 24 版。

〔2〕 刘畅：《贪官当庭忏悔传出怎样的画外音》，载《中国青年报》，2014 年 9 月 2 日，第 3 版。

〔3〕 石述思：《贪官的忏悔是不是"秀"？》，载《工人日报》，2014 年 12 月 21 日，第 2 版。

〔4〕 李克诚：《"忏悔书"中的中国贪官群像》，载《东方早报》，2011 年 9 月 8 日，第 A21 版。

〔5〕 胡印斌：《贪官的"N 个怨"：忏悔还是推脱？》，载《济南日报》，2013 年 9 月 25 日，第 F2 版。

〔6〕 吴元中：《行悔罪渲染易造就伪君子》，载《南方都市报》，2014 年 12 月 22 日，第 AA2 版。

影响刑事责任体现出和法律规定悖反的事实。事实上，我国刑事立法和司法解释对忏悔的刑事责任意义也体现出谨慎的一面，并没有单纯忏悔即可影响刑事责任的规定。从实践的判决来看，如果认定具有悔罪表现，同时必然具有赔偿、赔礼道歉等并行情节来佐证"悔"的存在。在这个意义上，我国的刑事忏悔并不具有美国等西方国家那样的典型特征，即仅仅依内心的真正反省便可能被减刑。

从我国刑事和解的运作来看，实际处理中着重于对赔偿的诉求，被告人也往往将赔偿作为获得对方谅解的条件从而求得一纸和解协议进而换取减刑。甚至有的时候出现赔偿反制和解的情况，即受害人不谅解就不予赔偿。在更多的时候，司法机关会把赔偿作为被告人真诚悔罪的体现方式，因而悔罪成为配合换取谅解的附加方式，甚至只在表面上痛改前非、痛哭流涕。在这种现实下，对罪行的忏悔基本被忽视，和解异化为赔偿与谅解的交易。曾有犯罪者，出狱后半年即两次杀人的事实即可佐证。[1] 因而，忏悔功能的真正产生实际上还有待于真正赋予其程序意义。

（二）忏悔影响刑事责任的机理

忏悔何以影响刑事责任，我国刑法理论提供的解释并不多。悔罪无论在我国立法还是司法实践中都不是一个单独的减轻处罚情节，应有其他情节能够证明为悔罪表现才可以减刑。因此，悔罪依附于赔偿、自首、积极改造等情节而存在。或许正是由于这个原因，悔罪单独影响刑事责任的功能被忽视了。实际上，自首、立功、赔偿侧重追求的是一种客观效果，对行为人内在的思想动机并没有要求，如自首与立功侧重于对司法效率与节约司法资源的追求，赔偿则注重对被害人利益的尊重及缓解被害人与犯罪行为人之间敌对的关系。悔罪则不同，它要求犯罪人必须是出于对自身已然之罪的真诚悔悟和对被害人的歉疚。它关注的不仅是行为人的客观行为，更重要的是其内在思想动机。实践中有自首、立功、赔偿等行为的犯罪人并不一定有悔罪行为，而悔罪者亦未必有自首、立

---

[1] 张黎：《出狱后半年 两次杀人他再度迷失》，载《华西都市报》，2014 年 3 月 14 日，第 F7 版。

功、赔偿等情节，[1] 因而以悔罪体现的忏悔对刑事责任的影响应有特定的原因。

1. 实质原因

对忏悔具有减刑功能的一般解释是修复性司法理念下被告人人身危险性的降低，这使得预防必要性降低，进而使预定的刑罚减少。这决定了忏悔影响的是预防刑，其对责任刑无法也不应产生影响。当改造罪犯成为刑罚主要目的的时候，法官寻求被告人适于改造的迹象，其中一个优先的迹象即是忏悔。[2] 在报应论下，忏悔不会对犯罪行为的既有结果产生任何影响，因而处罚的是行为。在这种理论前提下，罪犯被责难的应是他的行为，而不是因为他是谁。[3] 由此，被告人好的品行并不是一个减轻处罚的因素。[4] 在并合主义的刑罚理念下，忏悔获得了减刑的正当性根据。相反，被告人的忏悔是加重因素而不是减轻因素，忏悔因素使他比没有忏悔的谋杀者更坏。没有忏悔的谋杀者更可能是一个思维简单的无知暴徒，或者也许是通过野蛮本性反社会的恶性的人，而不是通过选择确定是否需要完全负责任。然而，忏悔的谋杀者在其忏悔中透露出其行为时的道德良知，并知道他正在作恶。这样，为了作恶，他必须抑制自己的道德良知。这使得忏悔者更为恶劣并值得从重处罚。[5] 在人性分析的基础上，这种立场具有合理性。但在预防刑的角度上，刑罚不是单纯为了惩罚犯罪人。如果认为追究刑事责任的目的是阻止犯罪人再犯，或改造罪犯，或仅为了阻止或通过剥夺其能力使其犯罪可能减至最低，一个道歉的犯罪人看起来已经做了这个工作，至少一定程度上如此。[6] 刑罚并不能完全依人性善恶确定，否则会成为处罚道德和良心的工具。

---

〔1〕 王保战：《悔罪如何影响量刑——量刑方法的具体适用》，载《法律方法》，2014 年第 16 卷。

〔2〕 Bryan H. Ward, "Sentencing Without Remorse", *Loyola University Chicago Law Journal*, 2006, 38: 138.

〔3〕 R. A. Duff, Punishment, *Communication and Community*, Oxford: Oxford University Press, 2001, pp. 120-121.

〔4〕 State v. Roberts, 77 Wn. App. 678, 685, 894 P. 2d 1340, 1344 (1995).

〔5〕 Simon Wiesenthal, *The Sunflower: On the Possibilities and Limits of Forgiveness*, New York, Schocken Books Inc., 1998, pp. 209–210.

〔6〕 Steven Keith Tudor, "Why Should Remorse Be a Mitigating Factor in Sentencing?", *Criminal Law and Philosophy*, 2008, 2: 243.

我国在刑事法律及司法解释中，对忏悔的表达有"悔罪""悔改""悔过"以及"悔悟"四种方式，实际上这四个词汇的意义具有相当差别，其中"悔改"应具有"悔"和"改"的双重内容，"悔罪""悔过"以及"悔悟"更多的是强调内心的忏悔和对罪行的内疚，至少在字面意义上并不要求有改过的客观行为。这种用语的差异并不是任意的，体现出立法及司法解释对内心忏悔的重视。忏悔的减刑功能在一定程度上存在于行为人内心对罪行的认识。忏悔的本质是通过内疚带来的对不法行为的赎罪，并且是道歉、赔偿和道德再生的工作。[1] 忏悔和道德是一体的，是因过去的错误产生于后悔中的道德痛苦和苦涩的遗憾[2]，在和道德相关联的意义上，忏悔是一种自我惩罚。[3] 但是内在于懊悔中的自我非难或谴责不能起由他人谴责或责难的简单替代的作用，尤其是不能被如担任正式职位的法官的非难或谴责所代替。[4] 这样的话，因忏悔导致的减刑其正当性就大打折扣。问题的关键在于，既然忏悔是犯罪人的义务，那么能否以减刑的方式奖励应该的忏悔？1889 年纽约上诉法院确立了任何人不得因自己的错误行为获利的原则，[5] 因而因犯罪行为不可获利无可置疑。但是，忏悔和之前的犯罪行为能够完全分离，行为人因忏悔获得减刑奖励并不是因犯罪行为而获得。即便如此，忏悔如果是犯罪后的一项义务，行为人能因履行义务而受到奖励吗？事实上，一些人可能反对懊悔值得某种形式的奖励的观点，其原因在于懊悔的感觉是其应有的，奖励他们因简单做了或感觉做了他们应该做的事是不合适的。[6] 但是，犯罪后的忏悔是义务吗？进而，即便是义务就不应得到奖励吗？在传统刑事程序中，它不鼓励或允许有意义的道歉和懊悔的表达，道歉

---

〔1〕 John Tasioulas, "Mercy and Clemency: Repentance and the Liberal State", *Ohio State Journal of Criminal Law*, 2007, 4: 487.

〔2〕 American Heritage Dictionaries, *The American Heritage Dictionary of the English Language*, New York: Houghton Mifflin, 2000: 1340.

〔3〕 Ralph Slovenko, "Remorse", *The Journal of Psychiatry & Law*, 2006, 34: 403.

〔4〕 Steven Keith Tudor, "Why Should Remorse Be a Mitigating Factor in Sentencing?", *Criminal Law and Philosophy*, 2008, 2: 243.

〔5〕 Riggsv v. Palmer, Court of Appeals of New York, Decided October 8, 1889, 115 NY 506.

〔6〕 M. Bagaric, K. Amarasekara, "Feeling Sorry? Tell Someone Who Cares: The Irrelevance of Remorse in Sentencing", *The Howard Journal*, 2001, 40: 364.

和懊悔仅在缝隙中生存，情境和程序不鼓励刑法需要的该种表达。[1] 这种现实体现了刑法表达的是法律上的规范性责任，而不是情感上的道德义务，刑法不会强迫被告人进行内心的忏悔自省，因而忏悔不是法律义务。即便我国刑事诉讼法规定了悔罪是和解的条件，也并不意味着被告人必须悔罪，因为其可以选择不悔罪进而自愿承受无法减轻处罚的不利后果。在民事侵权上，赔礼道歉是一种重要的责任承担方式。但刑法乃最低标准之道德规范，而不能期待其能提高道德或伦理水准，[2] 并不能以民法上的责任推知为刑法上的义务。

在忏悔的义务性问题上，即便忏悔是义务，也不完全排斥其可以获得奖励。没有一个国家的刑法会支持罪犯在犯罪后逃跑，因而犯罪后自首是一种义务，但任何国家都会对这种义务给予减轻处罚的奖励。国内已经出现了将交通肇事后履行法定义务的行为视为自首进而减刑处罚的判决。[3] 因而，忏悔即便是义务仍可以获得减刑奖励。奖励不是仅仅给予超过了工作义务的，也可以给一个人应该做的予以奖励，懊悔不过就是那样而已。[4] 在这一点上，运动员就是一个很好的例证。国家为运动员投入大量金钱期待其获得好名次是自然的，也是运动员应该做的，但是国家仍然会在其获得奖牌之后予以奖励。因而做了该做的事情也不应否定其行为值得奖励，忏悔概莫能外。

忏悔具有影响刑事责任的功能还与其自身的价值有关。王立峰先生指出，犯罪带给受害者及其亲属的是愤恨，带给社会的是义愤，带给犯罪人的是负罪感和悔恨。源于犯罪人负罪感和悔恨感的悔罪，既体现了犯罪人的道德良知，也发泄了受害者及其亲属的愤恨和社会的义愤，而愤恨与义愤的发泄有利于受害者与社会承认犯罪人的道德良知，并进而宽恕犯罪人

---

[1] Stephanos Bibas, Richard Bierschbach, "Integrating Remorse and Apology into Criminal Procedure", *Yale Law Journal*, 2004, 114: 85.

[2] 高金桂：《论刑法上之和解制度》，载《东海法学研究》，1999 年第 14 卷。

[3] 《河南省信阳市中级人民法院刑事附带民事裁定书》，[2003] 信刑终字第 351 号。另见深圳中级人民法院的类似判决；吴涛、谭晓鹏：《撞死人后报警是履行义务还是自首》，载《深圳特区报》，2008 年 3 月 25 日，第 B2 版。

[4] Steven Keith Tudor, "Why Should Remorse Be a Mitigating Factor in Sentencing?", *Criminal Law and Philosophy*, 2008, 2: 246.

的犯罪行为。同时，悔罪也有助于消除犯罪人的负罪感和悔恨感。法律对悔罪的承认有助于犯罪人的改造，并体现出法律正义的强大力量。[1] 就忏悔的个体性价值而言，忏悔可以直接帮助犯罪人转移负面人格判断以及修复社会身份。[2] 忏悔的人否认把别人当作工具，站在受害人一边，承认道德平等，并可能打开通向宽恕的大门，忏悔的人比没有忏悔的人的危险性较小，再犯的可能也较小。[3] 而缺乏懊悔被认为表明违法者可能无法分享社会其他人的道德标准，并具有重复错误行为的风险。[4] 因而在美国，法院认为忏悔是发现被告人是否对社会有危险的持续信息。[5] 从道德的角度而言，忏悔是非常美妙以及值得祝福的事，它通常是通向道德重生之路的标记，有时能给受害人提供法律上的安慰，并在一些适当类型的案件中产生有价值的和解。[6] 有时即便是虚假的忏悔也能产生一定的价值。精神病学家 Aaron Lazare 指出，社会因缺少忏悔而如此不安，以至于欺骗性的忏悔表达比没有忏悔更易于接受。[7] 因而，不承认忏悔者的忏悔实际上是对其基本的错误识别，否定了其忏悔的价值，会构成对其明显的不公。为尽量避免识别性错误，刑罚严重性的降低在道德上将是被需要的[8]，因而自然需要对忏悔被告人减刑。

2. 程序原因

忏悔的该种功能还与其程序影响有关系。忏悔意味着行为人对自己犯罪行为的懊悔、自责和否定，因而意味着认罪。在我国刑事审判中，开庭时被告人往往先被询问是否自愿认罪，同时告知自愿认罪的适用认罪处理程序并可以对被告人从轻处罚。在公正与效率成为 21 世纪人民

〔1〕　王立峰：《惩罚的哲理》，清华大学出版社 2006 年版，第 296 页。

〔2〕　Ken-Ichi Ohbuchi & Kobun Sato，"Children's Reactions to Mitigating Accounts: Apologies, Excuses, and Intentionality of Harm"，*Journal of Social Psychology*，1994，134：5.

〔3〕　Jeffrie G. Murphy，"Mercy and Clemency: Remorse, Apology, and Mercy"，*Ohio State Journal of Criminal Law*，2007，4：434.

〔4〕　Ralph Slovenko，"Remorse"，*The Journal of Psychiatry & Law*，2006，34：419.

〔5〕　Pickens v. State，850 P. 2d 328，337（Okla. Crim. App. 1993）.

〔6〕　Jeffrie G. Murphy，"Mercy and Clemency: Remorse, Apology, and Mercy"，*Ohio State Journal of Criminal Law*，2007，4：442.

〔7〕　Ralph Slovenko，"Remorse"，*The Journal of Psychiatry & Law*，2006，34：419.

〔8〕　Steven Keith Tudor，"Why Should Remorse Be a Mitigating Factor in Sentencing?"，*Criminal Law and Philosophy*，2008，2：249.

法院工作主题的时代背景下,[1] 相当比例的刑事案件适用认罪处理程序。这意味着以认罪形式体现的忏悔在实践中对刑事案件的处理程序产生相当影响,即便被告人原本不愿认罪的案件,但在适用认罪处理程序可以减轻处罚的诱惑下,也可能会做该种选择。在根本上这有国家诉讼经济的考虑,我国有学者早就指出,因悔罪而减刑、假释、缓刑和从轻处罚,有利于降低司法经济成本。[2] 因而认罪处理程序的量刑优惠功能在一定程度上也对被告人忏悔产生一定的挤压功能。虽然这种忏悔有可能是假的,但假意的忏悔也比没有好,[3] 至少与适用普通程序相比其节约司法资源的功能必须得到认可,特别是在认罪处理程序和普通程序都没有产生社会关系恢复之效的情况下,这种价值就更加凸显。研究表明,法官以量刑折扣奖励被告人不是因为他们的悔悟,而是因为他们节约了法院的时间。[4] 从节约司法成本的视角考虑,对忏悔的被告人予以减刑,在无法保证绝对正义的前提下,这样处理也是分配正义实现的方式。

需要澄清的问题是,忏悔的被告人如果行使上诉权仍然能够被认为是忏悔进而减刑吗?忏悔的被告人意味着对罪行的自责和悔恨,其首要的内容是行为人对自己犯罪行为的认可,但是这并不等于对该当刑罚的认可,因而上诉被告人的忏悔并不意味着对刑罚的完全接受,即对罪的认可不等于对刑的认可。美国联邦最高法院认为,被告人缺少懊悔,拒绝承认罪行,通过威胁强加于其一个较严厉的刑罚违反了宪法第五修正案的权利,他仍然有宪法上的权利维持其清白,[5] 被告人不应放弃宪法上的权利而寻求较轻的量刑。[6] 因而,辩解、上诉均不可否定忏悔影响刑事责任的意义,只有在法定的诉讼权利实现的前提下,才可能将忏悔

---

[1] 《公正与效率是 21 世纪人民法院的工作主题》,载《中华人民共和国人民法院公报》,2001年第 1 期。

[2] 王立峰:《惩罚的哲理》,清华大学出版社 2006 年版,第 296 页。

[3] Stephanos Bibas, Richard Bierschbach, "Integrating Remorse and Apology into Criminal Procedure", *Yale Law Journal*, 2004, 114: 85.

[4] Milton Heumann, "Plea Bargaining: The Experiences of Prosecutors", *Judges, and Defense Attorneys*, 1978, 134: 144.

[5] Brown v. State, 934 P. 2d 245—246 (Nov. 1997).

[6] United States v. Stockwell, 472 F. 2d 1186 (9th Cir. 1973).

的该种功能纳入刑事诉讼的法治轨道中来。

（三）忏悔影响刑事责任的困境

在我国的刑事立法、司法解释以及各地的量刑细则中并没有将忏悔作为单独的影响基准刑的情节来对待。除上述原因外，这也和忏悔的程度以及其对刑罚的影响难以确定有关。这是忏悔影响刑事责任必须考虑的困境之一。忏悔的真实性也难以真正把握，这也是忏悔经常被反对作为影响刑事责任情节的原因之一。

1. 忏悔的虚假性

忏悔在实践中存在的最大问题是太容易被造假了。[1] 由于忏悔带来的减轻处罚的可能收益，被告人会伪装忏悔。由于忏悔是一种内部的心理状态，[2] 因而对其真实性的判断成为问题。没有质量的忏悔更容易被伪造。[3] 对其真实性一般可以从忏悔是否及时、言语的表达方式、是否公开表达、是否具有道歉和承认错误等内容进行直观的判断。另外也可以从是否积极足额赔偿、犯罪性质等方面进行考量。实证研究表明，当陪审团认为罪行极其严重的时候，他们对被告人忏悔的看法对量刑影响较小，[4] 因为此时被告人的忏悔往往被认为不可能是真诚的。同时，忏悔包含着认罪，期望表达忏悔的人宣称自己无罪是不合理的，或者是虚伪的。[5] 而且仅仅简单地说对不起是不够的，[6] 对于犯罪行为而言，这种忏悔的表达并不能令人信服。[7]

忏悔容易造假和其不确定性有关。不确定性是司法系统尤其是刑事

〔1〕 Jeffrie G. Murphy, "Mercy and Clemency: Remorse, Apology, and Mercy", *Ohio State Journal of Criminal Law*, 2007, 4: 435.

〔2〕 Jeffrie G. Murphy, "Mercy and Clemency: Remorse, Apology, and Mercy", *Ohio State Journal of Criminal Law*, 2007, 4: 439.

〔3〕 Michel de Montaigne, "Of Repentance", in *The Complete Essays of Montaigne*, Donald M. Frame (Translator), Stanford University Press, 1958: 617.

〔4〕 Theodore Eisenberg, Stephen P. Garvey, Martin T. Wells, "But Was He Sorry? The Role of Remorse in Capital Sentencing", *Cornell Law Review*, 1998, 83: 1600.

〔5〕 State v. Hardwick, 905 P. 2d 1391 (Ariz. Ct. App. 1995).

〔6〕 Robert Verkaik, "Criminals Offered Shorter Sentences in Return for Guilty Plea", *The Independent*, London, 2004: 16.

〔7〕 Bryan H. Ward, "Sentencing Without Remorse", *Loyola University Chicago Law Journal*, 2006, 38: 143.

司法系统的"诅咒"[1]，罪刑法定原则产生的直接原因即为消除这种不确定性。它要求刑事立法和刑事司法都具有明确性，定罪和量刑的明确性才能使判决产生说理性，只有这样才能增强司法的权威性和可信性。遗憾的是，忏悔恰恰缺乏这种明确性。由此不可能说清楚忏悔应该负担多少量刑折扣。[2] 在承认忏悔程度差别的情况下更是如此。忏悔的这种不确定性是其致命的问题，甚至在一定程度上和罪刑法定原则的明确性相悖。本质上不可预知的事情，在任何司法系统中都不能真正成为扩张（或减少）监禁期限的基础。[3] 也正是基于这个原因，忏悔的量刑功能被否定。而在刑事判决中消除对忏悔的考量，将是迈向消除不确定性的一步。[4] 如果忏悔完全不确定的话，其对量刑的目的而言就是模糊不清的——其适用不合逻辑并且没有可能促进刑罚理论。[5] 然而，影响量刑的主观因素很多，如犯罪动机、主观恶性、民愤等，这些因素和忏悔一样，法院均无法对其进行精确的评估，因而法官自由裁量的重要性才得以凸显。在任何情况下，量刑都不是完全精准的数理运算，其逻辑既是客观事实的归结，也是主观的决定。即便电脑量刑也是将系列客观及主观因素预先编进电脑程序而已。对这种主观的不确定因素在量刑中的考量也是教化需要，在预防刑成为重要理念的背景下，忏悔不可能被忽视。在测谎仪等技术不断发展的情况下，忏悔的有无或许不再成为问题。美国刑事司法中有经验的法官凭借观察被告人的言语以及表情、眼泪等非言语行为细节来对忏悔进行判断。[6] 但忏悔的程度区分依然棘手。日本立正大学博士、佛教大师圣严法师将忏悔分为如下几种：一是基本程度的忏悔，

〔1〕 Werner Z. Hirsch, "Reducing Law's Uncertainty and Complexity", *UCLA Law Review*, 1974, 21: 1233.
〔2〕 Steven Keith Tudor, "Why Should Remorse Be a Mitigating Factor in Sentencing?", *Criminal Law and Philosophy*, 2008, 2: 243.
〔3〕 Bryan H. Ward, "Sentencing Without Remorse", *Loyola University Chicago Law Journal*, 2006, 38: 167.
〔4〕 Bryan H. Ward, "Sentencing Without Remorse", *Loyola University Chicago Law Journal*, 2006, 38: 166.
〔5〕 Michael M. O'Hear, "Remorse, Cooperation, and 'Acceptance of Responsibility': The Structure, Implementation, and Reform of Section 3E1.1 of the Federal Sentencing Guidelines", *NW University Law Review*, 1997, 91: 1507.
〔6〕 Ralph Slovenko, "Remorse", *The Journal of Psychiatry & Law*, 2006, 34: 420.

即没有对任何他人不利的对自己修行是过错的忏悔，这种忏悔与刑事忏悔没有关系。二是给他人造成痛苦、构成伤害的对人忏悔。三是触犯众怒所需的当众忏悔。[1] 借圣严法师对忏悔程度的区分可以认为，当众的真诚忏悔首先应该具有最高真诚度，其次是对他人伤害的忏悔。对他人伤害的忏悔可以借助于赔偿的努力、赔偿的数额、与受害人修复关系的意愿等方面辅助考量。

2. 忏悔的商品化

忏悔存在的第二个困境是其商品化，即被告人为获得减刑而忏悔，将忏悔作为换取减刑之对价物的商品。如果此时被告人的忏悔是真诚的，可以对其减刑处理吗？但是往往无须到这一步，因为寻求减刑会被认为不是真诚悔罪的证据，[2] 进而当然无须再考虑是否及如何减刑的问题。为寻求减刑的忏悔被认为是商品化并使其廉价，会弱化其力量，鼓励不诚实和自私的道歉，[3] 故一般认为真诚的忏悔不会要求减刑。但是，如果真诚忏悔的被告人不寻求减刑，而是其要求接受充分的适当的惩罚，则减刑可能被认为会挫伤其进行充分道歉和忏悔的努力，[4] 如此就可能影响忏悔的真实性。这实际上否定了忏悔的减刑功能进而其量刑意义也无须再讨论。因此，忏悔的应用会鼓励犯罪人向法庭说谎，每一个刑事被告人被迫展示适当程度的忏悔，无论事实上它多么虚假——当然司法系统不应该鼓励被告人在量刑期间只是为了避免潜在的刑罚增强来提供虚假的忏悔。[5]

即便如此，也不能否定存在为换取减刑而真诚忏悔的情况。刑事司法需要的是真诚的忏悔，而不是出于其他目的的忏悔。出于减刑目的的商品化忏悔在交换正义的视角下，其并不会使正义缺失。相反从工具理

---

[1] 圣严法师：《忏悔的意义与功能》，http://www.fodizi.net/qt/shengyanfashi/299.html，访问日期：2015年2月9日。

[2] Steven Keith Tudor, "Why Should Remorse Be a Mitigating Factor in Sentencing?", *Criminal Law and Philosophy*, 2008, 2: 241.

[3] Taft, "Apology Subverted: The Commodification of Apology", *Yale Law Journal*, 2000, 109: 1156.

[4] Steven Keith Tudor, "Why Should Remorse Be a Mitigating Factor in Sentencing?", *Criminal Law and Philosophy*, 2008, 2: 251.

[5] Bryan H. Ward, "A Plea Best Not Taken: Why Criminal Defendants Should Avoid the Alford Plea", *Missouri Law Review*, 2003, 68: 922.

性的视角看，借助于这种交换可以提高诉讼功效，节约刑罚成本。更为关键的是，即便是为减刑目的的忏悔，只要它是真诚的，也并不妨碍社会关系修复之效。况且在许多时候是否为获得减刑而进行忏悔与忏悔的虚假性一样存在判断的难题。由此，忏悔的商品化只是一个伪命题，只要忏悔是真实的就可以了。

刑事司法如果沦为机械的法条操作，就会丧失刑法的应有温情。司法裁判变成一张滤去情感、抽空价值的文书，我们就无法说服民众相信我们正在实践和伸张正义。以司法的名义滤去了嫌疑人的人生遭遇和喜怒哀乐，会使司法无法感知人性的温度。[1] 忏悔的被告人至少还没有泯灭良善之心，刑法对此不应忽视，俗语有云：法律乃良善允正之术，又或，善良的心是最好的法律。刑事司法既是技术也是艺术，既是规则的运转也是情感的协调，刑法和刑事司法绝不是情感的禁区。以真诚悔罪形式体现的刑事忏悔在刑事和解制度中应成为一个重要环节。

第三节　民事赔偿与刑事责任

民事赔偿影响刑事责任在当下的中国已是不争的事实，最高院的指导性案例以及诸多省级高院的量刑规则对此都有明确体现，学者多从犯罪人人身危险性减弱、预防必要性减少的刑事政策以及恢复性司法的角度考量民事赔偿影响责任的依据。[2] 戴昕借助法律经济学分析指出，赔偿减刑乃基于威慑补充理论，[3] 论证颇具新意。从世界范围来看，赔偿作为影响刑事责任的量刑情节也在德国、意大利、俄罗斯、英国、美国等国的刑法中得到确立。如德国于 20 世纪 80 年代，美国于 20 世纪 60 年代对此已在法律上予以确立。各国理论也对此进行了持久关注和深入研究。[4] 我国最早对此做出规定的文件是 1999 年最高人民法院印发的《全国法院维

---

〔1〕 邓学平：《触摸刑法的温度》，载《检察日报》，2014 年 1 月 9 日，第 3 版。
〔2〕 王瑞君：《赔偿作为量刑情节的司法适用研究》，载《法学论坛》，2012 年第 6 期。
〔3〕 戴昕：《威慑补偿与"赔偿减刑"》，载《中国社会科学》，2010 年第 3 期。
〔4〕 王瑞君：《赔偿与刑罚关系研究》，载《山东大学学报》（哲学社会科学版），2011 年第 3 期。

护农村稳定刑事审判工作座谈会纪要》，其中指出，"被告人积极赔偿损失的，可以考虑适当从轻处罚"，此后在 2000 年最高人民法院出台的《关于刑事附带民事诉讼范围问题的规定》这一正式文件中对赔偿减刑予以法律确认。在一定程度上，我国赔偿减刑的处理受国际刑事司法形势的影响。但我国对民事赔偿"花钱买刑"的疑虑一直没有消除。司法处理上，民事赔偿不一定获得减刑处罚的现实差异也在一定程度上加深了这种疑虑。

2012 年通过的《刑事诉讼法修正案》确立了刑事和解制度，正式将民事赔偿作为减刑处罚的量刑情节，但减刑的前提是加害人真诚悔罪、赔礼道歉并获得受害人的谅解。换言之，不是甚于真诚悔罪并取得谅解的赔偿无法获得减轻处罚优待。然而一个不争的事实是，许多刑事案件尤其是暴力侵犯人身权利案件中，赔偿已经成为一种常态，并且即便没有真诚悔罪的赔偿也成为减轻处罚的一般性依据，这使得刑罚对赔偿产生了一种挤压功能。[1] 作为交换，赔偿不得不成为减轻处罚的一般依据，这种现实使得和解的规定在一定程度上被突破，赔偿影响刑事案件处理结果的趋势越来越突出。在民事赔偿作为一般量刑情节的情况下，其功能定位、影响刑事责任的一般机理以及其限度都成为重要的研究课题。

一、民事赔偿的功能定位

目前将民事赔偿的功能仅定位于量刑情节只是一种粗糙的解释。从历时性的角度看，民事赔偿的功能只是其历史角色在当代的规范化重现而已。

（一）民事赔偿的历时性意义

在没有现代责任划分的部落时代，赔偿成为最初主要的责任承担方式。只有在赔偿的要求得不到满足时，才产生血亲、同态复仇的方式来达到对侵害者惩罚的目的。[2] "在原始社会生活中，关于宗教的责任与

[1]　王建平：《死刑判决的民事赔偿挤压功能初论——以被动赔偿不能算孙伟铭"积极悔罪"为视角》，载《社会科学研究》，2010 年第 1 期。
[2]　朱铁军：《民事赔偿的刑法意义》，载陈兴良主编：《刑事法评论》，2010 年第 26 卷。

道德的责任以及法律的责任，并无明显的区别，其后由于文化之发展，而逐渐实现责任之分化，于是法律的责任，始脱离宗教的及道德的范畴而自独立，关于法律的责任，有民事责任与刑事责任之区别。在发展史上两者本起源于同一，其间初无区别，例如原始社会之赔偿金制度，可以民事上之损害赔偿，刑事上之制裁方法。"[1] 在法律的幼年时期，作为现今民事责任的赔偿和刑事责任的惩罚不可能做出完全界分。在赔偿不得转而复仇的情况下，复仇承担着惩罚的功能。因此，惩罚的功能并不是或者不完全是由赔偿承担，赔偿的重要意义在于补偿受害人。

在侵害行为被认为是对国家秩序的破坏后，出现国家对行为人的惩罚与赔偿并立，二者开始分离，即学者所谓的民事责任与刑事责任开始进入刑民严格分离时期。但是赔偿的补偿功能并没有发生变化，只是赔偿在法律体系下被作为与刑事惩罚不同形式的责任形式而已。换言之，民事责任和刑事责任二者的分离其实只是它们被知识捕获后的一种认识，民事赔偿的补偿功能并没有发生变化。事实上，罚金在公元 6 世纪到 10 世纪欧洲各民族的民俗法中仍然是与宗教和道德结合在一起的。[2] 此时报复已让位给——而且经常如此——有关金钱制裁的谈判及重新和好，法律首先被想象为一种调解过程，一种交流的方式，而不是首先被想象为制定规则和做出判决的过程。[3] 梅因甚至认为，西方的罚金即根源于赔偿金制度，赔偿被作为加害人和受害人之间的"和解费"。[4] 事实上，刑事责任与民事责任在大陆法系国家并没有彻底分离，损害赔偿请求和刑罚相结合规定的方式一直存在。[5] 因而民事赔偿即便在刑民严格分立的时代，其补偿功能也一直延续下来。19 世纪末期，随着被害人主体地位的上升，在社会关系复杂化、民刑关系融合交错的情况下，单纯的某一

---

〔1〕 洪福增：《刑事责任之理论》，刑事法杂志社 1986 年版，第 5 页。

〔2〕 [美] 哈罗德·J. 伯尔曼：《法律与革命——西方法律传统的形成》，贺卫方等译，中国大百科全书出版社 1993 年版，第 97 页。

〔3〕 [美] 哈罗德·J. 伯尔曼：《法律与革命——西方法律传统的形成》，贺卫方等译，中国大百科全书出版社 1993 年版，第 93—95 页。

〔4〕 [英] 梅因：《古代法》，商务印书馆 1959 年版，第 209 页。

〔5〕 于志刚：《关于民事责任能否转换为刑事责任的研讨》，载《云南大学学报》（法学版），2006 年第 6 期。

种责任很难实现较好的社会效果。因此，重新考虑民事责任和刑事责任的范围，并将二者结合起来以便实现特定之目的即成为必要。[1] 由此，刑事责任和民事责任在机能上重新接近。赔偿已经不再是一个纯粹的民法问题，因为它在本质上有利于实现刑罚的目的，它具有重新社会化的功能，[2] 包括赔偿在内的民事责任手段成为实现刑法功能的重要方式。[3]

在民事赔偿最原始的应用上，如赔偿不得转而会产生血亲、同态复仇，基于赔偿则不得进行血亲复仇，赔偿由此能消除氏族间兵戎相见、尖锐对立的矛盾，因而赔偿自始即具有恢复社会关系的效果。民事责任和刑事责任的重新融合，赔偿的该种功能进一步凸显。在许多情况下，虽然刑罚在表面上排除了冲突所引起的社会障碍，但并未能消除冲突主体的对立情绪，[4] 赔偿则使得这种对立得以缓解乃至消除。民事赔偿的历时性意义一直在于能够消解双方的对立情绪，缓和社会冲突。

（二）民事赔偿的预防刑定位

长期以来，我国的量刑较为粗糙，量刑规范化改革意图使量刑向精细化方向发展。但在国外已经成为量刑指导的责任主义原则在我国并没有引起应有的重视。甚至责任主义还没有形成一个学术话语，在教育部规划的刑法学教材中，甚至也没有关于责任主义的任何介绍。殊不知，在意大利、德国等国，责任主义已经成为一项重要的宪法原则，在一定程度上其意义尤甚于罪刑法定原则。在责任主义的量刑指导下，责任刑和预防刑在民事赔偿的角色分担上出现差别。

基于报应与预防的立场，刑罚目的的并合主义立场得到认可。仅从一般预防的目的考虑，将罪行的轻重作为量刑的唯一根据的观点，结局与绝对报应刑论相同。况且不考虑特殊预防的刑罚，完全不现实。[5] 因

---

〔1〕 沈玉忠：《刑事责任与民事责任衔接与协调的实现——以损害赔偿为切入点》，载《武汉科技大学学报》（社会科学版），2008 年第 1 期。

〔2〕 ［德］克劳斯·罗克辛：《德国刑法学 总论》，王世洲译，法律出版社 2005 年版，第 55 页。

〔3〕 Mary M. Cheh，"Constitution Limits on Using Civil Remedies to Achieve Criminal Objectives：Understanding and Transcending the Criminal—Civil Law Distinction"，*Hastings L. J.*，1991，42，p. 1325.

〔4〕 朱铁军：《民事赔偿的刑法意义》，载陈兴良主编：《刑事法评论》，2010 年第 26 卷。

〔5〕 张明楷：《责任主义与量刑原理》，载《法学研究》，2010 年第 5 期。

而，量刑应该以责任刑为基础，同时考虑特殊预防的必要性等因素。[1]
在责任主义的量刑指导下，消极的责任主义得到认可。"'没有责任就没有刑罚'，不仅意味着科处刑罚必须以存在责任为前提，而且意味着刑罚不得超出责任的量。这种将责任的存在作为刑罚的条件，责任的量限制刑罚的量的原则，称为消极的责任主义。"[2] 消极的责任主义考量了预防必要性，成为现代法治国家量刑的基石。责任刑的大小是由违法性的程度决定的，因而是犯罪时的既成事实。预防刑只能在责任刑的范围内基于预防必要性对责任刑进行调节，但无论如何，不能基于预防所需，使预防刑突破责任刑的上限。张明楷教授认为，在主张点的理论前提下，"即使在没有减轻处罚情节的情况下，点至法定最低刑之间，就是考虑预防必要性大小的空间。"[3] 因而，一般预防必要性小的时候，可以在责任刑之下从轻处罚，这就是预防刑的功能。

预防刑乃基于预防必要性对责任刑的调节刑，对于犯罪人而言，预防必要性即是指再犯可能性。由于民事赔偿与既成的犯罪事实无关，在影响量刑的功能上，其意义仅仅在于对责任刑进行调节，因而属于预防刑应当考量的因素，民事赔偿在量刑中的功能即在于其预防刑的定位。基于民事赔偿，受害人得到补偿，被害和加害之间的对立被减少乃至消除，行为人的再犯可能性减小。在目前刑法规范性语境下，民事赔偿的预防刑定位与其原初的功能同出一源，现代民事赔偿的定位仍然和其一贯的历时性功能一致，只是在责任主义的语境下，民事赔偿之于刑法的规范性意义于预防刑中显现出来。

二、民事赔偿影响刑事责任的原因

民事赔偿影响刑事责任的原因是最纠结的问题，对此进行有效诠释可以破除"花钱买刑"的嫌疑，树立司法的普遍性公正。

---

[1] 张明楷：《结果与量刑——结果责任、双重评价、间接处罚之禁止》，载《清华大学学报》（哲学社会科学版），2004 年第 6 期。

[2] ［日］山中敬一：《刑法总论》，成文堂 2008 年版，第 578 页。

[3] 张明楷：《责任主义与量刑原理》，载《法学研究》，2010 年第 5 期。

（一）一般性解说

民事赔偿为什么可以影响刑事责任，从目前的研究来看，一般有四种解释：一是基于我国司法中无奈的现实，即刑事案件中民事执行率低，许多附带民事诉讼成为空判，因此采用判决前赔偿的方式，其现实意义重大，并能节约司法资源。通过判前赔偿从宽处罚的方式可以对行为人产生一定的挤压功能，从而避免附带民事判决空判的尴尬，同时可以不经过附带民事诉讼程序即完成赔偿，因而可以有效节约司法资源。这种功利性的现实意义在我国无疑非常重要，而且事实上司法实践中这种处理的考虑也占相当比重。二是从刑事政策的角度看，由于刑罚目的调整，符合了国际范围内的轻刑化和非监禁化的刑事政策，我国宽严相济的刑事政策也是其体现。三是民事赔偿符合中国传统的"和合"文化，能消除双方之间的对立情绪，这是世界范围内的恢复性司法的体现。后两种解释主要是从刑事政策的角度进行的，在当今的地球村，我国的司法改革和动向难免不受到外在影响，特别是体现法治文明和进步的新改革之于我国的司法现实更具有春风化雨之效。四是认为基于行为人的人身危险性降低从而对行为人应从宽处罚，这种解释实际上将赔偿等同于一般的减轻处罚情节，并没有深入问题的实质。

从上述对民事赔偿影响刑事责任原因的解释来看，过于功利化、外在化和一般化的解释并没有真正涉及问题的实质。民事赔偿影响刑事责任的背后是财产观念的深刻变化。

（二）一般性的背后

民事赔偿影响刑事责任的减刑，确切地说，是行为人赔偿后可以对其从宽处罚的结论，意味着赔偿影响量刑，赔偿具有影响行为人自由的功能，在一定程度上赔偿和自由产生关联。换言之，使犯罪人财产减少的赔偿对自由产生了影响。赔偿具有的这种功能，是受其背后的财产观念深刻支配的。

从中国古代的历史看，在上古时期，已经出现了赎刑制度，即以财物折抵刑罚，[1]《尚书·舜典》便记载有"金作赎刑"之语，直至清末，

---

〔1〕　童光政、龚维玲：《论赎刑制度》，载《社会科学家》，1996 年第 3 期。

我国一直存在以财产赎刑的制度。可见，财产和刑罚发生关联在中国古已有之。但这种现象的产生并不是因为重视财产的价值。中国自古就有重义轻利传统，《论语》上说"君子喻于义，小人喻于利"，强调"德在人先，利在人后"。"轻利"成为我国古代主流的财产观念。但西方的财产观念经历了深刻的变化，远较我国发达。古罗马在法律上确立了私人财产权利，[1] 个人主义财产权观念深入人心，具有"绝对性、排他性和永续性"[2]。虽然有人认为在古代和中世纪，"总体上是以强调财产所有权社会义务观占主导地位"[3]，但这种观念对后世的财产观产生了根深蒂固的影响。近代财产观以个人自然财产理论与个人绝对财产权观念为基础，以个人主义精神为其主导思想，主张个人财产的绝对性和不受限制性，强调个人利益的支配地位，[4] 因而在近代，财产被看作人的自然权利。此后财产的范围逐渐扩张。在今天，普通法系中的"财产"一词被用来指无形的和有价的资源，[5] 如美国到独立战争结束时，财产的概念已经扩张到了将权利、自由以及有形物质的占有等包括在内的程度，[6] 成为生命、自由、幸福甚至权利本身的同义语。此时对财产的重视达到顶峰，"财产成为自由之母，财产权的丧失对于其他权利，就如同一位孕妇之死对于其未出生的婴儿一样是致命的"[7]。财产的重要性上升到自由的高度，对财产的剥夺或者财产的损失如同自由之丧失。"由于财产决定着人们的生存，决定着人们的政治和社会地位，财产与自由有直接的关系。"[8] 在现代社会，西方开始强调财产的社会责任，但个人财产权始终是实现个人自治和保持个人尊严的必要条件，个人主义精神在现代财产所有权观念中依然存在并始终存在。这种观念实际上是古罗马时期财产观念精神的延伸。因此，财产的丧失并不是简单的财产的减少，其

〔1〕 刘军：《西方财产观念的发展》，载《文史哲》，2007 年第 6 期。
〔2〕 周枏：《罗马法原论》（上册），商务印书馆 1994 年版，第 299 页。
〔3〕 王铁雄：《论财产所有权观的历史变迁》，载《外国法制史研究》，2012 年第 15 期。
〔4〕 王铁雄：《论财产所有权观的历史变迁》，载《外国法制史研究》，2012 年第 15 期。
〔5〕 ［英］詹姆斯·哈里斯：《论西方的财产观念》，载《法制与社会发展》，2003 年第 6 期。
〔6〕 ［美］埃里克·方纳：《美国自由的故事》，王希译，商务印书馆 2002 年版，第 43 页。
〔7〕 J. P. Reid, *Constitutional History of the American Revolution: the Authority of Rights*, the University of Wisconsin Press, 1986, p. 38.
〔8〕 王铁雄：《论财产所有权观的历史变迁》，载《外国法制史研究》，2012 年第 15 期。

背后是财产权的人权属性及其与自由的等质性。

在财产的人权以及等质于自由价值的属性下，财产的重要性已经不在于它的财产性价值，在财产性价值的背后是行为人的人权、法权以及自由被剥夺的同质后果，对行为人而言，财产的丧失并不仅仅是财产价值的减少，它更意味着、体现着财产背后的权利和自由观念的深层内容。因而在这个意义上，刑事案件中行为人财产的丧失或减少相当于其自由被剥夺，行为人赔偿后应减轻处罚成为必然的结论。从我国财产观念的现实看，其并没有达到财产的人权属性或者等质于自由的程度，因而对赔偿减刑更多的是从技术性的外在层面进行一般性解释，其背后的支撑理念并没有被认识到。

三、对"赔偿"的延伸性理解

从司法实践的处理来看，民事赔偿一般是以金钱的形式进行，这也是常见的赔偿方式。但对"赔偿"过于狭隘的理解和操作一定程度上产生了"赔偿减刑"或者"赔钱减刑"的误解。基于此，对"赔偿"应作延伸性扩大化理解。

（一）"赔偿减刑"的误区

"赔偿减刑"只是一种民间的说法，考察其来源，这一说法并不准确。1986 年最高人民法院在《最高人民法院关于被告人亲属主动为被告人退缴赃款应如何处理的批复》第 4 条规定，"已作了退赔的，均可视为被告人退赃较好，可以依法适当从宽处罚"。这应该是最早的关于退赔从宽处罚的规定。这个规定更多的是针对"退赃"即本属于受害人所有的财产理应退还，因此并没有引起争议。值得注意的是，这个批复的用语并不一致，出现了"退赔"和"退赃"两种表述。1999 年最高人民法院《全国法院维护农村稳定刑事审判工作座谈会纪要》指出："要充分运用现有法律规定，在法律许可的范围内最大限度地补偿被害人因被告人的犯罪行为而遭受的物质损失"，同时指出，"要适当考虑被告人的赔偿能力，被告人的民事赔偿情况可作为量刑的酌定情节"。这是"赔偿减刑"之说直接、最早的规范性文件。按照上述规定，如果行为人自己能最大限度地补偿被害人因犯罪行为造成的物质损失，显然也应和赔偿一样处理，即"可作为量刑的酌定情节"。此处的用语是"补偿"和"赔偿"，但后来并没有演化出"补偿减刑"的说法，而出现了"赔偿减刑"或者"赔钱减刑"，虽无法考证"赔偿减刑"一词的最早出处，但"赔偿减刑"的说法在网络以及民间社会中迅速传播。2000 年《最高人民法院关于刑事附带民事诉讼范围问题的规定》第 5 条指出："犯罪分子非法占有、处置被害人财产而使其遭受物质损失的，人民法院应当依法予以追缴或者责令退赔。被追缴、退赔的情况，人民法院可以作为量刑情节予以考虑。"此处的"退赔"是指"退还非法获得的财物，赔偿损失"。最高人民法院的这个解释应该是赔偿影响量刑最早的法律文件。也正是这个文件进一步扩大了"赔偿减刑"的影响，并且它被正式贴上了"法律"的标签。但这一说法并不是立法的真正本意。

赔偿之所以减刑在于对犯罪行为造成的损失予以弥补，最大限度地减少被害人的损失，这样最现实的意义就是不至于使遭受犯罪行为侵害的受害者衣食窘迫、生活困顿，深层意义是双方的对立可能逐渐在赔偿中弱化乃至消除。但这种深层意义只是一种可能的效果，并且必须依赖于之前的弥补损失，因此减轻处罚的法定原因在于弥补损失，这应该是立法的真正本意。但正是因为不当的"赔偿减刑"称谓导致了对立法规定的误解。实际上我国《刑法》第 24 条第 2 款规定，"对于中止犯，没有造成损害的，应当免除处罚；造成损害的，应当减轻处罚"。中止犯减轻处罚的实质在于行为人的行为没有造成损害或者行为人采取措施中止犯罪行为使得损害减小。因此，对于中止犯减轻处罚和赔偿减刑而言，二者的实质相同之处在于"避免或减少了损失"，只不过中止犯是在犯罪过程中避免或减少了损失，赔偿减刑是犯罪后避免或减少了损失，时间有异，但并无本质差别。对于中止犯减轻处罚的规定从没有产生任何异议，但对于和其减轻处罚原因类似的赔偿减刑却有相当的质疑，这不能不说是对赔偿减刑的误读。

（二）"赔偿"的展开

赔偿减刑的法定理由在于弥补损害，但是，能够产生弥补损害效果的，或者说能够给受害人提供补偿功能的并不限于赔偿这种单一的形式，如犯罪后通过自己的努力降低损害，或者阻止损害发生的，或者抵消既已产生的损失的，或者行为人通过自己的行为产生新的收益弥补既有损害的，或者行为人将来的赔偿能力足够且能够实现赔偿的，或者行为人退还受害人所有的财产的，都可以产生与"赔偿"相同的效果，行为人通过上述各种方式减少损害发生的，同样应该减轻处罚。因而应将赔偿作扩大解释，即行为人通过各种方式弥补损害或者减少损害的，都应和赔偿同等对待，这也符合退赔减刑处罚的司法解释。这一方面是尊重立法本意，另一方面也能够避免赔偿减刑造成的观念误解。

对赔偿作相对开放的解释，意味着弥补损失的赔偿一般可减轻处罚。这是否需要赔礼道歉的悔罪前提呢？修正后的《刑事诉讼法》第 277 条第 1 款规定："下列公诉案件，犯罪嫌疑人、被告人真诚悔罪，通过向被害人赔偿损失、赔礼道歉等方式获得被害人谅解，被害人自愿和解的，双方当事人可以和解：……"从《刑事诉讼法》的规定来看，和解的重要前提是真诚悔罪，这实际上将赔礼道歉作为真诚悔罪的体现，因而即便是赔偿但没有真诚悔罪的赔礼道歉这一前提，难以达成和解，对行为人的减刑处罚也就无从谈起。但赔礼道歉的前提必须正视以下三个问题：一是真诚悔罪的赔礼道歉很容易被规避，甜言蜜语的背后可能是内心深处无法阻止的仇恨。二是从实践中看，赔礼道歉这一前提被形式化，在许多法院的判决过程中，很多时候有赔偿的即被减轻处罚，赔礼道歉真诚悔罪的规定被搁置。三是即便赔礼道歉真诚悔罪的前提不被规避，其是否真的需要？赔礼道歉的重要意义在于消除受害方对犯罪人的憎恨，尤其是在受害方遭受精神损害之后，赔礼道歉更为重要。从字面上看，"赔礼道歉""赔"的是礼，即认错赔罪，请求谅解。因而赔礼道歉的实质是自己的品格或精神付出，在造成对方精神损害的情况下，赔礼道歉的实质是对精神损害的赔偿。司法实践中，有时行为人虽赔礼道歉但实际上无能力赔偿或没有赔偿的，也有取得受害人谅解的案例，此时赔礼道歉具有和赔偿同等重要的作用。《刑事诉讼法》第 277 条第 1 款中，赔偿损失和赔礼道歉是并列关系，赔礼道歉是真诚悔罪的体现，这一点不可否认，则和其并列的赔偿损失也应视为真诚悔罪的体现。"认定被告人是否具有悔罪表现，关键在于被告人对其行为的认罪态度及事后对危害后果的补救措施。"[1] 因而对"赔偿"之"赔"的进一步宽泛性理解应包括赔偿物质损失和精神损害或行为人的精神付出。如果能够这样理解，赔偿减刑就不需要所谓悔罪的前提。从我国关于中止犯的处理来看，也体现了类似理解。在我国，中止犯的成立并不要求行为人出于真诚悔罪而中止犯罪，只要是没有造成损害或者基于自己的努力使损害减小的，同样都应减轻处罚。中止犯不需要悔罪的处理事实上也能佐证赔偿减刑无须真诚悔罪的前提。从国外刑法看，也有类似规定，如意大利《刑法典》第62条（普通减刑情节）规定：在审判前，通过赔偿损失或者在可能情况下通过返还，完全弥补损害的；或者，在审判前并且在第56条最后一款规定的情况之外采取措施自动地和有效地消除或减轻犯罪的损害或危险后果的。德国《刑法典》第46条a也有类似规定：在行为人可以自主决定对损害进行补偿或者不补偿的情况下，他对被害人的损害进行全部或大部分补偿，则法院可依第49条第1款减轻其刑罚。[2]

如果赔偿减刑无须真诚悔罪的前提，对赔偿的理解就应作扩大解释，即赔偿之"赔"包括了物质赔偿和精神损害赔偿两个方面的内容，二者是独立、并列的关系。

四、民事赔偿影响刑事责任的限度

民事赔偿可以影响刑事责任，但仅仅是"可以"而已，世界范围的立法均是如此，因而民事赔偿影响刑事责任具有一定的限度。

（一）一般的案件因素

实际上并不是所有的赔偿都应减轻处罚，有学者认为应从被告人是否悔罪、案件性质、社会影响以及赔偿数额等方面把握。[3] 也有学者从程序以及赔偿时间上对此做出分析。既然是赔偿减轻处罚，一个必要的前

---

[1] 姜福廷、吴池亮：《将赔偿损失作为法定量刑情节的立法思考》，载《人民法院报》，2000年8月21日，第3版。
[2] 参见徐文生、庄敬华译：《德国刑法典》（2012年修订），中国方正出版社2004年版，第17页。
[3] 王瑞君：《赔偿该如何影响量刑》，载《政治与法律》，2012年第6期。

提是造成损害，如上文所言，这种损害应包括物质损害和精神损害，况且严重的精神伤害本身也可构成犯罪。从案件性质看，极为严重恶性的侵犯人身权利的犯罪一般不应从轻处罚，如糯康案和药家鑫案。从赔偿的数额看，赔偿应能覆盖损失或尽犯罪人的赔偿能力进行赔偿。赔偿的作用一般在于从轻处罚，减轻处罚应特别慎重，减轻的幅度不应过于偏离责任刑。

按照我国《刑事诉讼法》的规定，被害人在侦查阶段提出赔偿请求的，对案件即按附带民事诉讼处理。如果被害人在此阶段提出赔偿要求，而且附带民事赔偿的判决可确保执行的，如财产已被扣押保全等，犯罪人主动赔偿应否影响对其的量刑？此中的逻辑是，行为人应尽的且能够履行的法律赔偿义务能否通过自己的赔偿行为变成对自己的刑罚奖励？如果在制度健全、执行根本不存在问题的前提下，于判决前还是判决后赔偿对受害人而言实质差别并不大，所以在美国等国家，公众会对赔偿减刑持警惕的态度，因为他们根本不需要担心执行的问题。但在我国执行难、附带民事赔偿判决多成空判的现实下，将主动赔偿转化为刑罚奖励也是维护法律尊严和权威的变通方法，虽然赔偿本就是应履行的义务。

（二）特殊的被害人因素

被害人对犯罪人予以谅解能够影响犯罪人的刑罚吗？被害人对犯罪人予以谅解一般情况下会被从轻处罚，尤其是在犯罪人悔罪且对被害人予以赔偿的前提下。被害人的谅解态度影响犯罪人的刑事责任建立在其主体性地位重新被重视以及恢复性司法的背景下。但在被害人拒绝接受赔偿或接受赔偿但拒不谅解的情况下，被害人的态度应否影响刑事责任就成了问题。实践中司法机关对此情况的处理也呈现出两种方式：一是出于防止上访、维稳要求，而不得不迁就被害人一方的态度，对犯罪人杜绝减轻。二是即便是被害人不予谅解，也不能一味迁就被害人的态度，从而对犯罪人减轻处罚。这种处理方式也得到理论上一定的认可[1] 不同的人会有不同的认知情感，对相同犯罪的憎恨情感也会有较大的差别，因此上述两种处理方式会因情感的差异和多变使法院陷入左右为难的境地。这种情

---

[1]　任海涛、苏明星：《论民事赔偿对量刑的影响》，载《吉林省经济管理干部学院学报》，2014年第2期。

况下的被害人态度实际上关系到被害人主体性地位在量刑中的体现。

在刑事诉讼的过程中，被害人主体性地位的体现是全方位的，权利是多重的，获得被告人的补偿只是被害人的权利之一。[1] 重视受害人的态度无疑是对其尊重和其主体性地位的体现，但尊重、重视其主体性地位并不等于一定要遵从、服从其意愿。因此，基于被害人拒不谅解的憎恨情绪对犯罪人从严处理是没有根据的，无条件地迁就被害人显然不是法治之道。刑事司法的效果并不是完全靠被害人是否满意来体现，非理性的被害人憎恨情绪的满足和发泄往往会使司法的公正受到伤害。但没有被害人的谅解，双方的关系就难以冰释，社会关系就无法恢复。谅解建立在双方真诚面对过去的基础上，满足憎恨心理并不能恢复社会关系，社会关系的恢复依托于谅解，并不取决于满足愤恨情绪，否则即便谅解也是一种虚假的和解。报复性的正义和传统的"以眼还眼"式的正义相关联，它使仇恨永久化，并会埋下未来冲突的种子。[2] 因而，拒不谅解的愤恨实质上是满足报复心理，"人们若始终憎恨那些曾经给他们带来伤害的人，就会同样牢牢地抓住自己作为受害者的身份不放"[3]，迁就憎恨同样等同于埋下犯罪的种子，因而谅解就不能绝对化为减轻处罚的前提。张明楷老师对此指出："形式化的判断并不能实现活生生的正义。就核准死刑而言，即使责任刑是死刑立即执行，但只要特殊预防的必要性减少（如真诚悔罪、真心忏悔），即使不能赔偿被害人损失，即便被害人并不谅解，也不应当核准死刑。"[4]

民事赔偿对刑事责任的影响无论对其如何质疑，在今日的中国都是一个前进的趋势，需要解决的是其理论上的逻辑自洽，实践操作中的公正限度以及惩罚犯罪和被害保护之社会效果的平衡。从本书的分析看，悔罪—赔偿—谅解—减刑并不是一个渐次的顺序，在赔偿成为一般量刑情节的普遍情况下，其可能会被扩大适用，量刑的一般性意义会被强化，

〔1〕 Laura J. Moriarty, *Controversies in Victimlogy*, Anderson Publishing Co., 2003, pp. 1-2.
〔2〕 ［英］安德鲁·瑞格比：《和平、暴力与正义：和平研究和核心概念》，熊莹译，载《学海》，2004 年第 3 期。
〔3〕 ［英］安德鲁·瑞格比：《和平、暴力与正义：和平研究和核心概念》，熊莹译，载《学海》，2004 年第 3 期。
〔4〕 张明楷：《责任主义与量刑原理——以点的理论为中心》，载《法学研究》，2010 年第 5 期。

这是未来司法的趋势。

第四节 刑事和解与刑事责任

刑事和解自 2006 年后成为司法实务界"试水"的热点，以"刑事和解"为篇名在中国知网进行模糊搜索有 2430 篇文章，2008—2012 年连续四年每年发表的文章均在 400 篇左右，体现出刑事责任成为近年来理论研究的热点。2013 年《刑事诉讼法修正案》正式确立刑事和解制度，对其制度构建基本完成。由于此前司法机关已经进行了大量试点，无论制度的理论准备还是实践经验积累均已相对成熟，但对该制度似乎总存在一种不信任——和解总难脱离"以钱买刑"的嫌疑。刑事和解后可以对犯罪人从轻处罚——《刑事诉讼法》虽然规定是"可以"从轻处罚，但实践中经和解的案件均无一例外地从轻处罚。刑事和解名曰"刑事"和解，但实际只是民事赔偿责任的和解而非刑事责任的和解。[1] 因而为何和解后可以减轻处罚成为问题。研究发现，案由相同案情相似的案件，和解成功的案件加害人被判处的平均刑期普遍低于未和解案件，有的案件甚至相差一倍以上，如故意伤害案件和解与未和解的平均量刑比为 7.5：17.8，交通肇事案件之比是 4.0：8.2，盗窃案件之比是 9.9：17.1，[2] 因而和解与否导致的量刑差异与量刑公正息息相关。这或许是公众对刑事和解的最纠结之处，也是刑事和解全部问题的焦点。事实上，自刑事和解制度酝酿产生前就一直存在对其赔偿减刑的质疑。针对此论，一些媒体也专门指出，刑事和解不是"花钱买刑"[3]，"刑事和解不等于以钱抵刑"[4]，中国政法大学为此还专门召开过一次"刑事和解正当性"的专题学术研讨会。有观点认为刑事和解的存在很大程度上是基于其现实

---

〔1〕 张朝霞、谢财能：《刑事和解：误读与澄清——以与恢复性司法比较为视角》，载《法制与社会发展》，2010 年第 1 期。

〔2〕 周长军：《刑事和解与量刑平衡》，载《法律适用》，2010 年第 4 期。

〔3〕 李松、黄洁：《刑事和解不是"花钱买刑"》，载《法制日报》，2008 年 12 月 8 日，第 5 版。

〔4〕 杜金存、陈科：《刑事和解不等于以钱抵刑》，载《江西日报》，2009 年 10 月 29 日，第 C2 版。

合理性，而非理论上的正当性，同时在法律上，刑事和解以"赔"免"罚"，很难经得起法律逻辑的推敲。[1] 从现有文献看，能从理论上剔除刑事和解之"花钱买刑"嫌疑的笔者未曾见到。

单纯的"花钱买刑"即便是在法律制度和法治观念极其发达的西方国家也不会完全绝迹，刑事和解消除了"花钱买刑"的"赔偿—减轻处罚"的简单模式，真正做到被害与加害之"和"，在加害人真诚悔罪的基础上，基于犯罪人人身危险性的减弱乃至消失，可以对犯罪人减轻处罚。但这种解释仅具一般性意义，与从轻处罚情节具有的从轻处罚之依据并无二致，这种一般性解说弱化了刑事和解的地位和意义。有学者认为将赔偿作为减轻刑罚的考虑因素有利于更好地实现实体公正和社会和谐。[2] 但此论仍缺少针对性解释而流于一般意义。戴昕指出，赔偿减刑乃基于威慑补充。[3]

制度化刑事和解的建立，其正当性必须得到理论上的诠释。基于消除一种普遍的误解，树立司法公信力，保证刑事和解制度有效运转，对刑事和解赔偿减刑的理论诠释意义甚至是基底性的。本书认为，刑事和解中"花钱买刑"的形式纠结在于其实质上的反程序自治矛盾。和解正当性的理论依据在于，刑事和解针对民间纠纷有效性解决和具体正义实现之功能，刑事和解之赔偿完成了部分刑事责任之承担，因而应降低刑罚的量，减轻处罚。

一、刑事和解影响刑事责任的纠结

（一）"花钱买刑"的形式纠结

《刑事诉讼法》第 274 条规定，犯罪嫌疑人、被告人自愿真诚悔罪，通过向被害人赔偿损失、赔礼道歉等方式获得被害人谅解的，双方当事人可以达成和解协议。无论刑事和解具体运作机制如何，当事人均是刑

---

[1] 吴宏耀、高仰光：《"花钱买刑"：刑事和解的正当性追问》，载《中国社会科学报》，2009年7月14日，第6版。
[2] 陈瑞华：《刑事诉讼的中国模式》，法律出版社 2010 年版，第 19 页。
[3] 戴昕：《威慑补偿与"赔偿减刑"》，载《中国社会科学》，2010 年第 3 期。

事和解制度产生和发展的最基本元素，是否愿意和解，达成何种和解协议，都取决于当事人的意愿。[1] 由此在刑事和解下，具体当事人成为决定诉讼进程的最重要因素。具体个体在诉讼中的主体性，意味着诉讼程序应尊重并理解个人，个人主义成为正当程序的理论支点，在任何一种诉讼形态下，诉争双方都只能是对诉讼结果存在对抗利益的具体的、确定的个人，而不是一般意义上的民众。[2] 从和解的可能方式来看，即使犯罪嫌疑人、被告人自愿真诚悔罪并赔偿损失，如果被害人并不对犯罪嫌疑人、被告人谅解，也无法达成和解协议。在相反的情况下，犯罪嫌疑人、被告人自愿真诚悔罪即使不能赔偿损失，被害人也可能原谅犯罪嫌疑人、被告人，从而达成和解协议。[3] 因而当事双方中被害人的宽恕态度处于决定性地位。按照《刑事诉讼法》第 275 条的规定，司法机关可以对和解协议的自愿性、合法性进行审查。根据此规定，司法机关有决定和解是否有效并继续进行的权力。但事实是，在有些情况下，和解是否合法并不是决定和解是否有效的重要因素。根据萨其荣桂的调查，在一个少数民族地区发生的强奸案件中，案件已经移送审查起诉，这时被害人推翻了原来的有罪指证，称性行为是自愿发生的。后经检察官查明，双方当事人已经达成和解，由加害方给被害人安排工作，二人结婚。[4] 检察官并没有追究伪证行为，案件没有被起诉，最终和解结案。在该案中，和解的启动、内容等完全是由双方决定的，甚至抛弃司法机关并拒绝其参与。事实上，基层刑事和解的运行在一定程度上脱离于司法机关而存在，在这类刑事和解案件中，被害人的谅解居于极其重要的地位。谅解作为一种宽恕，赋予了主体间的信任及一种可接受与可期待的图景，它搭建起了主体间意志、情感、行为的交流平台，从而为主体间自愿达成契约的可接受性确立了空间。[5]

---

〔1〕　萨其荣桂：《刑事和解实践中的行动者——法社会学视野下的制度变迁与行动者逻辑》，载《现代法学》，2012 年第 2 期。

〔2〕　魏晓娜：《刑事正当程序原理》，中国人民公安大学出版社 2006 年版，第 220 页。

〔3〕　李洁：《刑事和解的机理研究》，载《扬州大学学报》（社会科学版），2012 年第 3 期。

〔4〕　萨其荣桂：《刑事和解实践中的行动者——法社会学视野下的制度变迁与行动者逻辑》，载《现代法学》，2012 年第 2 期。

〔5〕　张晓渝：《宽恕何以可能》，载《西南农业大学学报》（社会科学版），2012 年第 3 期。

在刑事和解中，判断加害方是否真诚悔罪往往要基于其是否积极赔偿来认定，即便加害方并不是真诚悔罪，受害方往往也基于想取得赔偿金而与对方和解，即便被害人在内心并不是真正谅解加害人，但此时在法律上、诉讼上的表现是被害人"谅解"了加害人，司法机关根据该种"谅解"对加害人减轻刑罚。此中的逻辑在于，在刑事和解中，经过赔偿，加害人"买到"了受害人的谅解——加害人即便赔偿，买到的也只是"谅解"，而不是"刑"——刑罚决定权在法院那里，赔偿无法买刑。这样，赔偿也成为和解中至关重要的一环。《刑事诉讼法修正案（草案）》"说明"认为，"为有利于化解矛盾纠纷，需要适当扩大和解程序的适用范围，将部分公诉案件纳入和解程序"，说明和解不同于普通刑事诉讼程序的意义在于其更有利于化解当事双方的矛盾。在和解中化解矛盾的逻辑是加害人道歉、赔偿，受害人予以接受，双方达成和解协议，只有在极少数的情况下，即使加害人不赔偿但真诚道歉悔过的，受害人也会谅解加害人从而达成和解。和解并没有真正终结诉讼，只是对犯罪人免于指控或从宽处理而已，但毫无疑问，和解通常会终结当事双方的敌对状态，也正因如此，和解才"有利于化解矛盾纠纷"。由此，刑事和解中首先以赔偿方式帮助受害人，这是解决问题的起点。传统司法主要关注惩罚，并通过司法强制措施强行要求加害人赔偿。刑事案件发生后，受害人、犯罪人以及在更广范围内的人可能会因为犯罪而受到一定的心理影响，刑事和解通过赔偿损失能够修补关系裂痕，这成为解决这种心理影响的一个重要途径，和解达成的赔偿产生的功效并不是刑事司法程序强制性赔偿所能产生的，而其对社会心理的影响也是正式刑事审判程序难以产生的。通过和解方式解决问题，使和解具有了转变处于冲突中人们的思维方式和相互对待的行为方式的潜在功能，在和解过程中当事人创建相互理解的关系状态。故而，刑事和解作为一种纠纷解决方式，并不是定位于减轻处罚，更不是用来代替刑罚的，虽然和解可以作为减轻处罚的考量因素。

在加害人悔罪并赔偿的情况下，受害人真正宽恕加害人，双方达成和解。即便是受害人内心并没有真正谅解加害人，但基于金钱赔偿的取得，在法律上甚至在外在表达上必须做出谅解姿态。在司法实践中没有达成和解——确切地说，没有取得被害人宽恕的赔偿并不能减轻加害人的刑罚，单纯赔偿不存在和解赔偿中基于宽恕而构建的交流平台。宽恕是构成恢复性公正过程的一个重要成分，因为宽恕标志着一个侵犯者的侵犯行为被抹去并且双方关系得到恢复。[1] 由此，基于宽恕的和解赔偿显然并不同于单纯赔偿，花钱买到的最多只是"谅解"而不是刑的减少。

（二）实质上的程序自治矛盾

"花钱买刑"的纠结只是刑事和解的表面，"花钱买刑"的背后是刑事和解与时下正在推崇的程序本位及程序自治背离的实质。

历经数十年，程序工具主义在我国基本得以清除，与之对应的程序本位主义得到确立，对程序的独立价值形成共识。基于我国重视实体法的传统和现实，程序本位主义确立了刑事诉讼程序的自治性，也基于程序自治说明了程序的独立价值。程序自治是指一种法律程序与其外界环境相对隔离的状态，在这种状态下，程序自身的展开过程同时也就是程序功能的实现过程。[2] 自治的程序创造了一个相对独立于外部环境的"隔音空间"，通过排除各种偏见、不必要的社会影响和不着边际的连环关系的重荷，来营造一个平等对话、自主判断的场所。[3] 通过诉讼程序解决问题，参与者最后只能接受程序的结果，即季卫东先生所言的"作茧自缚"效应。程序的实质或者程序自治的实质是管理和决定的非人情化，其一切布置都是为了限制恣意、专断和裁量。[4] 苦心构建的程序独立、程序自治如果遭遇返回原点的波折，难免出现问题。刑事和解程序恰恰在一定程度上是反程序自治的。

在刑事和解过程中，被害和加害双方真诚的交流和沟通至关重要，极端的情况如加害人无力赔偿但真诚悔罪的，受害人仍可能原谅加害人

---

〔1〕 S. P. Garvey, "Restorative Justice, Pun-ishment, and Atonement", *Utah Law Review*, 2003, pp. 303-317.

〔2〕 吴泽勇：《从程序本位到程序自治——以卢曼的法律自治理论为基础》，载《法律科学》，2004 年第 4 期。

〔3〕 季卫东：《法治秩序的建设》，中国法制出版社 1999 年版，第 16 页。

〔4〕 季卫东：《法律程序的意义——对中国法制建设的另一种意义》，载《中国社会科学》，1993 年第 1 期。

并达成和解协议。这种沟通和交流使双方真诚面对过去，并构建积极的未来。由此，双方在沟通、理解和宽容的基础上，逐步谅解并达成共识。在这个过程中，人的情感性因素和人情化特征极其明显。这表明刑事和解并不倚重于诉讼程序的完整运行去解决纠纷，在和解过程中原被告以及司法者获得了相对不同于传统的新角色，司法的"剧场化"效果在自主性更强的诉讼各方参与下更加明显——这在相当程度上削弱了"作茧自缚"效应，当事人具有了不完全听从于程序来决定命运的权利。这是由刑事和解双方沟通、协商的过程性特质决定的。在刑事和解运行过程中，双方的商谈乃至妥协在更多时候离不开外界环境，从而脱离了所谓"法的空间"——双方会基于伦理、习俗和社会偏见等达成共识因而和解，主体的诉求已经突破了程序塑造的屏障。因此，和解程序在一定程度上回归了纠纷解决的本源——由当事双方进行，而这无疑是反程序自治的。当然，在司法机关对和解进行审查的前提下，和解的反程序自治性并不是绝对的，但至少，其偏离自治轨迹的痕迹非常明显。上述萨其荣桂调查的和解案件甚至在法外运行，但和解的结果仍得到司法机关的认可。因而，在"花钱买刑"的背后，问题的实质在于和解的反程序自治性，这导致了一种来自理论深处的恐惧，这或许是和解受到质疑的真实原因所在。

二、刑事和解影响刑事责任的一般性依据

（一）和解针对民间纠纷的有效性

按照《刑事诉讼法》第 277 条第 1 款第 1 项的规定，因民间纠纷引起的涉嫌《刑法》第四章、第五章规定且可能判处三年有期徒刑以下刑罚的犯罪案件，双方当事人可以和解。这限定了该类案件适用和解的前提，即必须是民间纠纷引起的案件。在《刑事诉讼法》修正之前，根据宋英辉教授的调查，进行和解的公诉案件并不限于上述规定，实际上还有掩饰隐瞒犯罪所得、聚众斗殴、信用卡诈骗等案件。[1] 在《刑事诉讼

---

[1] 宋英辉等：《刑事和解实证研究》，北京大学出版社 2010 年版，第 9 页。

法》修正后，这类案件由于不属于民间纠纷，将不应再适用和解。从娜嘉·亚历山大总结的域外 13 个国家和解适用的主要领域来看，没有要求一定是民间纠纷引起的案件。[1]"民间纠纷"成为一个独特的中国问题，将和解限定于"民间纠纷"，也正是基于其针对"民间纠纷"解决的有效性。

最早出现"民间纠纷"字样的是 1989 年 5 月 5 日国务院第四十次常务会议通过的《人民调解委员会组织条例》，条例专门为解决民间纠纷而设立，但没有限定何谓民间纠纷。此后《中华人民共和国治安管理处罚条例》中也出现了"民间纠纷"的用法。对"民间纠纷"进行限定的是 1990 年 4 月 19 日司法部出台的《民间纠纷处理办法》，该《办法》第 3 条规定，民间纠纷为公民之间有关人身、财产权益和其他日常生活中发生的纠纷。除个别罪名外，《刑法》第四章、第五章规定的基本是自然人侵犯人身权利、民主权利以及财产权利的犯罪，这和《民间纠纷处理办法》界定的公民之间的人身、财产犯罪基本是一致的，首先决定了和解适用于公民之间的个人犯罪。从可以和解的主体看，限于夫妻、家庭成员、邻里、同事、居民、村民以及个体工商户、承包经营户、个人合伙等。从纠纷的内容看，一般是恋爱、婚姻、家庭、赡养、继承、债务、房屋宅基地、邻里采光、噪声等纠纷，以及因田地、山林等引起的生产性纠纷。从发生纠纷的人数看，不限于单个个体之间。和解适用于"民间纠纷"的实质限定了其适用于具体个人之间有直接利益关系的犯罪案件，排除了抽象社会关系受侵害案件的适用余地。

事实上，从《刑法》第四章、第五章犯罪发生的原因看，一般是因公民个人之间的问题导致，纯官方纠纷引起的基本没有，特别是 1997 年《刑法》废除了"反革命杀人"之类的罪名后更是如此。基于中国传统浓郁的乡土观念、邻里亲情观念，"民间纠纷"的限定可以使得该类纠纷在和解制度下得到有效解决。

中国自古就有通过"调处"进而当事双方和解的制度。根据俞荣根

---

[1]　[澳] 娜嘉·亚历山大主编：《全球调解趋势》，王福华等译，中国法制出版社 2011 年版，第 417—425 页。

先生整理的资料，我国在西周时即有了"掌司万民之难，而谐和之"的调处制度，秦朝设有"三老"调处民间纠纷，唐朝时由基层政权负责处理基层轻微刑事案件，宋代和元代也有专门的调处法律制度，在明代时，"凡民间有词讼，许耆老里长准受于本亭剖理"，而清代存在的乡规民约和宗法族规也为民间调处提供了依据。调处的适用范围主要是户婚、田土、房产及其他轻微刑事案件。[1] 清末改制、南京国民政府时期、抗战期间以及中华人民共和国成立后以调解形式存在的调处一直存在，而且始终以解决婚姻、田土等民间纠纷为中心。在乡土熟人社会中发生的这类民间纠纷以调处的方式解决，更有利于双方关系的恢复，并和谐息诉。在这个意义上，刑事和解具有针对民间纠纷的特定有效性。

（二）"民间纠纷"中具体正义实现之功能

实践中，刑事和解经常被简化为"赔偿—和解达成—从宽处罚"模式，这种单一链条引发了人们对其正当性的质疑。[2] 在"民间纠纷"解决的角度上，具体正义之实现功能完全可以化解"以钱买刑"之可能，消除"以钱买刑"之失当嫌疑。

正义是刑法的首要价值，刑法中的一切问题应当让位于公正性。[3] 公正的要求在刑法中的体现最重要的即是，报应或报复应处于刑罚的中心地位，基于功利的预防只能是补充角色。[4] 在此理论背景下，刑事诉讼追求的是对犯罪人的报复，即以刑罚之害对犯罪人加以报应，从而抵消犯罪之害，使正义得以恢复。[5] 从传统刑事司法运行的过程来看，这种恢复效果是牵强的。传统诉讼把被犯罪侵害的社会关系仅仅限定为抽象和普遍意义上的社会关系，认为犯罪是对整个社会或者国家制度的侵

---

[1] 俞荣根、魏顺光：《中国传统"调处"的非诉讼经验》，载《中国政法大学学报》，2012 年第 1 期。

[2] 杨会新：《"被害人保护"与"刑罚轻缓化"：刑事和解不能承受之重》，载《法律科学》，2011 年第 6 期。

[3] 陈兴良：《刑法哲学》，中国政法大学出版社 2000 年版，第 4 页。

[4] 邱兴隆：《穿行与报应与功利之间——刑罚"一体论"的解构》，载《法商研究》，2000 年第 6 期。

[5] 屈耀伦、于文斌：《刑事和解与正义之恢复》，载《江苏警官学院学报》，2011 年第 1 期。

害和威胁。[1] 这种诉讼方式实际上不关注具体的受害人，仅仅是将其作为抽象的证据载体而已。因而在传统诉讼下，无论是被害人还是被告人，二者均被抽象化，具体的个人隐没于在法庭上相遇的"原告"与"被告"的符号性身份之中。[2] 抽象的传统司法方式并不关注具体的个人，追求的是一种形式正义和对抽象社会关系的保护。但是以惩罚实现正义是值得怀疑的。个人此时成为敬献在公共利益和社会自身这一祭坛上的牺牲品。[3] 惩罚从不代表完美、正义或是公正，惩罚犯罪只是以不完美对不完美，理想方案是建立一套刚好保证社会成为完美社会的惩罚制度，但是这并不存在，因为没有一种普适的惩罚能够在任何情况下都能防止犯罪。[4] 以惩罚实现正义并不是天经地义地有效和真实。正义也并不一定通过惩罚的方式来实现。[5] 对于社会关系的恢复而言，惩罚不是实现修复的最适宜手段，相反，对惩罚的先验选择通常是对可能发生的修复的严重阻碍。[6]

在刑事和解诉讼模式下，被害人成为具体被关注的对象，和解的进行取决于双方有效沟通的前提，也使得和解成为真正关系到具体案件当事人的诉讼模式。关注具体的案件当事人，重视对受害人的悔罪和赔偿，在这个前提下，犯罪人实现对罪过的真诚认识并取得受害人的谅解，双方最终和解，修复关系，"悔罪"和"宽恕"成为刑事和解中的重要关键词。以修复实现某种程度的正义，因而修复正义概念与众不同的特点在于参与协商的程序和修复伤害的核心价值的结合。[7] 在价值追求上，刑事和解追求的是宽恕正义或者说是修复正义，这种正义讲求的是具体社会关系而不是抽象社会关系的修复——"民间纠纷"的解决正是聚焦于具体社会关系的恢复。如果说传统司法方式是抽象的，追求的是形式正义，和解司法方

[1] 蔡军：《借鉴恢复性司法重构刑事司法正义》，载《求索》，2008年第7期。
[2] 耿开君：《中国亟待建立修复正义的观念与实践体系》，载《探索与争鸣》，2004年第11期。
[3] ［英］史蒂文·卢克斯：《个人主义》，阎克文译，江苏人民出版社2001年版，第44页。
[4] 蒋锴：《真理进化论——模仿宇宙建立完美社会》，科学教育出版社2005年版，第125页。
[5] 高永明：《对刑事和解诉讼模式的刑法解读》，载《扬州大学学报》（人文社科版），2012年第3期。
[6] ［比］洛德·瓦格瑞吾：《适用恢复性司法而非施以痛苦》，向燕、宋英辉等译：《刑事和解实证研究》，北京大学出版社2010年版，第259页。
[7] 王娜：《修复正义的理论之争》，载《法学评论》，2007年第3期。

式就是具体的，追求的就是具体个案的实质正义。很明显，对于修复正义而言，更容易阻绝再犯的产生并达到社会关系的修复，这才是真正的特殊预防。长期以来，关于刑罚的一般预防和特殊预防仅仅停留在一般宣教性的言说上，刑事和解真正实现了对犯罪人的特殊预防和对受害人的关注，这才是实质正义。在"形式正义应在立法中实现，实质正义应在具体司法中实现"的一般命题下，并不是所有的刑事司法过程都能够自然实现实质正义，刑事和解自身存在的机制决定了其蕴含有实质正义实现的因子。在刑事立法之后，一般预防不应是目的，个别预防才是真理。[1] 当代法哲学大师魏因贝格尔认为："在考虑要做什么的过程中，关于正义的主张似乎总是与对效用的考虑联系在一起，因此，一般地说，这里关注的不仅是公正或不公正，而是要找出既公正又符合个人目标的方式。"[2] 在刑事诉讼中，刑事和解是能够承担既公正又符合个人目标的最佳方式。在宽恕正义下，传统的罪刑法定原则和罪刑相适应原则在一定程度上被柔性化，在受害人宽恕的前提下，因和解国家对加害人进行一定的宽容其实本就是刑法宽容的应有之意。[3] 在尊重双方意愿以及进行相应惩罚的前提下，和解依然能够保证宽恕正义的实现，因而刑事和解并不排斥报复正义，只是更多地关注于修复正义。和解针对民间纠纷解决的有效性，不仅在于传统调处的惯性力量上，更在于在民间纠纷解决中具体正义的有效性实现上。

三、刑事和解影响刑事责任的规范性依据

（一）非刑罚处罚措施的双重属性

《刑法》第 37 条规定，"对于犯罪情节轻微不需要判处刑罚的，可以免予刑事处罚，但是可以根据案件的不同情况，予以训诫或者责令具结

［1］ 韦临、流銮：《论报应、报应的制约与一般预防——兼论一般预防不应是刑罚目的》，载《法律适用》，1997 年第 5 期。
［2］ 田宏杰：《信仰的塑造与精神的超越》，http://www.tianya.cn/techforum/Content/83/215384.shtml.
［3］ 周光权：《刑事和解制度的实体法价值》，载黄京平、甄贞主编：《和谐社会语境下的刑事和解》，清华大学出版社 2007 年版，第 98 页。

悔过、赔礼道歉、赔偿损失，或者由主管部门予以行政处罚或者行政处分"。根据本条的规定，责令赔偿损失，以免除刑罚为前提，[1] 从司法适用现实看，直接根据本条判决有罪并免除刑罚的案件比例并不低。[2] 相对于刑事和解中加害人主动赔偿、赔礼道歉和悔罪而言，本条中被告人的该种责任承担方式是被动的。从和解适用的阶段来看，能够进行和解的案件基本发生在案件起诉到法院之前，一般不会等到审判阶段才和解，宋英辉教授等人的调查也反映了这一点。

《刑事诉讼法》第 279 条规定，"对于犯罪情节轻微，不需要判处刑罚的，可以作出不起诉的决定。人民法院可以依法对被告人从宽处罚"。根据该条规定，检察院对于和解的案件可以酌定不起诉。事实上，在刑事和解中，酌定不起诉作为审前分流的合法手段，并未得到充分运用，有 82.1% 的案件是通过退回公安机关撤案这种"倒流式"的"法外"程序进行的。[3] 这样，对于情节轻微且不需要判处刑罚的和解案件，在责任的承担方式上值得注意的问题是，和解过程中的悔过、赔礼道歉、赔偿损失是否为刑事责任的承担方式。

法院对于刑事和解的案件可以依法对被告人从宽处理，其原因可能是：存在明显不需要处罚的事实，对这种"犯罪情节轻微，不需要判处刑罚的"案件，由于存在明显无须处罚的事实及情节，法院可以判决免刑，免刑的实体法依据之一就是《刑法》第 37 条。但此时法院无论如何不会再对犯罪人训诫或责令具结悔过、赔礼道歉、赔偿损失，因在和解过程中加害人已经对受害人进行过悔罪、赔偿损失、赔礼道歉等行为。"具结悔过、赔礼道歉、赔偿损失"等非刑罚处理方法也是一种刑事制裁与处分措施。[4] 如果将此视为一种刑事制裁，则这些必然是刑事责任的承担方式。所以在刑事和解案件中，悔罪、赔偿损失、赔礼道歉等非刑罚处理方式就不仅是达成和解的手段，也是作为和解的结果——加害人最终负担的刑事责任

〔1〕　张明楷：《刑法学》，法律出版社 2007 年版，第 478 页。
〔2〕　王彦青：《职务犯罪轻刑化问题探讨》，http://www.spp.gov.cn/site2006/2009-06-22/0003623686.html，访问日期：2009 年 12 月 22 日。
〔3〕　宋英辉等：《刑事和解实证研究》，北京大学出版社 2010 年版，第 13 页。
〔4〕　张明楷：《刑法学》，法律出版社 2011 年版，第 450 页。

之方式。由此，在法院判决令加害人承担责任之前，加害人对其刑事责任已经部分负担。按照禁止双重危险和罪刑均衡原则，加害人此后不应再负担完全程度的刑事责任。在和解情况下，犯罪人以悔罪、赔礼道歉、赔偿损失等方式承担了部分刑事责任的事实，相应抵消了其他种刑事责任一定程度上的负担，这种负担包括刑种和刑量两个方面，在作为和解手段和承担部分刑事责任的双重属性上，"具结悔过、赔礼道歉、赔偿损失"等措施产生了使刑罚降低的实质效果。由此，和解后对加害人从宽处罚在规范性上就没有问题。

但是现《刑法》将"具结悔过、赔礼道歉、赔偿损失"等的适用限定在"不需要判处刑罚，免予刑事处罚"的前提下，在需要判处刑罚的和解案件中，如果"具结悔过、赔礼道歉、赔偿损失"在一般意义上即具有承担刑事责任的角色，则在刑事和解中一切从宽处罚便不存在问题。和解从宽处罚产生了对非刑罚处罚方式修正的要求。

（二）和解从宽处罚的实体依据

在不存在犯罪情节明显轻微的情况下，对刑事和解案件从宽处罚的依据何在？此时通过赔礼道歉和赔偿损失等对加害人刑罚宽宥，这是刑事和解被质疑"以钱买刑"的焦点。《刑法》第 61 条规定，"对于犯罪分子决定刑罚的时候，应当根据犯罪的事实、犯罪的性质、情节和对于社会的危害程度，依照本法的有关规定判处。"而赔偿损失、赔礼道歉等悔罪表现并不是犯罪事实和犯罪情节，即便具有赔偿损失、赔礼道歉等悔罪表现，其对社会造成的危害也是既成事实，无法改变，因而和解中的赔偿损失、赔礼道歉等悔罪表现作为量刑情节并无刑法依据。2000 年12 月 4 日，最高人民法院《关于刑事附带民事诉讼范围问题的规定》第4 条规定，"被告人已经赔偿被害人损失的，人民法院可以作为量刑情节予以考虑"。但这只是司法解释，并非量刑情节的"法定化"。在其他国家，刑法上均有此种规定，如德国现行《刑法》第 46 条中的犯罪人"补偿损害的努力及行为人实现与被害人和解的努力"是法定量刑情节；日本《改正刑法草案》第 48 条中的"犯罪人在犯罪后的态度以及其他情节"是适用刑罚必须考虑的情节；意大利《刑法》第 62 条中的"在审判前，通过赔偿损失或者在可能情况下返还，完全弥补了损害的"是普通减轻情节。总的来看，国外将和解作为减轻处罚情节，通过直接或者间接规定的方式作为法定的量刑情节之一。将此作为法定量刑情节形式上是从宽处罚的实体法依据，实质上赋予了和解手段"悔过、赔礼道歉、赔偿损失"等一般意义上的责任承担方式角色，这是《刑事诉讼法》修正后对《刑法》修正提出的新要求。

将和解作为量刑情节予以刑法化，理论依据之一即是犯罪人的人身危险性减弱乃至消失，但这只是一般意义上的理论解答。作为量刑情节，刑事和解中的悔罪、赔偿损失、赔礼道歉的本质是加害人承担刑事责任的方式。将赔偿作为法定量刑情节写入《刑法》不仅可以增强公众对判决的信任，也使法官量刑时有了统一的标准和权威、确定的依据，[1] 更能够消除刑事和解"花钱买刑"的嫌疑。

和解中赔偿减刑理论依据的确立，不仅可以破除赔偿减刑的嫌疑，更可以确立公众对刑事司法的认可并开启民智，同时排除对和解的不当影响，使其真正成为刑事法治建设过程中解决纠纷的第三条道路。从修正后的我国《刑事诉讼法》的规定来看，和解的设计还是较为慎重的。或许，当普通民众能够完全消解对刑事和解"花钱买刑"的疑虑之后，和解的范围将会进一步扩大，诸如在美国、丹麦等国强奸、谋杀以及抢劫案件均可以刑事和解。[2] 法制宣传和教育的根本在于法治理念的传播，而不是表面上法律条文的诵读，因而从理论上解开普通大众的心中症结，是确立法律信仰的基本前提。刑事和解能够减刑的正当性不在于对其功能或意义的一般解说，惩罚也并不是解决问题的中心和全部，甚至难以实现受害人心中的正义，公正是相对的，完全对等的报应在今天也难言是公正的。基于宽恕的和解与和解赔偿减刑的正当性源自和解对具体正义实现的功能以及非刑罚处罚措施的双重属性。

---

[1] 吕婧：《刑事赔偿作为法定量刑情节的理性思考》，载《法制日报》，2011 年 10 月 26 日，第 10 版。

[2] ［澳］娜嘉·亚历山大：《全球调解趋势》，王福等译，中国法制出版社 2011 年版，第 381、119 页。

第五节　行政行为与刑事责任

一、具体行政行为对刑事责任的影响

（一）具体行政行为对刑事责任的积极影响

1. 影响犯罪成立

行政行为的犯罪成立之机能，主要是行政行为必须作为犯罪成立的前提，没有这种行政行为的，无构成犯罪之可能。主要是：

第一，须经行政确认才有构成犯罪可能的。例如，《刑法》第 131 条规定的重大飞行事故罪，第 132 条规定的铁路运营安全事故罪，第 133 条规定的交通肇事罪，第 335 条规定的医疗事故罪等，这几个罪都必须经过相关部门的行政责任认定才有构成犯罪的可能。

第二，须经行政通知才构成犯罪的。例如，《刑法》第 288 条规定的扰乱无线电管理秩序罪，必须经有关国家主管机关对擅自设置、使用无线电台（站），或者擅自占用频率，经责令停止使用后才可能构成扰乱无线电管理秩序罪，没有行政机关通知停止使用的行政行为，即使干扰了无线电通信正常进行，造成了严重后果，也不会构成本罪。

第三，须经行政处罚才可构成犯罪的。2000 年 5 月 12 日最高人民法院《关于审理扰乱电信市场管理秩序案件具体应用法律若干问题的解释》第 3 条第 1 项规定，"两年内因非法经营国际电信业务或者涉港澳台电信业务行为受过行政处罚两次以上的"，为情节严重，构成非法经营罪。《刑法》第 228 条规定的非法转让、倒卖土地使用权罪，须情节严重才能构成本罪。2000 年 6 月 19 日最高人民法院《关于审理破坏土地资源刑事案件具体应用法律若干问题的解释》第 1 条第 5 项规定，非法转让、倒卖土地虽没有达到法定标准但有曾因非法转让、倒卖土地使用权受过行政处罚或者造成严重后果等，以非法转让、倒卖土地使用权罪定罪处罚。2002 年 9 月 4 日最高人民检察院《关于办理非法经营食盐刑事案件具体

应用法律若干问题的解释》第 2 条第 2 项规定，"曾因非法经营食盐行为受过二次以上行政处罚又非法经营食盐，数量在十吨以上的"，构成非法经营罪。2003 年 12 月 23 日最高人民法院、最高人民检察院、公安部、国家烟草专卖局《关于办理假冒伪劣烟草制品等刑事案件适用法律问题座谈会纪要》第 3 条第 3 项规定，"曾因非法经营烟草制品行为受过二次以上行政处罚又非法经营的，非法经营数额在二万元以上的"，构成非法经营罪。2008 年 4 月 29 日发布、2016 年 12 月 16 日修正的最高人民法院《关于审理非法行医刑事案件具体应用法律若干问题的解释》第 2 条第 4 项规定，"非法行医被卫生行政部门行政处罚两次以后，再次非法行医的"，应认定为"情节严重"，按照《刑法》第 336 条规定，非法行医须情节严重的才构成非法行医罪，因此对再次非法行医的，两次行政处罚成为构成非法行医的条件。2009 年 2 月 28 日《刑法修正案（七）》规定，"五年内因逃避缴纳税款受过刑事处罚或者被税务机关给予二次以上行政处罚的除外"。因而五年内因逃避缴纳税款被税务机关给予两次以上行政处罚的，即构成逃税罪。2002 年 11 月 5 日最高人民法院《关于审理偷税抗税刑事案件具体应用法律若干问题的解释》第 4 条也明确规定："两年内因偷税受过二次行政处罚，又偷税且数额在一万元以上的，应当以偷税罪定罪处罚。"此时只要行为人因偷税受过 2 次行政处罚且又偷税数额在 1 万元以上的，即使没有达到应纳税额 10% 以上，仍然构成逃税罪。[1]

第四，行政行为作为区分此罪与彼罪的标准的。如《刑法》第 126 条规定的违规制造、销售枪支罪，只有是经行政许可的枪支制造企业、销售企业才可构成本罪；如果是未经行政许可的企业，则构成《刑法》第 125 条规定的非法制造枪支罪。《刑法》第 336 条规定的非法行医罪、非法进行节育手术罪，如果是经行政许可取得执业资格的人，在造成就诊人死亡或者严重损害就诊人身体健康的情况下，即构成《刑法》第 335 条规定的医疗事故罪。

---

[1]《刑法修正案（七）》对本罪作了修正，只是行为方式上简化了本罪的构成，从解释的精神看，并不与修正后的条文冲突，因而该解释仍然是有效的。

第五，将行政处罚等同于刑事处罚的。如 2001 年 6 月 4 日最高人民法院、最高人民检察院《关于办理组织和利用邪教组织犯罪案件具体应用法律若干问题的解释（二）》[1] 第 1 条第 1 款第 5 项规定，因制作、传播邪教宣传品受过刑事处罚或者行政处罚又制作、传播的。此处行政处罚与刑事处罚具有完全相同的入罪机能，均构成组织、利用邪教组织破坏法律实施罪。

2. 行政行为影响量刑

行政行为的刑罚机能体现在两个方面：一是行政行为具有量刑机能。行政行为的量刑机能是指行政行为对量刑产生影响，已经行政处理和未经行政处理的行为在构成犯罪的时候刑罚具有差别，在刑法相关解释中，行政处罚作为量刑从重处罚的依据。1999 年 9 月 6 日最高人民法院《关于审理倒卖车票刑事案件有关问题的解释》第 2 条规定，"曾因倒卖车票受过治安处罚两次以上或者被劳动教养一次以上，两年内又倒卖车票，构成倒卖车票罪的，依法从重处罚。"在此，行政处罚成为从重量刑处罚的依据。2000 年 9 月 17 日最高人民法院《关于审理骗取出口退税刑事案件具体应用法律若干问题的解释》第 4 条第 2 项、第 5 条第 2 项均将受过行政处罚，两年内又骗取国家出口退税款的，作为从重处罚的第二档和第三档次法定刑予以适用。

二是指行政行为具有替代刑罚执行机能。我国刑法并不存在保安处分制度，因而行政行为和刑罚执行一般不会产生直接关系，但刑法和有关司法解释在某些特殊情况下将行政处理作为刑罚的替代处理措施。《刑法》第 17 条第 4 款规定："因不满十六周岁不予刑事处罚的，责令他的家长或者监护人加以管教；在必要的时候，也可以由政府收容教养。"收容教养是具体行政行为，不属于刑事行为，[2] 因而此处是以行政处理代替刑事处罚。《刑法》第 18 条规定了对不负刑事责任的精神病人在必要的时候由政府强制医疗制度，这里的政府强制医疗是行政强制行为的一种，由该种行政强制行为代替刑事处罚。《刑法》第 37 条规定："对于犯

---

〔1〕 该解释已失效。
〔2〕 李英娟：《收容教养对象及法律性质分析》，载《社会科学战线》，2007 年第 3 期。

罪情节轻微不需要判处刑罚的，可以免予刑事处罚，但是可以根据案件的不同情况，予以训诫或者责令具结悔过、赔礼道歉、赔偿损失，或者由主管部门予以行政处罚或者行政处分。"这也是典型的以行政行为代替刑事处罚。2002 年 7 月 8 日最高人民法院、最高人民检察院、海关总署《关于办理走私刑事案件适用法律若干问题的意见》（以下简称《意见》）第 20 条第 2 款规定："对单位和个人共同走私偷逃应缴税额为 5 万元以上不满 25 万元的，应当根据其在案件中所起的作用，区分不同情况做出处理。单位起主要作用的，对单位和个人均不追究刑事责任，由海关予以行政处理；个人起主要作用的，对个人依照刑法有关规定追究刑事责任，对单位由海关予以行政处理。无法认定单位或个人起主要作用的，对个人和单位分别按个人犯罪和单位犯罪的标准处理。"按照修正前《刑法》第 153 条第 1 款第 3 项的规定，走私货物、物品偷逃应缴税额在五万元以上不满十五万元的，即构成走私普通货物、物品罪，同条第 2 款规定单位亦可构成本罪。因而按照刑法的规定，单位和个人共同走私、偷逃应缴税额在五万元以上不满十五万元的，仍然构成走私普通货物、物品罪。如果对上述《意见》作合法的不违背刑法的解释，对这种共同犯罪案件，单位起主要作用的，《意见》规定对单位和个人均不追究刑事责任，由海关予以行政处理。对此处"不追究刑事责任"只能理解为单位和个人均构成犯罪只是不追究刑事责任而已。而同条紧接着规定，如果个人起主要作用，则对个人依照刑法有关规定追究刑事责任，对单位由海关予以行政处理，更能印证上述分析。

　　3. 行政行为影响刑事司法运行

　　行政行为在刑事司法中的机能是指行政行为对案件的某些事实起证明作用。2004 年 12 月 8 日最高人民法院、最高人民检察院《关于办理侵犯知识产权刑事案件具体应用法律若干问题的解释》第 9 条第 2 款第 2 项规定，"因销售假冒注册商标的商品受到过行政处罚或者承担过民事责任、又销售同一种假冒注册商标的商品的"，构成行为人的"明知"，因而行政处罚后又销售同一种假冒注册商标的商品，证明行为人主观心态的明知之故意。

（二）具体行政行为对刑事责任的消极影响

1. 行政行为阻却犯罪成立

行政行为阻却犯罪成立，主要指行政行为使某种行为不构成犯罪。这种情况主要有：

第一，行政处罚阻却犯罪成立。一是经行政处罚的，行为不再作犯罪处理，这种情况多是一些"累计型"犯罪。如《刑法》第153条第3项规定，"对多次走私未经处理的，按照累计走私货物、物品的偷逃应缴税额处罚。"按照2000年9月26日最高人民法院《关于审理走私刑事案件具体应用法律若干问题的解释》[1]第6条第3项的规定，"多次走私未经处理的，是指对多次走私未经行政处罚处理的"，如果已被行政处理，则不累计偷逃应缴税额，走私普通货物、物品罪是数额犯，在累计的情况下，必然对犯罪产生影响；《刑法》第201条第3款规定，"对多次实施前两款行为，未经处理的，按照累计数额计算。"基于上述同样的原因，经过行政处理的，即成为阻却本罪成立的条件。该条第4款同时规定，"有第一款行为，经税务机关依法下达追缴通知后，补缴应纳税款，缴纳滞纳金，已受行政处罚的，不予追究刑事责任"，这里接受行政处罚同样是阻却犯罪成立的条件。二是经行政处罚的，必须情节严重，否则不构成犯罪。这种情况多是一些"二次罚"型犯罪。2000年5月12日最高人民法院《关于审理扰乱电信市场管理秩序案件具体应用法律若干问题的解释》第3条第1项规定，"两年内因非法经营国际电信业务或者涉港澳台电信业务行为受过行政处罚两次以上的"，为情节严重，构成非法经营罪。《刑法》第228条规定的非法转让、倒卖土地使用权罪，须情节严重才能构成本罪。2000年6月19日最高人民法院《关于审理破坏土地资源刑事案件具体应用法律若干问题的解释》第1条第5项规定，非法转让、倒卖土地虽没有达到法定标准但有曾因非法转让、倒卖土地使用权受过行政处罚或者造成严重后果等，以非法转让、倒卖土地使用权罪定罪处罚。2001年4月18日最高人民检察院、公安部《关于经济犯罪案件追诉标准的规定》第2条第4款第1项、第3条第2款第3

---

〔1〕 该司法解释已失效。

项、第 23 条第 3 项、第 32 条第 4 项、第 49 条第 4 项、第 61 条第 4 项、第 63 条第 3 项、第 64 条第 3 项、第 67 条第 3 项、第 68 条第 3 项、第 70 条第 3 项、第 71 条第 5 项、第 72 条第 2 项共 13 条均规定，虽未达到犯罪的数额标准但受行政处罚二次又进行该同条规定行为的，仍构成本条之罪。此时，行政处罚成为数额不足情况下入罪的必要条件。修正前《刑法》第 288 条扰乱无线电管理秩序罪中的有关国家主管机关对擅自设置、使用无线电台（站），或者擅自占用频率，经责令停止使用后拒不停止使用的，构成扰乱无线电管理秩序罪。责令停止使用为行政处罚的一种，如果没有经此行政处罚，虽然发生了擅自占用频率的行为，仍不能以犯罪论处。在上述几种情况下，行政处罚是犯罪成立的必要条件。如果没有经行政处罚，即使发生了上述行为，仍不构成犯罪。因而行政处罚是构成犯罪的必要条件——没有经行政处罚的，行为不能作为犯罪处理。

第二，行政许可阻却犯罪成立的，主要是一些"擅自型"犯罪。如《刑法》第 128 条规定的非法持有枪支罪，如果是经许可持有的，阻却本罪成立；《刑法》第 154 条规定的特殊形式的走私普通货物、物品罪，经海关许可并且未补缴应缴税额的，阻却本罪成立；《刑法》第 174 条规定的擅自设立金融机构罪，经国家有关主管部门批准的，阻却本罪成立；《刑法》第 179 条规定的擅自发行股票、公司、企业债券罪，如果是经国家有关主管部门批准的，阻却本罪成立；《刑法》第 225 条规定的非法经营罪，如果是经国家许可即阻却本罪的成立；《刑法》第 296 条规定的非法集会、游行、示威罪，主管机关许可阻却本罪的成立。

第三，行政通知阻却犯罪成立的，[1] 这类犯罪的成立一般需要有行政通知的要件，没有行政通知的，行为不构成犯罪。行政通知对于行政

---

[1] 行政通知行为在我国被学者认为有行政法律行为类、准行政法律行为类和行政事实行为类三种类型，在狭义上，行政通知仅指不产生观念效果的观念表示行为，即观念表示的行政事实行为。见马生安：《行政行为研究——宪政下的行政行为基本理论》，山东人民出版社 2008 年版，第 352—353 页。从《刑法》分则适用的行政通知类型来看，应该是产生观念效果的观念表示行为，因而行政通知属于典型的行政事实行为类型。

相对人而言是被动接受的，可以将此种类型称为"被动型"犯罪。如《刑法》第 201 条第 4 款规定，"有第一款行为，经税务机关依法下达追缴通知后，补缴应纳税款，缴纳滞纳金，已受行政处罚的，不予追究刑事责任"。按照本条规定，不追究刑事责任的条件有税务机关下达追缴通知、纳税人补交应缴税款以及已受行政处罚三个条件。[1] 因而税务机关的补缴通知是纳税人负刑事责任的条件之一，经通知即使具备其他条件的仍阻却犯罪成立。《刑法》第 135 条在《刑法修正案（六）》修改前规定，工厂、矿山、林场、建筑企业或者其他企业、事业单位的劳动安全设施不符合国家规定，经有关部门或者单位职工提出后，对事故隐患仍不采取措施，因而发生重大伤亡事故或者造成其他严重后果的构成犯罪，如果没有有关部门作出行政通知即使发生重大伤亡事故或者造成其他严重后果也不构成犯罪。

2. 行政行为阻却刑罚发动

这种情况主要是经行政处罚后，不再进行刑罚处罚，行政行为具有替代刑罚的功能，从而阻却刑罚的发动。2002 年 7 月 8 日最高人民法院、最高人民检察院、海关总署《关于办理走私刑事案件适用法律若干问题的意见》（以下简称《意见》）第 20 条第 2 款规定："对单位和个人共同走私偷逃应缴税额为 5 万元以上不满 25 万元的，应当根据其在案件中所起的作用，区分不同情况做出处理。单位起主要作用的，对单位和个人均不追究刑事责任，由海关予以行政处理；个人起主要作用的，对个人依照刑法有关规定追究刑事责任，对单位由海关予以行政处理。无法认定单位或个人起主要作用的，对个人和单位分别按个人犯罪和单位犯罪的标准处理。"按照修正前《刑法》第 153 条第 1 款第 3 项的规定，走私货物、物品偷逃应缴税额在五万元以上不满十五万元的，构成走私普通货物、物品罪，该条第 2 款规定单位亦可构成本罪。根据该条，单位和个人共同走私、偷逃应缴税额在五万元以上不满十五万元的，仍然构成走私普通货物、物品罪。如果认为上述《意见》并不违

---

[1] 黄太云：《〈刑法修正案（七）〉内容解读（二）》，载《人民法院报》，2009 年 4 月 15 日，第 6 版。

背《刑法》的规定，对该种共同犯罪，单位起主要作用的，《意见》规定对单位和个人均不追究刑事责任，由海关予以行政处理，行政处罚阻却刑罚。对此处"不追究刑事责任"只能理解为单位和个人均构成犯罪只是不追究刑事责任而已，否则《意见》就违反修正前《刑法》第153条第1款第3项的规定。该条同时规定如果个人起主要作用，对个人依照《刑法》有关规定追究刑事责任，对单位由海关予以行政处理，这进一步说明此处对海关是以行政处罚代替刑罚。与此类似的是，2001年6月4日《最高人民法院、最高人民检察院关于办理组织和利用邪教组织犯罪案件具体应用法律若干问题的解释（二）》第1条第1款第5项也将行政处罚和刑事处罚完全等同。[1]

二、抽象行政行为对刑事责任的影响

（一）影响犯罪的成立

　　行政规范作为犯罪成立的前置性条件，其本身变动会对犯罪的成立产生影响，尤其是行政规范具有易变特征，在行政规范频繁变动的情况下，这种影响就更为明显。空白罪状以"违反……"的方式为前提，[2]空白刑法构成要件的内容是由其他法律规范或者行政规范来加以明确或具体规定的。[3] 在被违反的行政规范发生变动的情况下，以空白罪状表述的犯罪构成由于援引的行政规范的变化，犯罪构成本身必然发生变化。在空白构成的法条规定中，在犯罪构成上至少已经说明被宣布为犯罪的行为是什么，指明了引述其他规定或者管理行为的情况只不过是为了进一步进行价值评价。[4] 依罪刑法定原则，此时行政规范发生变化，空白刑法仍应适用行为时刑法。[5]

　　在行政犯的犯罪构成采用对行政规范详细叙述的方式表述时，行政

---

〔1〕　该司法解释已失效。

〔2〕　王瑞君：《空白罪状研究》，载《法学论坛》2008年第4期，第75页。

〔3〕　顾肖荣：《经济刑法比较研究》，上海社会科学院出版社2008年版，第41页。

〔4〕　王世洲：《德国经济犯罪与经济刑法研究》，北京大学出版社1999年版，第158页。

〔5〕　谭兆强：《论行政刑法对前置性规范变动的依附性》，载《法学》2010年第11期，第84页。

法规发生变化，行政犯的犯罪构成表面上由于采用详细描述的方式不受行政法规变化的影响。但行政犯是在处罚行政违法的前提下，对进一步违反行政法行为的加重处理，在本质上，行政处理和刑罚处罚都是基于行政规制的需要。如果对一个行为作行政规制已不需要，对其刑事处罚的必要性当然也不复存在。因而，当行政法规将某种原来规制的行为剔除出规制范围后，该种行政犯存在的基础即不复存在，对该种行为不应再作为犯罪处理。但这样处理有悖于罪刑法定原则，尤其在我国是通过刑法典对行政犯作规定的情况下，这种嫌疑更为明显。在对行政犯单独立法如通过附属刑法的方式规定的时候，当行政规范发生变化剔除某个原来规制的行为时，此时依附于该法条的行政犯罪自然就相应把该种行为剔除，因而不存在违反罪刑法定原则的问题。在我国目前立法现实下，必须通过修正刑法的方式对《刑法》进行修改，这一定程度上影响《刑法》的稳定性。这种现实要求对我国目前行政刑法的立法方式作必要的改变，如通过附属刑法或者单行刑法对行政犯做出单独规定。当行政规范对某种新的行为进行了规制，行政犯的构成仍然只能以《刑法》原来的具体表述为准，不可以扩大犯罪行为的范围。原因在于：一是罪刑法定原则的要求；二是并不是所有的行政违法行为都需要刑事规制，对新的行政违法行为作刑事处罚必须严格依据《刑法》的规定。

（二）征表行为的违法性

由于构成要件具有违法推定机能，符合构成要件的行为征表着行为的违法性。对行政法规的违反成为构成要件的一部分时，行政规范就具有了征表行为违法的静态功能。此时形成所谓行政犯。作为行政犯成立前提的行政规范的存在，意味着行政犯的二次违法性，这凸显出行为人的主观违法故意。自然犯以本来应受社会伦理非难的行为为内容，行政犯以由于法律禁止才开始成为非难的对象的行为为要素[1] 因而通念之下，行政犯的主观恶性较之自然犯为轻，不过也正是由于这种特征，在引致主观恶性产生的违法意识上，一般而言，行政犯由于需要违法性意识，构成犯罪首先要求行为人意识到自己行为的行政违法性，这意味着

---

〔1〕 ［日］大塚仁：《刑法概说（总论）》，冯军译，中国人民大学出版社 2003 年版，第 94 页。

行为人的主观违法意识强于自然犯。违法性意识是否是故意的要素，一直存在较大争议。周光权老师认为，故意是对事实的认识，[1] 如果对行政规范的违反是构成要件的一部分，故意的内容此时就应该包含对行政规范违反的认识，这种"违法事实"本质上是规范性构成要件要素的内容。

除此之外，《刑法》分则条文中存在大量的多余表述现象。[2] 这些多余表述大多是以违反行政法规为前提的，如果没有这一前提，自然不存在所谓多余表述，多余表述具有对犯罪行为违法性的提示功能而有别于正当的合法行为。德国刑法理论一般认为，《刑法》分则条文所规定的"违法"等只是对整个行为的价值评价，是对违法性的一般要素的多余提示，旨在提醒法官特别要注意触犯这种条款的案件是否存在正当化事由。[3] 在上述否定式表达的前两种表达中，行政规范的违法性征表意义更为明显。

（三）影响刑罚的执行

无论在我国刑罚体系中，还是在刑罚执行过程中，关注的重点都是刑罚，但行政规范在这个过程中仍然非常重要。刑罚执行并不是单纯地执行刑罚，行政规范在其中仍不时需要。行政规范此时首先可以确定刑罚执行内容。我国《刑法》第 39 条规定，被判处管制的犯罪分子，在执行期间，应当遵守行政法规。第 58 条规定，被剥夺政治权利的犯罪分子，在执行期间，应当遵守行政法规和国务院公安部门有关监督管理的规定。虽然任何人都需要遵守法律和行政法规，但《刑法》第 39 条和 58 条的规定仍然具有特定意义，管制犯和被剥夺政治权利的犯罪分子应遵守的和一般民众应遵守的行政法规显然不同，实践操作中需要将此进一步明确化。《刑法》第 38 条规定，对被判处管制的犯罪分子，依法实行社区矫正，2012 年的《社区矫正实施办法》对社区矫正的实施作了相对完整的规定。不论社区矫正的性质如何，社区矫正过程中的具体内容，

---

〔1〕　周光权：《违法性认识不是故意的要素》，载《中国法学》，2006 年第 1 期。
〔2〕　张明楷：《犯罪构成体系与构成要件要素》，北京大学出版社 2010 年版，第 146 页。
〔3〕　张明楷：《犯罪构成体系与构成要件要素》，北京大学出版社 2010 年版，第 257 页。

如报告登记居住地及其变更，参加公共道德、法律常识、时事政策等教育学习活动，参加社区服务，参加职业培训和就业指导等，都具有行政管制的性质。这是行政规范确定刑罚执行内容的实践作用。

行政规范在刑罚执行中的第二个作用是明确执行标准。如《刑法》第84条规定，被宣告假释的犯罪分子，应当遵守法律、行政法规，服从监督。第78条、第81条对减刑犯、假释犯的悔罪表现，均需要通过对行政法规的遵守来予以明确。悔罪作为无形的主观心理，对其应有客观化的判断标准。行政法规的遵守使"悔罪表现"明确化、具体化，成为悔罪表现的证明。通过对行政法规的遵守，使适用减刑、假释的标准相对明确。更为明显的是，我国监狱内部对罪犯教育改造的各种规范性文件大多都具有行政规范性质，这些规定也成为判断犯人改造程度的明确标准。

第五章
传统刑事责任具体内容解构

　　除了刑事案件事实本身之外，影响责任的其他因素，如人身危险性、悔罪以及赔偿等，是否能够归入刑事责任的内容本身值得探讨。假如不考虑此种因素，传统刑事责任在目前并不是一个实体性的存在。在其概念静态、内容虚无、功能错位的现实下，刑事责任的生成无法通过其内容和现有功能来实现。

第一节　传统刑事责任概念的静态性

　　刑事责任的概念是责任研究的重要内容。真正的思想和科学的洞见，只有通过概念才能获得。[1] 概念的概括力在于它抓住了事物的本质或主要的特征。[2] 在我国刑法理论中，刑事责任的概念恰恰是争议最多的，我国学者赋予其五花八门的内容，再加上大陆法系刑法中刑事责任的概念，"刑事责任"成为使用极其混乱的概念。从对刑事责任概念的研究现状来看，最早的论文可以追溯到20世纪中期，最近的论文是西南政法大学博士生导师李永升教授发表在2008年8月《河南科技大学学报》（社会科学版）上的《刑事责任的概念和本质探究》一文和徐立发表在2010年第2期《政法论坛》上的《刑事责任的实质定义》一文。在此期间，研究刑事责任概

---

[1]　[德] 黑格尔：《精神现象学》，商务印书馆1981年版，第48页。
[2]　周赵顺：《论概念的认识功能》，载《铁道师院学报》（社会科学版），1990年第2期。

念的论文蔚为大观，刑事责任也一直是理论研究的焦点。对一个概念的研究持续时间如此之长、争议如此之大，在刑法学中还是绝无仅有的。但这种研究是真的解决了问题，还是一种单纯的"主义"争议？关于刑事责任概念的研究究竟具有多少理论和现实意义？历经半个多世纪的研究之后，有必要加以分析和澄清。同时从责任概念与责任地位的关系看，一切概念都有双重的作用：一方面摹写现实，另一方面规范现实。所谓摹写，强调概念作为思维形式，乃是对现实对象的特性或本质的反映；所谓规范，侧重的是概念是具体事物的规矩、尺度，即可以用概念来衡量、辨认和说明具体事物。[1] 概念表达的事物之不同本质，进而会决定事物的不同地位。在这个意义上，刑事责任的概念和其地位是不可分的，不同的责任概念会有不同的责任地位。本书首先对近几十年来发表的有关刑事责任概念的论文进行文献分析，再以文化语境为分析工具透析大陆法系刑事责任的概念，进而最终得出传统刑事责任概念必须被改变的现实。

一、基于文献分析的结论

研究刑事责任的论文、专著、学位论文以及综合性刑法论著都会涉及刑事责任的概念问题，再加上专门研究刑事责任概念的论文，单从数量上讲研究成果已经极为丰富。为保证研究的客观性以及使研究具有代表性，此处仅对中国期刊网上刊载的专门研究刑事责任概念的论文和以刑事责任构成其重要部分的论文进行分析。[2] 以此为标准，这些论文的情况如下表所示：

序号	作者	文章名称	来源期刊	期刊荣誉
1	王希仁	刑事责任论	《河北法学》1984 年	ASPT、中文核心
2	张令杰	论刑事责任	《法学研究》1986 年	ASPT、中文核心
3	徐 斌	论刑事责任的概念和特征	《吉林大学社会科学学报》1987 年	ASPT、中文核心

---

〔1〕 晋荣东：《"概念的双重作用"与逻辑理论的证成———对冯契理论的一点引申与应用》，载《华东师范大学学报》（哲学社会科学版），2007 年第 2 期。
〔2〕 需要说明的是，徐立在 2010 年第 2 期《政法论坛》上发表的《刑事责任的实质定义》一文，下文对其做单独讨论。

续表

序号	作者	文章名称	来源期刊	期刊荣誉
4	肖常纶	略论刑事责任	《贵州警官职业学院学报》1988 年	ASPT
5	曲新久	论刑事责任的概念及其本质	《政法论坛》1994 年	ASPT、中文核心
6	赵秉志	刑事责任基本理论问题研讨	《中央政法管理干部学院学报》1995 年	一般
7	马克昌	论刑事责任与刑罚	《法制与社会发展》1996 年	ASPT、中文核心
8	高勇等	论刑事责任	《武汉理工大学学报》2001 年	ASPT
9	李化祥	刑事责任及其本质	《湖南广播电视大学学报》2004 年	ASPT
10	杨　凯	刑事责任定义再认识	《湘潭大学学报》2005 年	ASPT、中文核心
11	李化祥	刑事责任的定义	《政法学刊》2005 年	ASPT
12	万平等	刑事责任的概念探析	《湖南科技学院学报》2007 年	ASPT
13	夏红军	刑事责任概念刍议	《湖北经济学院学报》2008 年	ASPT
14	李永升	刑事责任的概念和本质探究	《河南科技大学学报》2008 年	ASPT

　　从刊发刑事责任概念论文的期刊来看，20 世纪 80～90 年代，刊载刑事责任概念的论文有《政法论坛》《法制与社会发展》此类法学核心期刊，以及《法学研究》此类法学权威期刊。从研究人员来看，不乏刑法界的法学大家。可以说，刑事责任的概念在当时是显学。进入 21 世纪以来，只有一篇文章刊发在中文核心刊物上，其他均为一般期刊，且此期刊还是非法学专业期刊。[1] 在研究刑事责任概念的学者中，虽有具有教授职称或博士生导师资历的学者，但已经没有了刑法学界的权威学者。从数量上而言，研究刑事责任概念的论文在新世纪前后数量基本相当。[2] 这种情况在一定程度上说明，刑事责任的概念仍然是被关注的对象，只是从所刊发此类论文的期刊级别和研究人员来看，其被关注度已大大降低。2004 年周其华教授推出专著《刑事责任解读》，对刑事责任的概念

[1]　期刊荣誉，是按照该文发表时刊载该文的期刊荣誉，也是由中国期刊网直接提供的。由于上述所有论文均是在中国期刊网上搜集的，因此被中国期刊网收录 CJFD 不作为期刊的荣誉，如果某一期刊的荣誉仅仅是 CJFD，则将此期刊认定为一般期刊。从 ASPT 之人文社会科学引文数据库收录的期刊来看，除特别声明外，几乎所有的期刊都被录入此数据库，因此和 CJFD 具有相同的性质，也不将其作为期刊的荣誉。

[2]　杨春洗、苗生明在 1991 年第 1 期《中外法学》上发表了《论刑事责任的概念和根据》一文，但由于《中外法学》上的文章没有被收入中国期刊网，因此没有将该文列入研究范围。

进行专题研究。[1] 2007 年武小凤对刑事责任进行了专题整理，刑事责任的概念成为该书重要的组成部分。[2] 由此可见，在几十年的研究中，我国刑法界从来没有停止过对刑事责任给出一个概念的努力，关于刑事责任概念的争议也从来没有停止过，但近十年来重量级研究者已不再关注这个问题，CSSCI 收录期刊也没有再刊发过此类文章。刑事责任概念的被关注度和重要性已经明显降低。在上述 14 篇论文中，除第一篇没有引注外，其他 13 篇文章中的引注数目一共是 198 个，其中国内文献共 128 个，非国内文献共 70 个。按照引注所属法系或者地区分类，列表如下[3]：

	引注所属法系（或地区）					
	国内文献	大陆法系文献 总数：38		苏联文献 总数：28		英美 文献
		2000 年前	2000 年后	2000 年前	2000 年后	
总计	128	4	34	24	4	4
占引注总数 的百分比	64.6	19.1	14.1	0.02		

在所有引注中，国内文献占绝大多数，大陆法系文献也占有相当的比例。2000 年前，共有 4 个大陆法系文献的引注。在 2000 年之后，引用的此类文献共 34 个，占大陆法系引注总数的 89.4%。在 2000 年前引用的苏联文献共 24 个，占 85.7%，2000 年后总共仅有 4 个此类引注。在所有引注中，英美文献极少，仅仅占全部引注的 0.02%。由此可以发现，以 2000 年为分界点，在此之前，苏联刑事责任概念的学说对我国产生了极大的影响，2000 年后，情况发生转变，由于大陆法系刑法学著作以译著、编著等形式进入我国，从形式上看，在刑事责任概念的问题上我国基本抛弃了苏联的研究成果，而开始大量引用大陆法系刑法学的著作。从对引注

---

[1] 周其华：《刑事责任解读》，中国方正出版社 2004 年版，第 71—79 页。

[2] 武小凤：《刑事责任专题整理》，中国人民公安大学出版社 2007 年版，第 6—7、21—23 页。

[3] 本书出于研究的目的，论文 3、7、8 和 9 的引注仅是该论文研究刑事责任概念部分的引注，不是全文的所有引注数，其他引注都是论文的全部引注数。对于马列著作，只是按照作者分别归入大陆法系文献和苏联文献。同时大陆法系文献包括国内学者的对大陆法系著作的译著和编著以及对大陆法系刑法理论的独著。于光远先生的《责任学的若干基本问题》一文按照《学术研究》对其界定，将其归入哲学类学科。

的使用上看，论文均是将大陆法系刑事责任的概念与我国谈论的刑事责任的概念在一个平台上进行比较，没有区分两者不同的适用语境，因此产生了以我国理论对大陆法系刑事责任的概念进行否定的结论。

从研究的方法上看，引注的来源虽然发生了变化，但是 2000 年之后的研究仍然遵循着对概念进行罗列分析的方式。徐斌发表在 1987 年第 3 期《吉林大学社会科学学报》上的《论刑事责任的概念和特征》一文最早对刑事责任的各种概念进行归纳，指出关于刑事责任的概念有五种学说。此后，肖常纶、曲新久、赵秉志、马克昌、杨凯、李永升等一直遵循此种研究方法，2008 年李永升根据学者提出的新的见解，将刑事责任的概念总结为十种。所以，刑事责任概念的研究在表面上去除了苏联学说的影响，但从内容看，仍然没有摆脱最初学者的归纳，最多只是增加了一些另外提出的观点而已。考察 20 世纪 70 年代苏联的刑事责任概念的学说可以发现，[1] 我们现在讨论的观点其实就是当时苏联学者的观点，苏联学说在这个问题上对我们产生了根深蒂固的影响。因此，我国学者对大陆法系著作的引用对该问题的研究并没有产生实质的影响，只是增加了几种可以对比的学说而已。大陆法系刑事责任被当作在苏联影响下我国刑事责任理论背景中的一个研究对象看待。在理论背景不一致的情况下，大陆法系刑事责任的概念被当作批判的靶子，因此，我国学者在这个问题上并没有与大陆法系刑法学者有真正的对话。事实上，在 2004 年，还有学者在其专著中将大陆法系的有责性和我国刑事责任作为同一个概念。大陆法系文献的大量引用并没有产生真正的意义，刑事责任概念的研究方法和具体内容都没有发生真正转变，研究现状仍然停留在苏联 20 世纪 70 年代的水平。值得注意的是，徐立发表在 2010 年第 2 期《政法论坛》上的《刑事责任的实质定义》一文是近 15 年来唯一一篇刊发在权威法学期刊上的关于责任定义的论文。[2] 该论文也是从讨论各种

---

[1] ［苏］Л. В. 巴格里-沙赫马托夫：《刑事责任与刑罚》，韦政强等译，法律出版社 1984 年版，第 14—20 页。该书是根据 1976 年苏联明斯克高等学校出版社出版的《УГОПОВ-НАЯ ОТВЕТСТВЕННОСТЬ ИНКАЗАНИЕ》一书翻译的。

[2] 在徐立之前，最近一篇发表在法学 CSSCI 期刊上的文章是 1996 年马克昌老师发表在《法制与社会发展》上的《论刑事责任与刑罚》一文，至今已 20 余年。

责任概念开始进而提出自己的责任观点的，引用大陆法系著作一共 5 本。但徐立提出责任概念的主观性和非难可能性已经明显地向大陆法系有责性（责任）的概念倾斜，提出从与犯罪、刑罚的关系看，刑事责任与犯罪的主观方面相联系，三者之间存在着等式关系[1] 这事实上已经将相当于罪过概念的大陆法系责任的概念等于刑事责任。责任概念向大陆法系责任的转型意义已经极其明显。

刑法学	法理学	其他法学	哲学	马列著作	经济学	语言学	逻辑学	其他学科	工具书
154	8	0	2	2	0	0	2	3	27

在引注的学科类型上（见上表），刑法学占 77.7%，其次是工具书占 13.6%，法理学、哲学和其他学科所占比例极低。在法理学著作引用中，胡石友的《谈谈法律责任》共被引用四次，内容是法律责任的概念问题。两次引用哲学著作，均是于光远先生发表在 1990 年第 4 期《青海社会科学》上的《责任学的若干基本概念》[2] 一文，从内容上看，都是引用于光远先生对责任的定义。逻辑学的两次引用均是上海人民出版社 1982 年出版的《普通逻辑》，内容是在逻辑上如何给概念下定义。工具书的引用数量仅次于刑法学文献，直接引用了其对责任或刑事责任所界定的概念。由此可见，在刑事责任概念的研究上，其他非法学学科几乎没有产生实质性的影响，近现代哲学、语言学的理论没有产生任何影响。仅有的几个哲学、逻辑学和法理学引注，则表明刑事责任概念的研究是一种从责任到法律责任再到刑事责任的概念性研究。而除刑法学之外被引用数量最多的工具书的内容，更是表明刑事责任概念的研究是单纯的概念性研究，研究方法单一且肤浅，深陷概念法学的牢笼。作为一种法学方法和分析工具的概念法学犹如双刃之剑，[3] 关于责任概念的概念法学研究，真的变成了为概念而概念，刑事责任概念的研究在刑法学的圈子里自话自说，而研究者从来没有想到这种研究的意义、这种学术研究的实践价值何在。刑事责任真的成为了"苍白的概念动物"。概念只有在一定的语

---

[1] 徐立：《刑事责任的实质定义》，载《政法论坛》，2010 年第 2 期。
[2] 两个引注均将该文的名称写成了《责任学的若干问题》。
[3] 蒙晓阳：《为概念法学正名》，载《法学》，2003 年第 12 期。

境下才具有意义，[1] 忽略概念的使用语境无疑可能导致僵化。在刑事责任的问题上，如果不给出一个明确的概念也不会导致法的不确定性，如果考察大陆法系刑事责任的概念这种结论更能得到确证。

二、责任概念的比较结论

在大陆法系刑法理论中，并不存在我国刑法上的刑事责任概念。在我国刑法中，刑事责任无论其概念按学者的归纳有多少种，但都脱离不了刑事责任是犯罪的结果这一核心观点，只是在具体的定义上，结果表现为谴责、惩罚、否定评价或义务等不同的说法，因此产生了关于刑事责任概念的诸种争议。刑事责任的结果性表明了行为人因犯罪行为应该承担的义务，其具体内容无论是什么，都显示了一种否定性的评价以及行为人接受国家否定性评价的义务性。因此，我国刑法上的刑事责任具有明显的义务色彩和结果意味，刑事责任的内容不含有任何对犯罪人可能有利的内容也清楚地说明了这一点。换言之，刑事责任和犯罪本身的成立是不具有关系的，刑事责任的意义更多地体现在犯罪成立后对犯罪人的处遇上，因此刑事责任只具有量刑的意义，这一点在我国刑事责任的实现方式及其理论中体现得尤为明显。

在大陆法系刑法中，与我国"刑事责任"一词相似的是有责性概念，它是犯罪成立的第三个要素，因此是犯罪成立的必备条件而不是结果，这与我国刑事责任有明显的区别。在大陆法系刑法理论中，责任或刑事责任，有时和有责性是同一概念。[2] 有责性是指非难可能性，而要对行为人进行非难，行为人主观上必须具有过错，因此故意过失、责任能力和期待可能性成为有责性的重要内容和判断依据。我国学者在评价大陆法系刑事责任的概念时往往无视有责性包含的具体内容，而仅将非难可能性作为批判的对象，因此批判并没有真实的靶子存在。大陆法系的有责性由此具有两个重要的特征。首先，如上所述，它是犯罪成立的条件

---

[1]　张汝伦：《现代西方哲学十五讲》，北京大学出版社 2003 年版，第 160 页。
[2]　李居全：《刑事责任比较研究》，载《法学评论》，2000 年第 2 期。

而不是犯罪成立后的结果，因此刑事责任体现的是定罪意义，而与量刑没有关系。其次，责任内涵的期待可能性是重要的责任排除事由，体现了对被告人的人权保障价值。正如日本刑法学者所言，它给国民脆弱的人性倾注了刑法的同情之泪。[1] 因此，责任并不仅仅是惩罚或义务，它甚至能给予行为人一定的谅解和同情，所以我国刑法理论上的义务性刑事责任在大陆法系刑法理论中并不存在。事实上，"刑事责任"一词在大陆法系刑法学中并不多见，[2] 这也说明我国强调义务性的刑事责任概念在大陆法系是不存在的。在一般意义上，责任实际上就意味着义务，在刑事责任中尤其如此。但大陆法系刑法始终没有出现我国刑法中具有如此鲜明义务性的刑事责任观念，这其实是由其文化语境决定的。

某一概念的意义是历史地形成的，词语的定义在某种程度上取决于其文化语境，[3] 文化语境由此成为词语意义的决定因素。文化语境属于言外语境，是语言运用的特殊主客观语境，包括特殊的社会文化背景、历史传统、思维和行为方式、价值观念、社会心理、个体心理等，由主观与客观两大基本要素构成。[4] 由于价值观念、社会心理、个体心理也是在一定文化下历史地形成的，文化语境的主客观要素实际上体现了一个民族、国家或地区的历史文化传统。

近代西方文明缘起于古希腊商业文明，重在追求个人利益的获得，形成了个人本位的价值观。个人权利观念古已有之，个人对权利和利益的追求是天经地义的，符合人类理性的，具有最高的道德合理性与合法性。[5] 权利优先，由权利推导义务、权利为义务之目的成为西方人的基本权利观。[6] 与之相适应，法律的根本出发点是为保护公民获得的正当利益，形成了权利本位的法律观，其法律条文大多是赋予权利的规定，

---

〔1〕 ［日］大塚仁:《刑法论集》，转引自杨国章:《我国借鉴期待可能性理论的分析》，载《政法学刊》，2008 年第 2 期。
〔2〕 李居全:《刑事责任比较研究》，载《法学评论》，2000 年第 2 期。
〔3〕 M. A. K. Halliday, "The Notion of 'Context' in Language Education", M. Ghadessey, *Text and Context in Functional Linguistics*, Amsterdam & Philadelphia: John Benjamins, 1999, p. 4.
〔4〕 彭利元:《情景语境与文化语境异同考辨》，载《四川外语学院学报》，2008 年第 1 期。
〔5〕 罗洪阳:《中西方法律文化中的利益观（权利观）比较研究》，载《贵州民族学院学报》（哲学社会科学版），2000 年第 3 期。
〔6〕 范进学:《中西方视野中的权利观》，载《法制日报》，2002 年 7 月 21 日。

法律基本是权利性的民事法律规范。古代罗马法就显示了较强的保障个人利益的色彩,[1] 西方社会由此形成了权利本位的社会。可以说,责任概念的文化语境是利益主导下的权利观。在西方人的观念中,对于一个人所享有的权利,其他人应保障这种权利的实现,因此,一个人的权利实际上就是另一个人的义务。事实上,正如上文所述,在西方,"责任"一词在 17、18 世纪才出现。大陆法系刑事责任的概念形成因此是语境性的,在这种文化语境下形成的刑事责任自始没有产生我国那样具有义务性内涵的刑事责任概念。

相比较而言,我国社会起源于大河文明和农耕社会,社会强调整体和合作,个人的存在因此不是以自己为目的而是为了整体和集体,缺少产生个人利益的经济基础和社会文化,个人追求自己的利益即是不道德的。个人作为社会整体的一部分应在自己所处的位置上完成其分内的职责和义务,[2] 由此形成了义务本位的价值观。反映在法律上则是义务本位性法律,强调民众对法律的服从和遵守,以及对所谓社会整体利益的维护。在中国古代法律的规定上,法律条文更多的是义务性规定,而鲜有规定权利的内容,法律基本为惩罚性的刑事法律规范。中国的法律文化语境必然使刑事责任的概念具有义务性和结果性的性质。

因此,理解我国和大陆法系刑事责任的概念必须在相应的文化语境下进行,脱离相应的文化语境会不适当地将二者置于同一平台上类比,即会产生虚无的批判和悖论。刑事责任的生成是语境性的,理解我国和大陆法系的刑事责任的概念要基于异质性的文化语境。在分析了我国刑事责任的研究现状和大陆法系刑事责任的概念后,我国刑事责任的概念究竟该如何认识呢?

三、刑事责任生成的过程性需求

刑事责任在我国具有义务性和结果性,但在具体理解时发生诸种分

---

〔1〕 龚鹏程:《中国传统文化十五讲》,北京大学出版社 2006 年版,第 272 页。
〔2〕 罗洪阳:《中西方法律文化中的利益观(权利观)比较研究》,载《贵州民族学院学报》(哲学社会科学版),2000 年第 3 期。

歧，以至于其概念有十多个。我国《刑法》对刑事责任概念的使用也不尽一致。根据黄广进的统计，我国《刑法》共在三种意义上使用"刑事责任"一词：一是负刑事责任，主要是《刑法》第二章第一节中的用法。此时刑事责任等同于刑罚处罚。二是作为名词使用的刑事责任，此时刑事责任在两种意义上使用，第一种是《刑法》第11条中的刑事责任是指犯罪及其法律后果整体之意，第二种是《刑法》第452条中的刑事责任，其意是指刑罚。三是追究刑事责任，主要是《刑法》第10条、第12条的用法，意指查证、确定犯罪和刑罚的活动。[1] 黄广进的分析是基于语言语境之句子语境进行的，非常具有启发性和创新性。如果将刑事责任作为刑法中一个基础性概念和理论进行认识，仅以句子语境来分析它的概念或许存在一定的不足。作为刑法基础性理论，刑事责任的概念存在于其与犯罪构成的关系中，因此，应将刑事责任的概念置于更广的整个刑法理论的语境范围内进行考察。

　　刑事责任的概念关系到刑事责任的体系定位，而对其体系定位的研究更多的是讨论刑事责任和犯罪的关系。在我国刑法理论中，刑事责任与犯罪构成的关系一直处于争议状态，我国学者对刑事责任的体系定位提出了诸种不同的观点。[2] 刑事责任的不同定位和责任的不同概念相联系。采取罪责刑平行说或罪责平行说的定位必然是将刑事责任界定为犯罪的后果。理论上关于刑事责任概念的否定说、义务说或负担说等实际上都是刑事责任作为犯罪之结果的体现而已，所谓刑事责任的法律后果说实质上和否定说、义务说或负担说等并没有本质的差异。如果将刑事责任作为刑法的基础理论，其内容包含了犯罪论、刑罚论和罪行个论等内容，[3] 则刑事责任就不应仅仅被看作是犯罪的一种结果。刑法基础理论应在整个刑法中处于中心的、指导的地位，不仅对于刑法的应用理论给予导向和评价，对刑事立法和刑事司法也具有宏观的指导意义。[4] 将刑事责任视为犯罪的后果，其对作为刑法基础理论中心地位的犯罪论的

---

〔1〕　黄广进：《论刑事责任的根据》，西南政法大学博士学位论文，2006年，第19—21页。
〔2〕　张旭：《关于刑事责任的追问》，载《法学研究》，2005年第1期。
〔3〕　张智辉：《刑事责任通论》，警官教育出版社1995年版，第15页。
〔4〕　杨春洗、刘生荣：《加强我国刑法基础理论的研究》，载《中国法学》，1991年第5期。

指导意义何在呢？不改变刑事责任的概念，而硬性将犯罪论的内容归入刑事责任显然是没有依据的。概念实际上是由内容决定的，如果认为刑事责任的内容包括了犯罪论、刑罚论等内容，则必须改变刑事责任的结果性概念。因此，在与犯罪构成的关系上，在罪责刑次序递进的方式确定三者关系的传统观点下，刑事责任概念的核心是指犯罪的后果，这种后果是指刑事法律义务责任，体现了我国传统责任概念的典型意义。刑事责任的概念在我国存在已久，但其理论却是从苏联引进的，责任的结果义务观念契合了我国传统责任文化的概念，因而迅速被接受。在我国刑法学中，刑事责任的概念必须和刑事责任的定位联系起来考察，单纯某一个方面的改变都不可能对刑事责任理论的变革和深化产生真正的影响。因此，改变刑事责任的虚无地位，应从改变刑事责任的概念和内容着手。从目前的研究现状看，单纯改变刑事责任的定位而不改变刑事责任的内容是一种普遍现象，因而对刑事责任的研究陷入了单纯的形式主义泥潭。作为刑事责任传统概念的结果说则把刑事责任限制于罪与刑的连接点，无论在理论上还是在实践中都会弊病丛生。

　　将刑事责任作为一种结果对待，直接的后果是将责任的认定和犯罪的认定予以分开，在犯罪成立之后责任才成立，而在我国绝不会出现犯罪成立而刑事责任不成立的情况，无论刑事责任的实现方式如何。换言之，犯罪的成立即同时意味着责任的成立，罪的成立与责任的成立应是同一概念。在实践中也绝不会有司法人员在认定犯罪成立的基础上再认定行为人的行为是否成立刑事责任，而是直接在犯罪成立的基础上解决对该行为人如何处罚的问题。在此意义上，刑事责任的实践品格是缺失的。这种责任的存在使得罪、责与刑三者的关系成为曾经的研究热点，虚假的学术繁荣背后是刑事责任本身的伪命题性质。不论如何调整传统刑事责任的地位，更多的只是技术上的调整，而没有产生真正的学术增量。事实上，刑事责任的研究逐渐走向衰落，不是因为穷尽了其所有问题的研究，而是研究对象的伪命题性。如果责任和犯罪的成立是同时的，则认定犯罪的过程就是认定责任的过程，如此才能保证刑法规定的二者认定上的同一性，责任成立的过程性就应该得到凸显。在此意义上，传统上的刑事责任之称谓就没有真正表达出责任的应有概念和意义。王国维提出概念的意境说，在基本的意义上，词语应能表达出概念所具有的意境。[1] 那么，传统刑事责任显然没有达到表达应有境界的效果。

责任的成立和犯罪的成立以此来看必须是同时的，如此才能保证责任概念的实践品性，而这正是传统刑事责任所不具有的，达到此点的方式就是责任的过程性特征应得到确立。过程性的确立使责任具有了实践品格，这实际上是回归了责任的本源。在原初意义上，责任问题是一个理论问题，更是一个实践问题，责任概念因而也是一个实践性概念。责任脱离了实践就不再是真正意义上的责任，因而也就失去了责任本身的意义和价值。[2] 单纯将责任作为犯罪的结果仅仅体现了责任的静态性质，责任在犯罪成立时究竟是如何产生的，以及责任之于刑罚的意义都没有动态地呈现出来。在关于责任地位的几种学说中，张旭老师提出，以刑事责任的视角将刑法总论分为刑事责任的确立、排除、实现和终结等几个阶段，这已经在相当程度上体现了责任的过程性特征，只是该观点仍然将责任视为静态性的犯罪结果，因而无法说明责任分散于各个阶段的内在机理。责任的过程性是本书提出的一个尝试性概念，意在实现责任的实体化。责任的概念必须被改变，责任在犯罪成立中的过程性应该得到确立，责任的结果性必须被弱化。

在我国刑法理论中，刑事责任概念的混乱只是一种假象，其本质是传统刑事责任结果义务性的表现而已。大陆法系刑事责任的非难可能性概念并不能和我国探讨的各种概念并列于同一平台进行比较。我国传统刑事责任必须实现从结果转向过程、从义务转向可责性、从单纯评价转向功能与评价并重的过程。在一定程度上，传统刑事责任是一个伪命题，不改变刑事责任的概念和内容永远不会使刑事责任的地位得到真正改变。

第二节　传统刑事责任内容的虚无性

关于刑事责任的内容在目前研究中并不多见，代表刑事责任研究最高水

---

〔1〕　王国维：《人间词话》，滕咸惠校注，齐鲁书社1981年版，第47页。

〔2〕　谢军：《责任论》，上海世纪出版集团2007年版，第28—29页。

平的几本专著也并没有明确的所谓刑事责任的内容[1] 武小凤对刑事责任研究的专题整理应该说是涵盖了刑事责任的所有研究范畴，但唯独没有刑事责任内容部分[2] 从目前已有研究来看，仅有三种观点提出了对刑事责任内容问题的研究，在下面的论证中，本书将对此进行分析。实际上，我国传统刑事责任的内容是虚无的，没有自身真正的实体内容也使刑事责任陷入空洞的状态，在这种现实下，刑事责任具有基础理论的地位是值得怀疑的。

一、现有研究的偏向

刑事责任的理论在表面上蔚为大观，责任概念、责任分类、责任地位、责任学说、责任基础、责任根据、责任主体、责任程度、责任原则、责任归责、产生与存在阶段、责任实现和终结等共同构成了刑事责任的基本理论框架，理论体系可以说较为丰富。但这些研究无一和责任内容有关，从研究的现状来看，这些研究并不是以责任内容为基础展开的，刑事责任内部究竟包含什么几乎没有成为被讨论的问题。按照通说的观点，刑罚是负刑事责任的后果，[3] 那么刑罚应该是刑事责任的表现形式，由此，责任的内容就是由刑罚表达的。但这样直接的后果就是责任的内容无法脱离刑罚的蔽荫而使责任自身没有真正的实体。从刑事责任理论的现状看，刑事责任理论以刑罚和非刑罚方法为研究对象，在刑罚论高度发达而非刑罚方法极为落后的状况下，刑事责任论的内容必然略等同于刑罚论的内容，从而呈现出高度空洞、无实体内涵的理论尴尬，因而缺乏超越于刑罚论的实体内容。[4] 按照内容与形式统一的哲学命题，刑事责任的内容如上而言表现为刑罚的内容，那么其形式也只能由刑罚来表达，这是完全符合内容与形式相一致的哲学命题的。在这个意义上，刑事责任作为犯罪与刑罚连接点的地位体现了刑事责任的内容和形式都

---

[1]　如张智辉所著《刑事责任通论》（警官教育出版社 1995 年版）和张文等所著《刑事责任要义》（北京大学出版社 1997 年版）的体系。
[2]　参见武小凤编著的《刑事责任专题整理》（中国人民公安大学出版社 2007 年版）一书中的相关内容。
[3]　高铭暄：《论刑事责任》，载《中国人民大学学报》，1988 年第 2 期。
[4]　杜宇：《刑事和解与传统刑事责任理论》，载《法学研究》，2009 年第 1 期。

只能由刑罚来表达的尴尬。我国刑事责任理论基本不谈刑事责任内容问题，原因可能即在于此——和刑罚的内容相重合。我国有学者将刑事责任的概念定义为承受刑事处罚的义务也能反映这一点。[1] 在刑事责任本质的问题上，有认为刑事责任本质是犯罪人与国家及其司法机关之间的权利义务关系，刑罚是这种权利义务关系的客体。[2] 该说法也可以说是上述观点的反映。

将刑事责任单纯作为一种法律责任来看，刑事责任是犯罪的后果这是一个最浅显的常识和不言自明的事实，除个别情况外，由于犯罪必然会遭受刑罚处罚，将刑事责任和刑罚联系起来后，必然会将刑事责任作为犯罪和刑罚的连接点，刑事责任的地位即是如此产生的。因而，在关于刑事责任地位的"纽带说"中没有论证该地位是如何产生的，其原因大概正基于此，其实，一个常识性的结论本就无须被规范地证明。一般而言，事物的内容与其地位是密切关联的，地位是由内容决定的。但在刑事责任地位的命题下，其作为纽带的地位是无须证明的常识，因而其内容就变成无关紧要的东西，责任的内容与责任的地位根本不具有关联，这正从反面说明了刑事责任内容的虚无性。

在语言哲学中，普遍的做法是将内容理解为命题，命题通常被认为是思想简单的组分。[3] 如果将刑事责任理解为一个命题的话，作为承受惩罚的义务，其内容是由刑罚来规定的，将刑事责任称为刑法义务似乎更能达到其应有的意境，事实上，传统的刑事责任就是一种刑法上的义务和结果。刑事责任的理论框架在排除了其实体内容后仍然有上述较为丰富的研究对象，这使得理论与实体内容严重失衡，这种偏差在其他研究中是少见的。对内容的忽视遮蔽了刑事责任研究的应有对象，而理论与内容的失衡也正反映了刑事责任内容的空洞和虚化。

二、现有内容的虚无

目前仅有的关于刑事责任的内容有以下三种观点：第一种是认为刑

---

[1] 张京婴：《也论刑事责任——兼与张令杰同志商榷》，载《法学研究》，1987 年第 2 期。
[2] 高铭暄：《论刑事责任》，载《中国人民大学学报》，1988 年第 2 期。
[3] 王华平、丛杭青：《概念内容与非概念内容》，载《哲学研究》，2009 年第 9 期。

事责任就是触犯刑法规定的人，应当受到公安、司法机关的依法追究，承担管制或者拘役、有期徒刑、无期徒刑、死刑或者罚金、剥夺政治权利、没收财产等八种刑罚处罚。[1] 第二种观点认为刑事责任的内容包括刑罚处罚和非刑罚处罚，[2] 将刑事责任的内容从刑罚处罚扩大到非刑罚处罚。第三种观点认为刑事责任的内容包括承受刑事立案侦查的刑事责任，承受被指控犯罪的刑事责任，承受刑事审判的刑事责任，承受刑罚处罚的刑事责任，承受非刑罚处罚的刑事责任以及承受如禁止担任某种职务、履行前科报告义务等刑事处罚以外的刑事责任。[3]

第一种观点和第二种观点都是把刑罚看作刑事责任的内容，第二种观点只是扩大了刑事责任的内容，包括了非刑罚处罚而已，随着刑法增加了非刑罚处罚的内容，将此作为刑事责任的内容只是自然的结果，其实二者没有实质性的区别。将刑罚等同于刑事责任的内容，这种观点印证了上述刑事责任内容依附于刑罚而存在的现状，责任内容的虚无性也清晰地体现出来，借助于刑罚而存在的责任，只能被认为其内容是空洞性的。上述第三种观点主张刑事法律规定的犯罪者应当承担的法律责任，都是刑事责任的内容，这些刑事法律主要有刑法、刑事诉讼法、国家安全法等。[4] 这种观点将刑事诉讼法之立案侦查、指控、审判等均作为刑事责任的内容，认为犯罪后刑事责任即已产生，刑事诉讼的过程即是追究被告人刑事责任的过程。将刑事诉讼之立案侦查、指控、审判等均作为刑事责任的内容必须具备的一个条件，即刑事责任的存在是客观的，如此才会有认为被告人经历的诉讼过程也是承担刑事责任之观点。事实上，持该观点的学者也认为刑事责任是客观存在的，只要犯罪人实施了犯罪，从构成犯罪时刑事责任即已产生，司法机关追究犯罪人刑事责任的过程，也就是刑事责任实现的过程。[5] 那么，刑事责任是一种客观的存在吗？如果刑事责任不是一种客观的存在，上述刑事责任

---

[1] 胡友石：《谈谈法律责任》，载《光明日报》，1981 年 1 月 6 日，第 3 版。
[2] 何秉松：《刑法教科书》，中国政法大学出版社 1997 年版，第 439 页。
[3] 周其华：《刑事责任解读》，中国方正出版社 2004 年版，第 105—107 页。
[4] 周其华：《刑事责任解读》，中国方正出版社 2004 年版，第 105 页。
[5] 周其华：《刑事责任解读》，中国方正出版社 2004 年版，第 107 页。

的内容包括承受立案侦查、指控、审判等项就无法成立。

在现行结果性刑事责任下，先不论刑事责任是否为客观的存在，它都是一种因犯罪产生的后果或负担。作为一种法律概念，它是法律对犯罪的后果或负担的一种评价。一种已经产生的行为是否为犯罪行为，必须经过法律的评价，这一过程是司法机关严格遵守刑事诉讼程序进行的评价。由于对犯罪的评价受各种因素的影响，如国家性质、政权组织形式、国家经济制度、经济发展水平、社会对犯罪的评价、政权组成人员以及人类认识能力的影响，[1]则对于相同的行为，产生的评价结果可能是不同的，同一种行为可能具有不同的评价，同一个行为在不同的评价主体看来，就具有了不同的刑事责任。犯罪是一种评价的过程决定了刑事责任的主观性特征。因此，把刑事责任称为法律上的观念形态是合理的。[2]刑事责任的法律评价性特征决定了其不可能与客观的事实完全一致，事实上也无须一致——法律的评价是对客观事实的评价，不是客观事实本身。因此，犯罪行为本身是客观的，但并不能得出结论说对该行为进行的评价就是客观的。刑事责任是客观的观点显然混淆了评价的对象和对象的评价两个不同的事物。

无犯罪则无刑事责任，是近代刑法公认的原则。从其产生的背景来看，它更多地具有人权保障、防止滥用刑罚权的意味。犯罪产生，刑事责任的根据就产生了，据此可以启动确定刑事责任存在与否的诉讼程序，从而避免刑事诉讼的任意发动，防止对公民任意追诉的发生。因此，无犯罪则无刑事责任并不具有有了犯罪就有刑事责任的含义，我们也无法得出刑事责任直接产生于犯罪行为的结论。在这一意义上，有关刑事责任的起点以无犯罪则无刑事责任的原则作为依据实际上是对该原则的曲解。无犯罪则无刑事责任是绝对正确的，但有犯罪就有刑事责任是绝对错误的——即使仅仅根据该原则产生的背景及内涵我们也可确知这一点。因而，将刑事责任认为是一种产生于犯罪的客观存在，实际上是和作为近代刑法基本原则的责任主义是相悖的，尤其不符合现代民主和法治观

---

[1] 刘广三、单天水：《犯罪是一种评价——犯罪观的主体角度解读》，载《北大法律评论》，2005年第2期。

[2] 马克昌：《刑罚通论》，武汉大学出版社2000年版，第14页。

念下的人权保障精神。

有人认为，刑事责任的客观性能够为立法者提供客观依据，如刑法规定间歇性精神病人在精神正常的时候犯罪应当负刑事责任，醉酒的人犯罪应当负刑事责任，以及追诉时效的规定等。因为客观上存在刑事责任，所以才要求行为人负担刑事责任或经过一定的时间不再追诉其刑事责任，[1] 这是肯定刑事责任客观性的重要依据，但实际上这是对立法规定的误解。按照刑法的用语，间歇性精神病人和醉酒的人只是在行为构成"犯罪"的时候才负相应的刑事责任，而非在行为时就追究其刑事责任，因此，要追究其刑事责任是以构成犯罪为前提的，而不是以刑事责任已经存在为前提，否则即会产生刑事责任产生于刑事责任的谬论。法条的依据是犯罪的客观存在而不是刑事责任的客观存在。如此才符合有犯罪才会有刑事责任的现代刑法原则。至于追诉时效的规定，更不能说明刑事责任的客观性。因为刑事责任如果是客观的，则无论经过多长时间它仍然是客观存在的，就没有理由对其不予追究。追诉时效只是与刑罚权中的求刑权、量刑权有关，一旦超过追诉时效，求刑权、量刑权即告消灭。[2] 因此，追诉时效的依据在于求刑权的客观存在而不是在于刑事责任的客观存在。

既然刑事责任具有主观性，就需要一种权威的评价进行认定，因此在最终认定时刑事责任才产生。有犯罪不一定必然就有刑事责任，因此刑事责任并不具有对犯罪行为如影随形的特征，二者并不具有必然的因果关系。责任作为对犯罪人的法律评价离不开主观性，刑事诉讼的过程只是寻找、决定有无责任的过程，而不是对既有责任的确定过程。所谓负担刑事责任只是被判决有罪后如何处理的问题，而不是在此之前即有所谓的负担问题。由此刑事诉讼的过程并不可作为犯罪人承担刑事责任的方式，这其实是一个很浅显的道理。如果认为刑事责任的过程是被告人负担刑事责任的过程，势必出现无罪判决但已经承担了刑事责任的荒唐结论。我国《刑法》第 18 条规定，精神病人在不能辨认或者不能控制

---

[1] 张文等：《刑事责任要义》，北京大学出版社 1997 年版，第 200 页。
[2] 高铭暄、马克昌：《刑法学》，北京大学出版社、高等教育出版社 2005 年版，第 226 页。

自己行为的时候造成危害结果，经法定程序鉴定确认的，不负刑事责任。如果认为刑事诉讼过程也是承担刑事责任之方式，按照《刑法》第 18 条的规定，则意味着对该精神病人从来就不可以启动刑事诉讼程序，这显然是不可能的，因为该种人是否负刑事责任必须通过诉讼程序进行精神医学司法鉴定才可以最终决定，因而将刑事诉讼的过程认为是刑事责任的负担方式也是和《刑法》的规定相违背的。可见，《刑事诉讼法》之立案侦查、指控、审判等并不能作为刑事责任的内容。

刑事责任客观性的观点也对刑事司法运作功能具有致命的影响。司法运作的作用是确定一个人的行为是否构成犯罪，在构成犯罪的基础上行为人承担相应的刑事责任。传统观点认为刑事责任的起点是犯罪行为的实施，刑事司法的过程就是追究刑事责任的过程。既为"追究"，则刑事责任已经存在了。本来作为对犯罪行为进行评价的刑事责任在法院认定之前似乎已经实质完成了，刑事司法旨在寻求的司法结论已经产生了，这样司法运作实际上成为对行为已经构成犯罪的"追认"或"确认"过程。因此，刑事责任的这一起点从逻辑上讲，没有对刑事司法起到应有的引导作用，却产生了相反的效果，即违反了对犯罪认定的应有司法逻辑。作为通说的传统理论对刑事责任的产生时间、追究时间得很清楚也很有道理，因为追究刑事责任是以刑事责任已经"产生"为基础和前提的，否则就"无须追究"了。但事实上，不是因产生而追究，而是因被法律最终确定为犯罪才追究，从犯罪产生了刑事责任也可以说明这一点，刑事责任产生于犯罪这一点是没有任何争议的。由此可见，刑事责任的产生时间、追究时间的概念正好说明刑事司法此时存在的逻辑悖论，刑事责任的起点在于犯罪行为之时会对刑事司法的运作机制产生误导，不是促进司法的良性运转而是扭曲了运转的过程。

传统通说的观点混淆了一个重要问题，即犯罪行为发生时产生的只是刑事责任的根据，而不是直接产生刑事责任，行为是刑事责任的基础，但行为本身的产生并不等于刑事责任的产生。通说理论认为，该起点在刑事司法上的意义是能够督促司法机关尽快追究犯罪人的刑事责任。因为犯罪发生了，行为人就应当承担刑事责任。[1] 但实际上并不能得出如此的结论，刑事责任的产生时间和司法机关是否尽快履行职责追究犯罪人的刑事责任之间并不存在如此的逻辑关系。相反，如果认为刑事责任的起点是法律最终确认时或法院有罪判决时，无疑更能促使司法机关尽快追究犯罪人的刑事责任，因为没有有罪的判决就无法对被告人进行惩罚，以恢复被犯罪行为侵害了的社会正义。

三、过程性刑事责任下的分析

传统刑事责任作为犯罪的结果，体现了国家的否定性评价，这种评价通过犯罪人承担刑罚体现出来，因而作为单纯犯罪结果的传统刑事责任的存在和价值其实是通过刑罚维护和体现的，因而具有依附性。如果刑事责任的内容就是如此的话，刑事责任永远无法摆脱弱势的地位，学术研究的意义也是值得怀疑的。因为这说明传统刑事责任实际上没有自己的实体内容，甚至可以说所谓刑事责任的内容问题是个假命题。

在刑事责任具有了过程性特征的前提下，犯罪成立等于责任成立的命题要求过程性的形成机理能够得到说明，刑事责任的过程性意味着将刑事责任的内容予以分解，分别将其渗入犯罪成立的各个要件之中，或者其至少对犯罪成立的各个要件具有定型或规定作用，如行为人的能力责任、地位责任、主观过错责任等都应对犯罪的成立产生影响。由此刑事责任必然具有定罪的功能和意义，转变了传统刑事责任仅仅是对犯罪人处遇的作用。此时，在犯罪成立的各个要件下，刑事责任就具有了不同的意义，刑事责任在相当程度上获得了在不同意义上的真正存在。这样，刑事责任实际上就成为行为人是否具有可谴责性而不是作为结果的谴责本身。实际上，即使单纯以传统刑事责任来看，作为对犯罪人的否定性法律评价，必然应该体现这种评价的主观性，但将传统刑事责任定位于客观性的结论无疑使得其主观评价意味被遮蔽了，主观的评价要素

---

[1]　张文等：《刑事责任要义》，北京大学出版社 1997 年版，第 196 页。

在刑事责任中也就无从凸显。在过程性刑事责任下，作为评价意义的要素应该得以体现，这不仅是转型后过程性刑事责任的要求，也是传统刑事责任的本身要义，主观的评价因素因而应成为责任的必备内容。在德国刑法中，责任不是心理事实，而是基于行为对行为人作出评判的内容。[1] 事实上，在大陆法系刑法中，责任是就意志形成的非难可能性，它意味着对行为人在意志形成过程中施加影响的标准进行否定评价。[2] 因而大陆法系的责任是一种主观评价，而非心理事实。在下面的研究中，此点将逐渐展开。

第三节　传统刑事责任功能的错位性

由于刑事责任的功能隐藏在刑事责任的地位问题下，责任功能往往通过责任地位体现出来，因此，目前理论上讨论较多的是刑事责任的地位问题，而对其功能则基本不作单独讨论。如武小凤将刑事责任的法律地位与功能作同一问题处理，认为刑事责任的法律地位或功能，即是关于罪、责、刑三者的关系问题。[3] 刑事责任的功能与刑事责任的地位密切相关，但二者并不是同一问题。通常而言，功能是指事物的功用、作用、效能、用途、目的等方面的东西，它所要回答的是"作用或用途是什么"；地位一般是指在某种关系中所处的位置，有时亦指在某种关系中的职务、职位以及由此显示出的重要程度。功能和地位二者并不会发生重合或交叉。以此来看，理论上对责任地位和责任功能的认识存在相当偏差。即使以责任的现有功能看，也存在功能错位的问题。本部分在分析责任现有功能的基础上，剖析功能的弊端，进而分析责任的应有功能。

关于刑事责任功能的一般表述是：从立法上看，其是衡量行为是否

---

〔1〕 ［德］格吕恩特·雅科布斯：《行为　责任　刑法——机能性描述》，冯军译，中国政法大学出版社 1997 年版，中文本序，第 1 页。

〔2〕 ［德］汉斯·海因里希·耶塞克、托马斯·魏根特：《德国刑法教科书·总论》，徐久生译，中国法制出版社 2001 年版，第 490 页。

〔3〕 武小凤：《刑事责任专题整理》，中国人民公安大学出版社 2007 年版，第 42 页。

规定为犯罪和如何规定刑罚的依据；从刑事司法上看，其是决定是否适用刑罚和如何适用刑罚的标准。[1] 这是目前所见关于刑事责任功能权威和经典的表述。以此来看，刑事责任的功能体现在立法功能和司法功能上，立法功能为衡量行为是否规定为犯罪和如何规定刑罚的作用，司法功能为决定是否和如何适用刑罚的作用。立法功能具有对犯罪的预先规定性，因而是立法的指导，可以将此称为入罪功能，该种意义上的刑事责任即为入罪责任。司法功能是司法操作中的具体适用，因而是司法的指引，从其具体内容入手，可以将此称为量刑功能，该种意义上的刑事责任即为量刑责任。入罪责任和量刑责任是我国传统刑事责任的两大功能，这也体现了将其作为基础理论的目的和意图。传统刑事责任真的具有这种功能吗？

一、立法功能批判

刑事责任的入罪责任是衡量行为是否应该规定为犯罪并进行相应刑罚处罚的依据，刑法基础理论的作用之一即在于刑事立法的意义上，传统刑事责任的这个作用应该通过入罪责任加以实现。但是，在刑法理论上，入罪责任理论并没有展开，关于其该种功能的论述仅是陈述式的展开而已，似乎只有命题而没有论证。即便如此，责任的入罪功能还是值得怀疑的。判断一个行为是否应该入罪并在刑法上得以立罪，基本的标准是行为的社会危害性，社会危害性揭示了行为被纳入刑法犯罪评价视野的内在正当性，其作为立法入罪的标准，理论界没有太多的争议。[2] 在这个意义上，社会危害性是合理划定犯罪圈的初步标准和实质标准，确定刑法的调控范围，有效划定并缩小了刑法的调控范围。[3] 因而衡量行为是否应该规定为犯罪并进行相应惩罚的依据是行为的社会危害性，而不是刑事责任。虽然对社会危害性理论目前不乏批评观点，但亦有维

---

〔1〕 高铭暄、马克昌：《刑法学》，北京大学出版社、高等教育出版社 2007 年版，第 220 页。

〔2〕 孙国祥：《社会危害性的刑法地位刍议》，载《江海学刊》，2008 年第 4 期。

〔3〕 詹红星：《社会危害性理论功能论》，载《刑法论丛》，2009 年第 17 卷。

护的声音,[1] 并且反对的意见并没有动摇社会危害性理论的地位,在立法的入罪标准上,社会危害性仍然是实质的标准。将行为应否受惩罚的依据认为是刑事责任显然和社会危害性理论是相矛盾的。将刑事责任作为立法之入罪依据的一个重要因素在于《刑法》第 17、18、19 条关于各种刑事责任年龄和几种特殊人员刑事责任的规定,根据刑事责任年龄和聋哑、精神病等特殊情况,在立法时即认定该类人无刑事责任或者责任减轻等。但这并不能成为刑事责任是衡量是否应该入罪的依据,因为在这几种情况下,责任主体不满足条件,而责任主体是责任的前提,故不应负刑事责任。

将刑事责任作为入罪的依据,还会产生下面的逻辑矛盾。根据通说,刑事责任是犯罪的后果,刑事责任依犯罪而产生,这是二者之间的逻辑关系。刑事责任如果作为入罪之依据,即意味着责任成为立法入罪的前提,这样势必产生刑事责任与犯罪互为因果的逻辑矛盾。要消除此种逻辑矛盾,一个可能的解释是将立法责任作为抽象的一般责任,作为犯罪后果的责任为具体的个罪责任,将责任的这两种形式予以厘清。如果将刑事责任定位为一般基础性理论,那么很显然,理论上着重的应该是抽象意义上的一般责任,而不是犯罪发生后产生的具体个罪责任。一般意义上的抽象刑事责任应该成为刑法学理论建构的基础。刑事责任是刑法的基础理论,[2] 一般意义上的抽象刑事责任才是刑法思想之根本问题。但从刑事责任的理论来看,唯一关注的是作为犯罪后果的责任,责任研究的一切出发点均在于此,并以此为中心形成了责任与犯罪和刑罚关系的纽带理论。在这个意义上,如果要确立责任的基础理论功能,就必须抛弃作为犯罪后果的具体责任概念,进而确立抽象的一般责任的相关理论,将刑事责任作为犯罪和刑罚的中介永远不能让刑事责任具有基础理论的功能。从目前理论现状看,并没有确立抽象的一般责任观念,因而其要成为立法的指引是不具备理论基底的。

---

[1] 相关的观点见王政勋:《论社会危害性的地位》,载《法律科学》,2003 年第 2 期;聂昭伟:《论社会危害性与罪刑法定原则的一致性——兼论我国犯罪构成体系的完善》,载《海南大学学报》(人文社会科学版),2006 年第 3 期。

[2] 张智辉:《刑事责任通论》,警官教育出版社 1995 年版,第 11 页。

对刑事责任立法功能的另一种解读是，为了惩罚犯罪和改造犯罪分子，就要在认定犯罪后确定犯罪人刑事责任的大小，以便准确地对犯罪处以刑事处罚，从而预防犯罪，达到保护国家、社会和全体公民合法权益的目的。立法机关在规定什么行为是犯罪后，就要规定什么样的犯罪要负刑事责任以及负何种刑事责任。[1] 这种观点和前述立法责任的功能观点是不同的，其并没有把刑事责任作为衡量行为是否应该入罪的依据。但该观点仍然是将刑事责任作为犯罪的后果，从立法上来看，刑法规定了各种情况下行为应负的刑事责任，可以认为这并不是具体个罪的刑事责任，而是一般法律后果的刑事责任。但立法的该种规定是依据犯罪的具体情形进行规定的，刑事责任只是一种当然的结果而已。换言之，责任在此只是作为结果的被规定的形态，并没有产生任何影响立法的功用，因而刑事责任就难以称得上在立法中具有何种功能。

二、司法功能批判

刑事责任的司法功能是决定是否适用刑罚和如何适用刑罚，即量刑功能，该种责任可以称为量刑责任。我国传统刑事责任的主要功能实际体现在量刑上。责任影响量刑的功能是通过人身危险性的概念实现的。我国刑法理论认为，近现代西方刑法理论中的刑罚个别化理论具有很大的合理性，而在我国传统的罪刑理论中却难以给作为其核心命题的人身危险性找到适当的位置，因为它既不被认为是犯罪的内容，又不宜将其作为直接决定刑罚的因素，故必须在犯罪与刑罚之间架设刑事责任这一桥梁，并用刑事责任这一范畴来容纳人身危险性这个概念。[2] 这样人身危险性的量刑意义通过刑事责任体现出来，刑罚不是由犯罪直接决定的，刑事责任成为二者的中介，这应该是"纽带说"出现的原因之一，可能也是将责任功能和责任地位作同一问题处理的一个因素。

---

[1] 周其华：《刑事责任解读》，中国方正出版社 2004 年版，第 103 页。
[2] 陈兴良：《刑法的价值构造》，中国人民大学出版社 1998 年版，第 625 页。

人身危险性的作用在于对刑事责任产生影响。凡是能够说明行为的社会危害性与行为人的人身危险性的事实，都是影响刑事责任程度的因素[1] 人身危险性通过影响作为犯罪与刑罚中介的刑事责任，进而影响行为人的刑罚，这应该是人身危险性对量刑产生影响的作用机制。在其具体作用上，刑罚一方面应当与符合法定犯罪构成的犯罪事实相当；另一方面，刑事责任要由行为人承担。因此，在决定适用刑罚以实现刑事责任时，必须考虑行为人的因素和刑事政策的要求，做到刑罚与犯罪人的个人情况相当[2] 这样，人身危险性对刑罚的影响就可能出现使刑罚趋重或减轻两种可能的结果。事实上，由于人身危险性表明了行为人的主观恶性程度，因而即使是同一行为，在行为人人身危险性不同时完全可能出现对同一行为相反的评价——相同数额的两例盗窃罪，由于要医治重病患者和出于挥霍或惯犯而盗窃者，前者往往处以较后者为轻的刑罚。在后者处刑公正的情况下，这样处理应该是公平合理的。但是在前者处刑公正的情况下，在前者刑罚的基础上可以对后者处以比前者更重的刑罚吗？依人身危险性对刑事责任的影响，这种情况显然会发生。但是基于人身危险性而加重处罚，这明显是违背罪刑相适应原则的。既然人身危险性不应加重对犯罪人的刑罚，而同时又必须对刑事责任产生影响，那么人身危险性的影响只能在减轻刑罚处罚的角度上使用。换言之，即使人身危险性说明了犯罪人更为严重的主观恶性和再犯可能性，也不得对其处以更重的刑罚。要体现其更重的主观恶性和再犯可能性，可以通过刑罚的适用方式而不是通过增加刑罚的量来实现，在目前监狱行刑日益科学的情况下，这是完全可以实现的。如果从犯罪学的视角来看，与犯罪人有关的如性别、年龄、民族、职业、家庭出身、文化程度、经济状况等可作为判断犯罪人人身危险性大小的因素，实际上说明了犯罪人犯罪的客观性，或者说产生犯罪的必然性。因而以"同情"和"理解"来看犯罪，其发生是"合理"的，故愈是存在能说明其主观恶性

---

[1] 张明楷：《刑法学》，法律出版社1997年版，第383页。
[2] 曲新久：《刑法的精神与范畴》，中国政法大学出版社2000年版，第620页。

深和再犯可能性大的因素，愈不应对其加重刑罚。"同情之了解"[1]，应该是看待使主观恶性趋重之人身危险性的基本态度，行为人过去的生活经历、经济状况等各种人身危险性因素并不能成为对其控诉的理由，应受谴责的不应是其过去的生活状态和经历。相应地，能够说明人身危险性减轻的因素也不应成为过去事件的"辩护人"。以此来看，目前理论上能够以中性的立场来建构人身危险性的基础是不存在的。人身危险性原本是个彻底的刑事政策上的概念。19 世纪末期，随着西方工商业的快速发展，西方社会的犯罪率特别是累犯率不断攀升，为预防和减少犯罪现象，必须对不同特质的犯罪人采取不同的刑事处罚措施，相应地，人身危险性便成为刑事实证学派论者对犯罪人进行定罪量刑的核心概念和重要标尺。[2] 因而人身危险性的本源意义在于对犯罪的预防，而其对刑事责任的意义只在于通过影响量刑达到预防犯罪的目的，这是人身危险性存在的根本。以此来看，人身危险性的意义主要并不在于对刑罚量的影响上。但无论如何，人身危险性不能作为对犯罪人的不利评价。

　　这里涉及一个问题，作为对刑罚起调节作用的人身危险性如果其作用仅仅在于应减轻对行为人的处罚，那么应该如何看待量刑自由裁量的依据就成为问题。人的因素能够成为自由裁量的依据，[3] 而诸如性别、年龄、民族、职业、家庭出身、文化程度、经济状况等人的因素在法官自由裁量时就是必须予以考虑的问题。将人身危险性的作用限定于减轻刑罚处罚的意义上，就意味着法官在考虑这些因素进行自由裁量的时候必须减轻对行为人的处罚，这似乎是不合常理的，似乎刑法规定的"从重"处罚不存在适用的余地。我国《刑法》共有 38 处规定了从重处罚的条款，在总则中只有两处规定，即对累犯以及教唆不满 18 周岁的人犯罪的，应从重处罚。包括《刑法》八个修正案在内的《刑法》分则中一共出现 36 次"从重"处罚条款。但对这些规定的具体情形进行分析，可以

〔1〕　陈寅恪、冯友兰：《中国哲学史（上册审查报告）》，陈美延：《陈寅恪集·金明馆丛稿二编》，生活·读书·新知三联书店 2001 年版，第 279 页。
〔2〕　肖世杰：《刑事责任与人权保障———以中外刑事责任理论的比较为视角》，载《广州大学学报》（社会科学版），2009 年第 7 期。
〔3〕　陈兴良：《刑罚的人性基础》，中国人民大学出版社 2006 年版，第 513 页。

发现无论是总则的规定还是分则的规定，均和行为人的性别、年龄、民族、职业、家庭出身、文化程度、经济状况等因素没有关系。[1] 换言之，在刑法没有明文规定的情况下，作为对犯罪人不利评价的从重处罚情节并不能包含行为人个人的性别、年龄、民族、职业、家庭出身、文化程度、经济状况等因素。这些因素如果能够对刑罚起调节作用，仅仅只能起减轻刑罚处罚的作用，而不能成为从重处罚的情节。人的因素作为量刑的自由裁量的该种意义，或许是被一贯忽略的，但在法治国家人权保障的观念下，这是必须予以厘清的问题。

与此相关的另一个问题就是作为人身危险性因素的性别、年龄、民族、职业、家庭出身、文化程度、经济状况等情况，其作用并不仅限于减轻处罚的量刑意义上。刑罚的目的是以一般预防为中心来最大限度地保护全体公民的基本人权，因而其手段在于减少犯罪，[2] 不在于惩罚。因而作为人身危险性的因素更主要的作用应在于刑罚的执行上，即起着调节行刑的刑罚个别化作用。在倡导人身危险性的刑事实证学派那里，刑罚个别化即是根据犯罪分子的人身危险性决定刑罚的适用。[3] 如果人身危险性的意义还包括此点，那么对刑罚量的调节作用就更不应具有对犯罪人不利评价的一面。

在大陆法系刑法中，在法治国家理念影响下，一般仅将人身危险性因素作有利于犯罪人（更新改造与回归社会）的理解与考量，基于个别

[1] 分析这36个从重处罚的规定，包括：具有特殊身份——如国家工作人员等，同时进行数行为——如伪造货币并出售或运输等，与特殊主体共同进行犯罪行为——如与境外及机构军警人员实施等，行为对象——如幼女及国家级自然保护区林木等，造成严重后果——如致人重伤或死亡等，对特定主体实施犯罪行为——如违法向关系人发放贷款等，具有特定情节——如侮辱殴打情节或武装掩护走私等，侵害特定主体身份——如冒充警察招摇撞骗等，利用特殊主体实施——如利用未成年人实施毒品犯罪等，特定时间——如战时等。这些从重处罚的情形和行为人的性别、年龄、民族、职业、家庭出身、文化程度、经济状况等均没有关系。唯一有疑问的是行为人的职业，但基于身份和职业的不同，毋宁说是因行为人因具有某种特定身份才从重处罚为好。
[2] 肖洪：《论刑法的调整对象》，中国检察出版社2008年版，第237页。
[3] 翟中东：《刑罚个别化的蕴涵：从发展角度所作的考察——兼与邱兴隆教授商榷》，载《中国法学》，2001年第2期。

预防的考虑不能超越犯罪严重性所决定的刑罚的量进行裁量,[1] 这形成了大陆法系国家消极责任主义的刑法基本理念。在普通法中下列原则是不可动摇的:无论一个犯罪者的记录多么糟糕,他都不应该被处以比他现在犯罪的罪行应受的刑罚更重的刑罚,但"应受"的惩罚却可以因为该犯罪者的良好的记录而减轻。法庭在裁决时可以考虑与犯罪者个人有关而不是与犯罪行为有关的从轻情节,如他的善良的品行,他的认罪,他的懊悔,等等。[2] 因而在大陆法系和英美法系国家中,人身危险性的意义基本是相同的,即不得作为对犯罪人不利的评价因素,甚至会将其作为有利于犯罪人的考量。我国刑事责任的量刑意义显然是粗糙的,甚至成为对犯罪人不利判断的依据,而罪责刑相适应原则之所谓罪决定下的并由责任来调节的刑罚,应该是基于预防目的的总体上轻于由罪之程度直接确定的刑罚,责任的量刑意义本应如此。

　　另外,司法上的量刑意义在我国还表现出一种宣示性、空洞意义的倾向。通常的观点是刑事责任问题是刑事司法的中心问题,一切刑事司法活动都是围绕刑事责任进行的,[3] 此即为刑事责任的功能。这里显然混淆了一个问题,没有将功能本身和功能本身如何转变成现实作用予以厘清,即只是表述了刑事责任具有司法上的"量刑功能"这一"名词",但这个"名词"究竟是如何转变为"现实"和具体作用的并没有得到明确。刑事司法活动围绕刑事责任进行,但刑事责任只是一个被动出现的结果而已,其并没有对刑事司法活动的运作产生任何影响,相反它只是被规定的,因而其意义实际上是不存在的。正如刑事诉讼过程围绕犯罪人进行的,但并不意味着犯罪人在此就具有中心意义和某种基础性的功能一样,刑事责任的量刑意义必须能够具体体现出来,并具有这种功能发挥作用的机制,这才是所要研究的对象。

---

[1]　肖世杰:《刑事责任与人权保障———以中外刑事责任理论的比较为视角》,载《广州大学学报》(社会科学版),2009 年第 7 期。

[2]　[英] J. C. 史密斯、B. 霍根:《英国刑法》,李贵方等译,法律出版社 2000 年版,第 13 页。

[3]　相关的表述见张智辉:《刑事责任通论》,警官教育出版社 1995 年版,第 8—10 页;周其华:《刑事责任解读》,中国方正出版社 2004 年版,第 103—104 页。

三、功能的应有转向

如上所述，入罪功能是由行为的社会危害性承担的，刑事责任实际上无法具备该种功能。刑事责任对刑事司法的意义在传统上一直限于量刑，因而我国传统刑事责任并不具备定罪的意义，突出的只是其量刑意义，刑事责任并不具备真正的基础理论功能。我国刑法理论一直将责任地位和责任功能做同一问题处理，在不讨论二者是否应为同一问题的情况下，在某种意义上，刑事责任的功能在一定程度上是由其地位决定的，责任具有何种地位即决定自身具有何种功能。正是基于此，我国学者对刑事责任的地位做若干种调整，希冀以此达到将刑事责任作为刑法基础理论的功能。但从刑事责任的现有功能看，其地位无法赋予，也无法承担其作为基础理论的功能。刑事责任的地位如果定位于犯罪与刑罚的连接点的纽带，作为犯罪的后果和刑罚的前提，就永远不可能具有基础理论的功能。如果刑事责任无法具有立法的指引功能，而又必须使其具有作为基础理论的意义，那么其司法功能就有必要予以进一步认识和开掘。现有的司法功能仅仅在于量刑意义，但刑事司法并不仅是量刑，因而责任的定罪和量刑意义都应该得以凸显。我国刑法有多处"负刑事责任"的表述，显然"负刑事责任"不能只被理解为犯罪人负被量刑的责任。我国刑事司法传统上一直重视的是定罪的过程，将量刑程序和定罪程序分开，量刑得到重视仅仅是最近几年的事情。也就是说，刑事责任凸显出来的量刑意义在司法实践中并没有得到体现，相反，司法传统中重视的定罪问题在责任功能上没有体现出来，这不能不说是悖论。故此，"负刑事责任"之被定罪和被量刑的两方面意义必须都在责任中凸显出来，责任的功能应包含定罪功能和量刑功能两个方面。作为规范性的刑法概念，刑事责任的功能理应体现在规范性的定罪和量刑的过程中，立法功能不是一个规范性概念所能承担的，当然，能够在刑事司法的整个过程中体现价值，这仍然不失刑事责任作为基础理论地位的功能和意义。

从目前的现实看，责任的量刑意义在我国本就存在着，如果刑事责任要具有定罪和量刑的功能，使刑事责任的定罪责任和量刑责任得以确立，那么责任的定罪意义必须予以确立。在传统刑事责任现实下，责任是犯罪的后果，责任和犯罪的成立是没有关系的，因而在传统刑事责任的平台下是无法赋予责任以定罪功能的。相应地，如果责任要具有定罪的意义，就必须改变其单纯作为犯罪后果的概念，进而改变责任作为罪和刑连接点的地位，改变刑事责任的现行地位状况。

在犯罪成立责任也应同时成立的命题下，责任如果能够体现犯罪成立的过程，责任的定罪意义自然就可以获得。过程性责任的概念赋予责任新的内容的同时使其内容对犯罪成立产生影响，这是责任具有定罪功能的根本方式，也是过程性责任的基本功能之所在。刑事责任的定罪意义必须通过重塑责任的概念和内容获得，传统刑事责任无法完成这一使命，因而责任的过程性生成就成为刑事责任应有功能的必备要求。

第六章

传统刑事责任的基本理论解构

理论基础是构筑在一定的实体内容之上的，我国学者对刑事责任的研究也正是出于使刑事责任实体化的目标而进行的。通过上一章的分析可知，传统刑事责任的内容其实是空洞的，那么依其内容而生的基础理论也自然是值得怀疑的。本章通过对传统刑事责任基础理论的进一步解构来阐释单纯结果性刑事责任命题的虚假性。

第一节　传统刑事责任本质的僵化性

从刑事责任理论研究现状来看，学者对刑事责任本质问题的研究孜孜不倦，陈兴良、张智辉、曲新久等老师均在此问题上提出过独到的见解，[1] 这使得刑事责任本质也成为刑事责任基础理论中的焦点问题，观点众多，说法不一。但近十年来几乎没有人再关注刑事责任的本质这个问题。刑事责任的本质作为一个哲学命题，意味着对刑法的研究超出了规范注释的层面，进入哲学视角的思考，刑事责任本质的命题由此成为本质命题的一部分。"本质"一词的使用具有复杂性和多义性，在刑事责任本质的研究上通常使用的意义是：对事物的归纳概括所形成的普遍性或普遍规律即事物普遍的共相，这是科学哲学中对本质的基本界定。作

---

〔1〕 武小凤：《刑事责任专题整理》，中国人民公安大学出版社 2007 年版，第 34—36 页。

为本来的哲学命题，刑事责任本质问题的研究更具有形而上的性质，更应联系哲学上的本质问题来考察。而在前提混乱的条件下，刑事责任本质混乱的现状就不可避免。最终我们需要追问的是：探求刑事责任本质的意义何在？

一、本质界定的前提要素

从目前对"刑事责任"一词的使用来看，基本是在两种意义上使用：一是我国刑法语境下的刑事责任，即结果意义上的刑事责任；二是大陆法系刑法语境下的刑事责任，即作为犯罪成立条件之一的刑事责任。这两种刑事责任是完全不同的，出现这种状况与最初将作为犯罪成立条件一词的"罪过"，日本学者翻译成"责任"有很大关系。[1] 果真是基于此种技术性的、语言表达方面的翻译因素导致了在我国和大陆法系刑事责任问题上的诸种巨大混淆着实有些讽刺。我国刑法理论将大陆法系关于责任争议的诸种观点和我国自己建立的诸种观点在同一平台下作比较研究，似乎并不具有安全的可比性，因为二者本就是很不相同的概念。但是在西方，的确存在将作为结果意义上的法律责任本质和狭义所谓刑法上的责任本质作相同解释的基本理论，[2] 或许是歪打正着，用本不可类比的观点进行了类比，结果却达到了应有的效果。其中原因下面将展开论述。

刑事责任作为刑法的基础理论与制度，其基本的理念、本质等取决于其所在刑法一定的刑法文化。刑法文化反映了一个社会基本的权利观和社会变迁所导致的刑法观的变化，刑事责任的本质因此存在于一定的刑法文化之中。刑法文化语境规定着刑事责任本质的基本内容，成为解读刑事责任本质的基本前提。文化语境由特殊的主客观语境构成，包括特殊的社会文化背景、历史传统、思维和行为方式、价值观念、社会心理和个体心理等。[3] 刑法文化语境因此是一个社会特殊的刑法文化、刑

---

〔1〕［意〕杜里奥·帕多瓦尼：《意大利刑法学原理》（注评版），陈忠林译评，中国人民大学出版社 2004 年版，译者序，第 36 页。
〔2〕张文显：《二十世纪西方法哲学思潮研究》，法律出版社 1996 年版，第 467 页。
〔3〕彭利元：《情景语境与文化语境异同考辨》，载《四川外语学院学报》，2008 年第 1 期。

法历史传统和刑法价值观等的综合体，一个国家在不同的文化语境下形成的刑法即具有了独特的品格，并由此规定着刑事责任的本质，刑法文化语境由此成为我们解读刑事责任本质的根本语境。正由于责任概念在不同刑法语境中存在不同，责任的本质在不同概念、语境下亦自有差别。一般意义上，只有在具体和动态的语境中才能展示真理的存在，语境是判定真理"最高法庭"的形象，只有语境才决定着真理[1] 因此，在上述意义上使用的刑事责任反映了刑事责任生成的不同语境，体现了不同时代和地区的文化差异，本质的分析因而必须在不同语境下进行。

讲刑事责任的本质，有三个方面应注意：一是在我国刑法语境和结果意义上刑事责任的本质；二是西方市民社会刑法语境下结果意义上刑事责任的本质；三是大陆法系刑法语境下作为犯罪成立条件之一的刑事责任之本质。这是由刑事责任和语境决定的探讨此问题必须界定的前提。

二、刑事责任本质的具体分析

我国刑法一直在结果意义上使用刑事责任这一概念。已如前述，作为从苏联引进的刑法理论，结果意义上的刑事责任契合了我国传统上义务本位的观念。社会为法律的发展提供了总体背景，[2] 因而作为结果的刑事责任在我国被迅速接受，我国学者所讲的刑事责任本质均是在这个意义上论述的。学者所谓刑事责任本质是伦理性与社会性的统一，或者统治阶级与犯罪者个人之间的利益冲突，或者是反映了个人利益与国家利益的冲突，或者伦理性与社会性、道义责任与社会责任的辩证统一等诸种观点，似乎都在一定程度上忽视了刑事责任所处的中国语境，即传统中国刑法的政治刑法性质以及传统观念上的义务本位主义。传统中国是一个国家权力和国家观念高度发达的社会，一切以国家利益和社会秩序稳定为最高价值，个人独立存在的价值与利益变得无足轻重。[3] 因而

---

〔1〕 郭贵春、李小博：《维特根斯坦与后现代反本质主义思潮》，载《山西大学学报》（哲学社会科学版），2001 年第 2 期。

〔2〕 梁治平：《法辨——中国法的过去、现在与未来》，中国政法大学出版社 2002 年版，第 145 页。

〔3〕 张中秋：《中西法律文化比较研究》，南京大学出版社 1991 年版，第 96—97 页。

刑法只是保护社会的工具，追求社会整体的完全与稳定，而这又往往以牺牲个人为代价。[1] 在这种现实下，刑法几乎是不受制约的，刑法几乎只为惩罚而存在。相应地，作为结果的刑事责任只具有惩罚功能，传统刑事司法在忽视被害和加害双方关系的国家单方处理模式下更加剧了刑事诉讼只是追究被告人刑事责任、惩罚被告人的这种局面，刑事责任的补偿功能和预防功能成为抽象的宣示，而不具有现实的操作意义。这种政治刑法的现状决定了刑事责任必然只能是为惩罚而生，是国家在否定评价基础上的惩罚。事实上，刑事责任在我国刑法上也更多地以刑罚的方式表现和实现，其刑罚的内容基本反映了刑事责任惩罚性的本质。当然，刑事责任的生成是经由社会化的刑法实现的，体现了社会的价值选择和道德评价，因而刑事责任本身也具有相应的社会性、伦理性，但这只是由刑法所决定的，因此是附属于刑法的该种特征的，并不能成为其本质属性。而所谓刑事责任是利益冲突的说法只是阶级分析法学的变种产物，在今天基本已经被抛弃了。由此看来，在我国刑事责任的本质在于它是犯罪的后果，在规范性的表述上，我国学者将刑事责任理解为否定评价、责难、谴责、法律后果或者刑事义务、制裁等观念，实际上是此一元本质决定的结果主义的体现。如果从内容上看，刑事责任与犯罪构成并没有直接的关系，刑事责任自始至终作为一个独立的整体单独存在着，其内容一直没有发生变迁和分化，这也导致了其具有静态性特征——犯罪成立之后，此结果就会出现，责任的成立和犯罪的成立并不是一回事，[2] 因此刑事责任在我国不具有动态性。在我国刑法上，犯罪成立之后责任才成立，因而它无法反映责任成立的过程。

　　作为犯罪成立条件之一的责任是对行为是否构成犯罪、对犯罪人进行个别评价的要素，其内容包括责任能力、故意过失、期待可能性等，这与大陆法系刑法中责任是一种非难或非难可能这一点基本达成共识。[3] 我国

---

〔1〕　陈兴良：《刑法理念导读》，法律出版社 2003 年版，第 105—106 页。

〔2〕　赵微：《中俄犯罪构成理论刍议》，载《求是学刊》，2003 年第 2 期。

〔3〕　参见［日］大塚仁：《犯罪论的基本问题》，冯军译，中国政法大学出版社 1993 年版，第 169 页；［日］大谷实：《刑事责任的展望》，成文堂 1983 年版，第 231 页；［日］曾根威彦：《刑法学基础》，黎宏译，法律出版社 2005 年版，第 44 页；［德］弗兰茨·冯·李斯特：《德国刑法教科书》，徐久生译，法律出版社 2000 年版，第 252 页。

台湾地区学者洪福增所著《刑事责任之理论》一书完全是在上述框架下展开的。陈兴良老师对本书如此评价：它让我们看到了刑事责任理论研究的另一种面向——一种完全不同于苏俄刑法学的研究径路。[1] 研究径路是研究方法或者说研究视角的问题，因而只是技术性的，在此意义上，洪福增的《刑事责任之理论》一书所展现的与苏俄刑法不同的一面实质上是由研究的对象即作为犯罪成立条件的责任所决定的，因而并不是研究径路不同所导致的，当然这也为陈兴良老师所承认。[2] 因此，在大陆法系刑法中，责任实质上是一种非难可能，这是其作为犯罪成立条件之一必然具有的本质。但在德日刑法理论中，一般并不直接说我国刑法上的"刑事责任"之称谓，而且刑法上的责任与刑事责任基本是同一概念。[3] 由于主观的违法要素之发现、目的行为论之提倡以及社会生活的变迁等原因，作为责任重要内容的故意和过失在犯罪论体系中经历了从责任到违法再到构成要件的转移。[4] 故意向构成要件的移转使得主观的构成要件要素出现，并使构成要件具有了故意规制机能和犯罪个别化机能，故意的这种变迁也使构成要件的理论从不包含主观要素的单纯的行为构成要件说发展到违法类型说，再到违法有责类型说。而违法性论中主观的违法性论和客观的违法性论主要的区分实际上在于责任主体责任能力的有无上，行为人的内心意思或内心态度也对行为无价值、结果无价值理论产生重要影响。关于正当化事由成立的条件，德国和日本的一部分学者认为，具备主观正当化要素是其成立的必要条件，[5] 而主观正当化要素的存在实际就是不具备罪责的故意要素而已，因此构成要件中性无价值色彩和"违法是客观的，责任是主观的"一般观念至犯罪论体系的最终成熟已经发生了颠覆性变化。并且此种转移也促成了责任对犯罪成立的其

---

〔1〕 陈兴良：《从刑事责任理论到责任主义——一个学术史的考察》，载《清华法学》，2009 年第 2 期。

〔2〕 陈兴良：《从刑事责任理论到责任主义——一个学术史的考察》，载《清华法学》，2009 年第 2 期。

〔3〕 李居全：《刑事责任比较研究》，载《法学评论》，2000 年第 2 期。

〔4〕 甘添贵：《故意与过失在犯罪论体系上之地位》，载蔡墩铭：《刑法争议问题研究》，五南图书出版公司 1998 年版，第 103—107 页。

〔5〕 张明楷：《外国刑法纲要》，清华大学出版社 2007 年版，第 153 页。

他两个要件的塑造，责任的内容向构成要件和违法性两个条件的渗透，使得责任的内容贯穿于犯罪成立的三个要件的始终，可以说在与犯罪的关系上，责任体现为犯罪成立的过程。如果说在我国刑法理论中，犯罪的成立导致产生刑事责任进而到刑罚这一结果的话，则在德日刑法中，犯罪的成立同时就意味着责任的成立，发生从犯罪到刑罚的直接后果，因此责任即犯罪的意味极其明显。因此，德日刑法中的刑事责任实际上是从犯罪成立的整体性上进行的综合式分析，在犯罪成立的三个所有要件中全面展现和丰富了刑事责任的内容，在犯罪成立的整体结构中从三个不同的层次分别构建了刑事责任的完整内容，以此表明了刑事责任的存在方式和存在结构，刑事责任存在的过程性显示了刑事责任在德日刑法中的法律地位。

在德日刑法中，刑事责任实际上是以犯罪成立的方式存在的，由于犯罪成立的层次性故而决定了责任存在的层次性，在其存在的三个层次中，刑事责任之原初意义上的可责难性分别具有转化为以罪责为基础的不同意义：重构了构成要件要素和违法要素，使得刑事责任具有了对犯罪构成的塑造和规范功能，在犯罪成立的三个不同层次的条件中，分别展现了刑事责任在犯罪构成不同要件上的意义，构成了当今大陆法系刑法中刑事责任的完整内容。在犯罪成立的三个条件的方向上，责任也分别具有了独立的意义。在犯罪成立的三个不同层面中，作为罪责的主观方面成为贯穿三者的重要线索，构成要件是违法类型还是违法有责类型正是罪责地位的变迁导致的结果，这体现着责任存在的结构性和层次性特征。犯罪的成立同时意味着责任的成立，犯罪与责任同义，在这个意义上，责任又是以犯罪成立这一方式得到表现的。如上所言，在德日刑法中并不存在我国刑法中的"刑事责任"此一称谓，也不存在诸多的"应负刑事责任"等表述，关于刑事责任是结果、义务还是负担等的概念性争议同样也不存在。其原因即在于，在德日刑法中刑事责任是以间接的方式存在于犯罪成立的三个条件之中，注重的是责任成立的过程。因此，犯罪成立的层次性和结构性决定了责任构成的结构性，犯罪成立同时意味着责任的成立，因此不需要从犯罪到刑事责任此一转化的过程，刑事责任的结果意味自然就不存在，在结果意义上的刑事责任概念的争议自然也就不会存在。

刑事责任是犯罪成立的结果还是犯罪成立的过程决定了刑事责任在我国和德日刑法中的两种存在方式。在与犯罪的关系上，分别表现为犯罪成立的结果和犯罪成立的过程，也体现了刑事责任在我国和大陆法系刑法中的地位。

当然，结果意义上的刑事责任在西方其实也自始至终存在着，古罗马法中已经存在着关于结果意义之刑事责任的相关规定和制度。[1] 政治刑法转变为市民刑法的条件是市民社会与政治国家的二元分立，西方近代刑法史上完成此种变革的是刑事古典学派时期。[2] 甚至可以断言，刑事责任在被人类知识捕获之前已经事实性地存在着，因为有惩罚就有责任，惩罚实际上相当于承担着责任，只不过，责任的具体出现经历了一种演变的历史而已。[3] 既然责任作为一种结果，惩罚的意义在西方自然也存在。只是在市民刑法形成之后，这种惩罚的意义在相当程度上被弱化，刑法的人权保障功能得到最大限度的展现，刑事责任的惩罚性也相应地被弱化。既然对犯罪人的惩罚不再是目的，则追究刑事责任的重心转移到恢复被破坏的社会关系上来，这是目前当代西方各国刑事司法的趋向以及由此赋予刑事责任的新的功能，在刑事司法方式上，则以刑事和解、修复性司法以及社区矫正等各种具体制度作为支撑。这是犯罪人实现其现实的、具体的责任的方式，犯罪人通过这种方式获得了复归社会的权利以及求得被害人的谅解，恢复被破坏的社会关系[4]，这已经成为当代西方市民刑法语境下刑事责任新的功能。因而西方国家刑事责任已经由惩罚走向恢复，实现了刑事责任真正应具有的效能和意义，此时责任的本质也由惩罚转变为社会关系的恢复，这是市民刑法语境下结果意义之刑事责任的必然要义。

在大陆法系刑法中，关于作为犯罪成立条件之一的责任其本质有道

---

〔1〕 杨建军、张杰：《论罗马法中的刑事责任制度》，载《铁道警官高等专科学校学报》，2010年第4期。

〔2〕 陈兴良：《刑法理念导读》，法律出版社2003年版，第109页。

〔3〕 毕成：《论法律责任的历史发展》，载《法律科学》，2000年第5期。

〔4〕 杜宇：《刑事和解与传统刑事责任理论》，载《法学研究》，2009年第1期。

义责任论和社会责任论——责任的本质理解，行为责任论，性格责任论和人格责任论——责任的基础是什么，心理责任论和规范责任论——作为责任内容的要素的性质——的对立。[1] 我国学者经常将此与我国刑法结果意义上的刑事责任的本质相比较，共同作为刑事责任本质的学说进行研究。事实上，由于作为犯罪成立条件之一的责任和我国结果意义上的刑事责任是完全不同的，二者的本质就没有可比较的余地。但是，在此存在一个令人惊叹的巧合或者说"歪打正着"，即通过有责性自然产生的结果意义之刑事责任更多地具有了有责性之狭义责任的色彩，或者说作为犯罪成立条件的责任实现了对结果意义之刑事责任的特征重塑，那么，这种结果意义上的刑事责任就不可避免地具有了狭义责任之本质属性，因此，在结果意义的刑事责任本质问题上，西方同样存在所谓道义责任论、社会责任论和规范责任论的对立。[2] 基于同样是结果意义上的刑事责任，我国刑事责任和西方刑事责任本质的道义责任、社会责任和规范责任就具有了可比较的基础。当然，我国学者将二者放在一起比较，基本上可以断言是"歪打正着"。这个观点如果成立的话，前述陈忠林先生所言的我国学者将大陆法系的实际上的罪责和我国刑法上的刑事责任相混淆就不应是翻译的问题，至少不纯粹是翻译的问题，或许在最初翻译时，日本学者并不是盲目地将罪过翻译成责任，而是有深虑的。而从目前的资料看，"刑事责任"一词的提出在西语中最早来自古罗马时代，当时出现了"culpability"一词，这个词是由"culpa"引申而来，在拉丁语中，"culpa"的意思是过失，而"culpability"就由过失引申为"有责任性"。[3] 因此，从词的最初产生来看，结果意义上的责任天生就和狭义的作为犯罪成立条件之一的责任具有必然联系，在上面的论述中，已经将二者如何在刑法上发生关系进行了规范性阐释。在词源学上，二者所具有的天然关系，或许能够进一步说明日本学者将罪过翻译成责任的原因。所有这些，均可以佐证结果意义上的刑事责任之本质可以用狭义责任之本质来说明。

——————————

[1]　[日] 大塚仁：《刑法概说》（总论），冯军译，中国人民大学出版社 2003 年版，第 374 页。

[2]　张文显：《二十世纪西方法哲学思潮研究》，法律出版社 1996 年版，第 467 页。

[3]　何勤华：《法律名词的起源》（上），北京大学出版社 2009 年版，第 343 页。

三、走出本质追寻的迷思

西方哲学的第一个命题"水是世界的本原"即开始具有了本质探索之意，[1] 在近代哲学之前，对本质的追求构成了西方哲学的整个历程。本质是某类事物或现象表现出的共同特征，它是人类探索世界的钥匙，规律是事物本质之间的联系，这使得规律和本质是一致的，通过对事物本质的探索人类可以认识并利用规律，逐层突破认识的界限，逐渐了解世界，人类由此获得发展和进步。在马克思主义哲学中本质的地位是如此重要，认为科学研究的任务就是透过现象去认识本质，如果事物的表现形式和事物的本质会直接合而为一，一切科学都成为多余的了。[2] 毛泽东认为："我们看事情必须要看它的实质，而把它的现象只看作入门的向导，一进了门就要抓住它的实质，这才是可靠的科学的分析方法。"[3] 本质对于探索事物的规律、正确认识事物是必不可少的，因此，对本质的研究和追求就成为科学的一部分。对刑事责任本质的追问亦是如此。刑事责任的本质也是探讨责任是什么的问题。

对本质的追求是深化认识的方式，但并不是认识的终点。"人的思想由现象到本质，由所谓初级的本质到二级本质，这样不断地加深下去，以至于无穷。"[4] 将对本质的追求绝对化就成为本质主义，本质主义意味着绝对化、中心化和权威化，排斥感性世界和现实的多样性。从经验的立场看，冠以"主义"的某种理论往往会成为一种静止、僵化、排斥他者的封闭性思想体系。[5] 在本质主义的视角下，本质成为事物的终极性真理，具体的知识成为次要的东西。在实践中，人们易将事物在某一或某些方面表现的重要属性断言为就是其最终本质，从而导致独断论，并可能导致对知识反映人们生活所具有的多样化意义的否认。并且，本

---

〔1〕 陈秋霞：《本质主义及其祛魅历程》，郑州大学博士学位论文，2003 年。

〔2〕 《马克思恩格斯全集》第 25 卷，人民出版社 2012 年版，第 923 页。

〔3〕 《星星之火，可以燎原》，载《毛泽东选集》第 1 卷，人民出版社 1969 年版，第 96 页。

〔4〕 列宁：《哲学笔记》，人民出版社 1974 年版，第 278 页。

〔5〕 陶东风：《大学文艺学的学科反思》，载《文学评论》，2001 年第 5 期。

质主义也是一种绝对主义和终极主义，因此是知识专制主义和知识霸权主义。[1] 现实世界的经验知识被忽视，掌握了事物本质就如同开启了智慧的天眼，这实际上是一种简单化的思维方式，对本质的追求只是一种不可实现的信仰和假设，从而实际上自绝探索之路。刑事责任本质的研究在目前早已经僵化不前，或许是刑事责任本质异化为刑事责任本质主义导致的必然结果。

但普遍、永恒的本质真的存在吗？自 20 世纪五六十年代以来，基于对本质的怀疑和对本质主义的反对，兴起了以反对统一性、公共性、普遍性而肯定差异性、多元性、复杂性为特征的后现代反本质主义思潮。[2] 作为后现代反本质主义旗手的维特根斯坦认为："哲学家眼前老是看见科学的方法，并且不可抗拒地受引诱，以科学那样的方法来提问题和回答问题，造成对个别情况的忽视和渴望普遍性。"[3] 追求共同的本质，追求普遍性，是西方哲学根深蒂固的传统，它的根本问题是轻视个别性，忽视差异性，但即使是同类的事物，也存在许多差异，它们充其量只有"家族相似"。[4] 因此，在逻辑上寻找一个整齐划一的"本质"是不可能的。"事物的本质"的概念所包含的意义其实广泛得多。[5] 维特根斯坦以语境论建构了后现代反本质主义思潮的重要思想基石，继承并发展了弗雷格"决不在孤立的词语中而只能在命题的语境中去询问词语的意义"的思想，指出语言不仅是静态的语言形式系统，更是包括人类行为、习惯、文化、心理等因素在内的动态复合整体，整个人类可理解、可想象的物质与精神世界构成了巨大的整体语境。[6] 因此，在语境视角下，本质具有了相对性、语境性和时代性，没有一成不变的本质，解读本质也只有在一定的语境下进行才是有意义的。由此来看，在语境视角及不同责任概念下，刑事责任的本质并不是固定的，刑事责任在不同语境下应

---

〔1〕　陈吉猛：《本质主义与整体主义》，载《广西社会科学》，2005 年第 8 期。

〔2〕　和磊：《反本质主义》，载《国外理论动态》，2006 年第 11 期。

〔3〕　张汝伦：《现代哲学十五讲》，北京大学出版社 2003 年版，第 159—160 页。

〔4〕　［英］维特根斯坦：《哲学研究》，陈嘉映译，上海人民出版社 2005 年版，第 67 页。

〔5〕　［德］H. 科殷：《法哲学》，林荣远译，华夏出版社 2002 年版，第 147 页。

〔6〕　郭贵春、李小博：《维特根斯坦与后现代反本质主义思潮》，载《山西大学学报》（哲学社会科学版），2001 年第 2 期。

具有不同的本质。既然如此，在不同语境下责任的不同本质之观念应该得到确立。

四、本质探求的意义追问

既然责任的本质是开放的、多层的，那么我们究竟应该追寻什么样的责任本质就成为必要的选择，更重要的是，本质决定着我们对待事物的基本态度。事情本质的要点在于，使这种供使用、支配的东西实际上也有自身的存在，根据这种存在，就可以从它的本质出发抗拒不符合事实的支配欲，从积极的角度来讲，它规定了某种确定的、与事实相符的态度。[1] 因而对本质的认识决定着我们对事实、事物的基本态度。

探寻刑事责任的本质理应在于使刑事责任能够改变结果意义之惩罚性本质，使得刑事责任具有一定的人权保障功能和修复社会关系功能。但静态结果意义上的刑事责任由于专注于惩罚因而是无法达到这点的。事实上，在法律历史的最初阶段，以各种形式出现的成文法，几乎都未曾超出法律责任的限度——立法紧紧围绕法律责任的依据、范围、承担者以及法律责任的认定和执行（制裁）等展开，至于司法，更是以法律责任的认定、归结和执行为其全部职能，这使早期的立法出现了"责任中心"的特点。[2] 因此，现在我国刑法学界着力强调刑事责任在刑事立法和刑事司法中的重要性，看来仍然没有摆脱早期以制裁、惩罚为中心的思想。这种根深蒂固的态度、信念与法律规定展现鸿沟时，法律就不能改变人们的行为。[3] 因而，惩罚性观念的刑事责任实际上对于刑事立法和司法在人权保障视角下的作用并不有效。事实上，西方从近代以来，由于商品经济、民主政治和理性文化的发展，宣告、确认和保护权利成为立法的价值取向，责任的价值得到转换，即从制裁犯罪的机制转换为保障权利的机

---

〔1〕 ［德］汉斯-格奥尔格·伽达默尔：《诠释学Ⅱ：真理与方法——补充和索引》，洪汉鼎译，商务印书馆 2007 年版，第 79 页。

〔2〕 张文显：《二十世纪西方法哲学思潮研究》，法律出版社 1996 年版，第 466 页。

〔3〕 ［美］H. W. 埃尔曼：《比较法律文化》，贺卫方、高鸿钧译，生活·读书·新知三联书店 1990 年版，第 277 页。

制。[1] 在这个意义上，刑事责任惩罚性本质一定程度上应该被弱化。

如上所言，大陆法系结果意义上的刑事责任是通过罪责的有责性在前塑、重构前两个要件的基础上自然实现的，因而这种结果上的刑事责任就具有了在逐层认定犯罪、逐步排除入罪基础上的人权保障功能，更由于司法方式的转变，这种刑事责任的实现同时具有了恢复被破坏的社会关系的功能。因此，基于该种本质，需要树立的与此相适应的态度就是去除单纯结果意义上的刑事责任，保留由狭义责任塑造的具有过程性的结果之刑事责任。

第二节 传统刑事责任根据的虚假性

在我国刑法学中，刑事责任的根据也是刑事责任理论的重要问题，它也成为目前刑法学教科书刑事责任论中的标准体系之一。围绕本问题产生了持续的学术繁荣，也有以此作为博士学位论文的，做出了富有创见的卓越研究。[2] 苏联时期，刑事责任及其根据问题是苏维埃刑法科学的核心。[3] 无论从问题意识来看还是从理论内容来看，我国刑事责任根据理论均和苏联刑事责任根据理论存在明显的承继关系。陈兴良老师认为，以刑事责任根据为主要内容的刑事责任理论在苏联刑法学中实际上是犯罪构成理论的附属物，只是具有对犯罪构成的政治意义与法律意义的维护功能，刑事责任是什么这个根基性的问题反而被遮蔽了。[4] 本书认为，所谓刑事责任的根据是一个被误读的命题。没有真问题就不会有真学问。[5] 但既有研究仍然是正本清源的基础。

---

〔1〕 张文显：《二十世纪西方法哲学思潮研究》，法律出版社 1996 年版，第 466 页。

〔2〕 根据在中国知网上的搜索结果，从 1987 年到 2009 年均有专门研究刑事责任根据的学术论文，甚至其中多是法学类 CSSCI 来源期刊的论文，2006 年西南政法大学黄广进将此作为博士学位论文的选题进行研究。

〔3〕 ［苏］A. A. 皮昂特洛夫斯基等：《苏联刑法科学史》，曹子丹等译，法律出版社 1984 年版，第 36 页。

〔4〕 陈兴良：《从刑事责任理论到责任主义——一个学术史的考察》，载《清华法学》，2009 年第 2 期。

〔5〕 卞悟（秦晖）：《有了真问题才有真学问》，载《读书》，1998 年第 6 期。

一、理论源头上的误读

　　基于苏联的法律渊源和传统，其刑法刚刚创立时期不可避免地会受原刑法理论及当时欧洲刑法思想的影响。

　　从文化上讲，在苏联之前，俄罗斯自公元 988 年罗斯洗礼后一直具备欧洲属性，[1] 在罗曼诺夫王朝建立之后，尤其是在 17 世纪下半期沙皇阿列克谢时代，从西方引进先进科学知识和生产技术以及与西方贸易的规模迅速扩大，西方上流社会生活方式和社会政治思想也随之进入俄罗斯，西方文化全面地冲击着传统俄罗斯的生活，启蒙思想在俄罗斯迅速传播，并且发展为一场声势浩大的运动。叶卡捷琳娜二世虔诚聆听伏尔泰和洛克等启蒙思想家的教诲，[2] 并与狄德罗等许多法国思想家交往密切，欧洲的启蒙思想对俄罗斯产生了重要影响。[3] 在法律文化上，尤其是在刑法上，大陆法系的刑法理论及思想不可避免地对俄罗斯产生了影响。事实上，十月革命前的俄罗斯法律体系基本上是属于大陆法系的，[4] 在 19 世纪中叶的欧洲，刑事新派出现，自此真正意义上的刑法学派之争开始出现，[5] 并一直持续到 20 世纪上半叶。学派之争对此一时期的俄罗斯（苏联）刑法界必然产生影响。欧洲的思想观念、刑法理论成为刚刚创立初期的苏联刑法的知识传统，而苏联刑法实际上也是脱胎于大陆法系刑法的。从刑事责任根据的最初理论来看，将人身危险性作为刑事责任的根据甚至在立法上对此予以确认，即明显体现出刑事社会学派的影响，事实上，对于此点，苏联的刑法学界从来也没有否认过。[6] 而这种观点无疑受到了刑事新派的影响。刑事新派认为，刑事责任应当以行为

〔1〕 关贵海：《俄罗斯政治变迁的历史和思想基础及其走向》，载《国际政治研究》，2010 年第 1 期。
〔2〕 关贵海：《俄罗斯政治变迁的历史和思想基础及其走向》，载《国际政治研究》，2010 年第 1 期。
〔3〕 俄罗斯文化简介，http://wenku.Baidu.com/view/408c10661ed9ad51f01df2bf.html，访问日期：2010 年 12 月 10 日。
〔4〕 杨亚非：《判例与俄罗斯法的发展》，载《法制与社会发展》，2000 年第 1 期。
〔5〕 张明楷：《刑法的基本立场》，中国法制出版社 2003 年版，第 22 页。
〔6〕 ［苏］A.A. 皮昂特洛夫斯基等：《苏联刑法科学史》，曹子丹等译，法律出版社 1984 年版，第 36—37 页。

人的人身危险性为根据实行刑罚个别化，[1] 认为刑事责任的根据是犯罪人的危险性格，即反复实施犯罪的危险性，其立场在于实现特殊预防和社会防卫的目的。虽然新派指出刑事责任的根据是行为人的人身危险性，但本意并不在于提出刑事责任的根据这一命题，而是在于强调定罪量刑的基础在于行为人的危险性格。所谓刑事责任的根据并不是其关注的话题，以今天的理论来看，定罪量刑的根据和刑事责任的根据显然完全是两个问题。新派基于主观主义的立场提出定罪量刑的基础或根据在于人身危险性，同时附带产生所谓刑事责任的根据问题。这或许是苏联刑事责任根据问题的源头。而苏联崇尚的刑事责任根据的所谓实践意义也使得这一问题迅速成为研究的热点。此后相当一段时间内，苏联刑法学界均将刑事责任的根据与人身危险性联系起来。这种观点及其变种形式一直延续到刑事责任根据讨论的整个过程中。从苏联刑事责任根据的理论来看，在20世纪20年代，也就是将人身危险性作为刑事责任根据之后的研究中，一直到20世纪50年代后期，罪过开始成为刑事责任的根据。[2]此后，与罪过根据进行交锋的是犯罪构成作为刑事责任根据的观点。罪过成为刑事责任根据体现了苏联刑法学理论上的矛盾，即罪过究竟是犯罪构成的主观要素之一，还是独立于犯罪构成之外，与其他客观要素（因果关系）或是主体因素（心理因素的总和）结合而成为刑事责任的根据之一？换言之，是认同狭义的罪过而将其看作犯罪构成的要件之一，还是认同广义的罪过而作为刑事责任的根据？[3] 陈兴良老师对此解释为，作为犯罪构成要素的罪过是指心理事实意义上的故意与过失，而作为刑事责任根据的，是指规范评价意义上的故意与过失，即大陆法系上的构成要件意义上的故意与过失和责任意义上的故意与过失。[4] 而无论作何解释，罪过作为刑事责任的根据实质上是新派观点的延续。

---

[1]　邹建华：《论刑事新派的刑法学思想》，载《南通工学院学报》，2001年第4期。

[2]　赵微：《徘徊于前苏联模式下的刑事责任根据理论及前景展望》，载《环球法律评论》，2002年夏季刊。

[3]　赵微：《徘徊于前苏联模式下的刑事责任根据理论及前景展望》，载《环球法律评论》，2002年夏季刊。

[4]　陈兴良：《从刑事责任理论到责任主义——一个学术史的考察》，载《清华法学》，2009年第2期。

刑事新派认为刑事责任应当以行为人的人身危险性为根据实行刑罚个别化。在大陆法系刑法中并不研究我国刑法上的刑事责任，一般也不存在所谓刑事责任之称谓，其责任概念只是作为犯罪成立条件之一的有责任性之意义。那么，刑事新派所言之"刑事责任"应该不是我国传统上的刑事责任之概念，由此甚至可以说，刑事新派根本就没有提出过我们现在所言的刑事责任根据此一命题。作为罪责的罪过是对行为人进行个别评价的要素，反映了行为人的主观责任和个人责任，而新派基于主观主义的立场，认为罪责是行为人的危险性格的体现。[1] 在具有规范性质的刑法领域来研究人身危险性，其义只能是再犯可能性。[2] 而这种再犯可能实质上潜在地体现了行为人的主观认识，人身危险性包含了行为人对规范意识不同程度的否定性态度，[3] 而该种否定态度规范上体现为故意和过失的态度。由此可以断定，刑事新派的刑事责任应当以行为人的人身危险性为根据，其本质意蕴在于作为犯罪成立条件之一的责任实质上是以罪过的内容即故意和过失为依据的，而这其实是大陆法系刑法上的一个一般性共识。作为对行为人的个别评价，体现人身危险性的责任实现了定罪和量刑的双重功能，定罪功能是其作为犯罪成立条件之一体现的，量刑功能是以再犯可能决定对犯罪人的刑罚个别化来体现的。至此，以罪过作为刑事责任的根据实际上只是新派观点的延续而已。而当时苏联的刑法学者恰恰因对责任认识的差异延续了罪过作为刑事责任根据的观点。这里面存在三个方面的误区：一是苏联学者仅仅对所谓刑事责任的根据这一提法作了极为肤浅的表面理解，进而引发了一个虚假的学术命题，产生了一场虚假的学术繁荣。二是脱胎于大陆法系的刑事责任与原责任纠结混乱，误将大陆法系的责任等同于苏联刑法语境下的刑事责任。三是将罪过作为刑事责任的根据并将罪过在此问题下完全独立出来，实质上没有意识到罪过之于责任的意义，即罪过本就是责任内

---

〔1〕 郭自力、孙立红：《论罪责对犯罪论体系的影响———以期待可能性为基点》，载《法律科学》，2006 年第 1 期。

〔2〕 许永勤、陈天本：《刑罚执行中的人身危险性研究》，载《中国人民公安大学学报》（社会科学版），2006 年第 3 期。

〔3〕 陈伟：《人身危险性评估的理性反思》，载《中国刑事法杂志》，2010 年第 6 期。

容的一部分。

此后刑事责任的根据又有了犯罪行为、因果关系及犯罪构成等观点，这些更着重于从客观方面论及刑事责任的根据，而从行为上论及刑事责任根据的观点恰恰与刑事旧派的观点如出一辙。旧派倾向于客观主义，认为刑事责任的基础是表现在外部的犯罪人的行为及其实害，其立场旨在限制刑罚处罚的范围，实现罪刑法定，即刑事责任的评价基点是客观的犯罪行为及其危害后果[1]。基于上述分析，同样可以判断出，所谓犯罪行为等作为刑事责任的根据其实也只是旧派观点的延续而已。

由此，在刑事责任根据研究的整个过程中，均渗透着大陆法系新旧学派的踪迹，我国有学者认为我国刑事责任根据理论一直徘徊于苏联模式下，[2] 的确反映了我国刑事责任根据研究的现实。苏联刑事责任根据理论在其刑事责任脱胎于大陆法系责任后，希冀完成转型，但其中又不可避免地渗透着大陆法系所谓责任根据的踪迹，主观主义与客观主义以变相的方式在刑事责任根据的问题上延续着。而从刑事责任根据最初的产生来看，这个问题不过是基于偶然因素提出的，只是在苏联将责任改造为结果意义上的刑事责任后，基于该种刑事责任的司法指引等所谓政治意义的实践功能而被转化为理论焦点。如果撇开苏联刑事责任根据研究的这段历史，我们将发现我国所谓刑事责任根据这一研究的学术背景和学术传统实质上仍存在于大陆法系刑法理论中，而基于误读产生的刑事责任根据命题基本上可以被抛弃。

第三个较有影响的刑事责任根据的观点是犯罪构成。在苏联，犯罪构成是刑事责任的唯一根据，这是公认的命题[3]。这应该是大陆法系的责任转化为苏联的刑事责任后出现的命题。如果认为刑事责任是犯罪的后果，则在定罪的意义上，犯罪构成的确是刑事责任的唯一根据。但如果从刑事责任量的角度考虑，无法被犯罪构成包含的因素在对量刑产生

〔1〕 杨书文：《刑事责任评价基点的客观主义及其功能评价》，载《国家检察官学院学报》，2001年第3期。
〔2〕 赵微：《徘徊于前苏联模式下的刑事责任根据理论及前景展望》，载《环球法律评论》，2002年夏季刊。
〔3〕 ［苏］Н. А. 别利亚耶夫、М. И. 科瓦廖夫：《苏维埃刑法总论》，马改秀、张广贤译，群众出版社1987年版，第31页。

影响的前提下，其当然也是刑事责任的根据。因此在量刑的意义上，犯罪构成是刑事责任的唯一根据的命题就难以成立，特别是在具有刑事责任的减免情况下更是如此。即便单纯从定罪的角度来考虑刑事责任的根据问题，上述命题是否有值得研究的必要也存在疑问。将刑事责任界定为犯罪的后果，必然的结论就是刑事责任的根据是犯罪构成，这是一个常识性结论而已。陈兴良老师认为，关于刑事责任根据的讨论并无太大的实质意义，而且出现了对刑事责任根据的讨论超越规范、变得虚无的倾向。[1]

二、道德哲学下的自我反对

我国刑法理论上讨论刑事责任根据意义上之刑事责任，事实上，是完全从大陆法系责任转型后的刑事责任，即作为犯罪结果的刑事责任，这已经与作为罪过的责任几乎毫无关系了。在这个概念下看刑事责任的根据，在我国教科书中形成了较权威的观念，在哲学上刑事责任的根据在于人的意志自由，即人根据自己的意志自由选择而为犯罪行为，当然应承担相应的刑事责任。[2] 在此提出了刑事责任的哲学依据问题。陈兴良老师对此提出质疑，他认为，意志自由，主要是指相对意志自由是罪过心理的基础，而罪过心理是一个犯罪构成的问题，因此，建立在意志自由之上的可归责性应当是犯罪构成的题中应有之义，现在却置于犯罪构成之外，难道存在不可归责的符合犯罪构成行为吗？[3]事实是，此中讨论的刑事责任已经与原责任的归责之义毫无关系，这里的刑事责任根本不是主观归责意义上的刑事责任。作为归责意义上的刑事责任是犯罪成立的条件之一，因而必然出于犯罪成立的体系之内。但这里的刑事责任以犯罪的后果出现，是犯罪成立之后的产物，因此当然不会置于犯罪成立体系之中，不会也不应该存在以此作为归责的犯罪构成。陈兴良老

〔1〕 陈兴良：《从刑事责任理论到责任主义——一个学术史的考察》，载《清华法学》，2009年第2期。

〔2〕 高铭暄、马克昌：《刑法学》，北京大学出版社、高等教育出版社2000年版，第216页。

〔3〕 陈兴良：《从刑事责任理论到责任主义——一个学术史的考察》，载《清华法学》，2009年第2期。

师批判的这种情况构造了一个不可归责的犯罪构成，是不存在的。事实是，此时犯罪构成已经由作为犯罪成立条件之一的故意和过失归责过了。

作为犯罪成立的后果，在犯罪成立之外讨论可归责性，在道德哲学视角下仍然具有一定的价值。虽然我国刑事责任不含有主观归责的具体规范性内容，但犯罪体现了国家对犯罪人的一种评价态度，[1] 作为犯罪结果的刑事责任，其体现了国家的抽象评价。犯罪的形成过程有时就是道德突破和伦理消解的过程，[2] 刑事责任以国家对犯罪人及其道德评价与伦理谴责为基础。[3] 由此，刑事责任实际上和道德关系密切，刑事责任意味着一定的道德评价。事实上，犯罪和道德天生就是结合在一起的，所谓不具道德意味或道德意味极低的行政犯只是后来才出现的。刑事责任的根据本就是一个哲学命题，以道德视角寻找责任的根据是哲学或者说道德哲学的基本命题，但在这里同样存在一个我们自己反对自己的问题。

在道德责任理论中，一个行为者的行动可能是由各种不同的机制产生的，包括实践理性的正常实施、未经思考的习惯和对大脑的直接刺激。当一个行为者承担责任时，他承认只对那些产生于某种根源的行动负责，即一个行为者对源自某种特殊机制的行动承担责任，而促成某种实践理性的机制此时被恰当地看作是他自己的了。[4] 换言之，导致行为的机制必须是行为人自己的，行为人是行为的主人和控制者，行为人可以自由地选择是否做某种行为。如果某种行为虽然是行为者自己发出的，但却不受他的主观意志的指导控制，而是受他人或另外的机制的控制，此时即不可归责于行为人。直白地说，行为人对自己行为负责的根据在于自己能够控制的自由意志下的自由选择。正是基于人由于命定是自由，因而把整个世界的重量担在肩上：他对作为存在方式的世界和他本人是有

〔1〕 刘广三、单天水：《犯罪是一种评价——犯罪观的主体角度解读》，载《北大法律评论》，2005 年第 1 期。
〔2〕 孔一：《规范的内外破解：道德突破与伦理消解——对犯罪形成过程的实证研究》，载《犯罪学论丛》，2009 年第 7 期。
〔3〕 陈浩然：《应用刑法学总论》，华东理工大学出版社 2005 年版，第 111 页。
〔4〕 ［美］约翰·马丁·费舍、马克·拉维扎：《责任与控制——一种道德责任理论》，杨绍刚译，华夏出版社 2002 年版，第 205 页。

责任的……这种绝对的责任不是从别处接受的，它仅仅是我们的自由的结果的逻辑要求。[1] 道德哲学的这一结论与我们所谈的刑事责任的哲学根据在于人的自由意志完全相同。英美刑事责任理论也认为，刑事责任的全部理论架构在这样一种观念之上：只有在行为恰当地反映出行为人是行动者时，行为人才要对其行为负责。[2] 这种观点和道德哲学的观点也是完全一致的。

在西方文化中，责任与自由牢固联系在一起，强调责任从自由而来，自由是人作为有理性的存在者所具有的自主决定自己思想和活动的能力。[3] 因此在西方，自由意志作为责任的根据是文化性生成的，是根深蒂固的。而在传统中国，责任和天意联系在一起，强调责任从天意而来，自由对中国人来说是一个既陌生又可怕的字眼，中国文化很少讲自由，更少讲西方式的人性自由，因此在中国传统上并不从自由的角度去理解责任。[4] 因而责任的依据显然不是自由。但自刑事责任根据命题传入我国后，作为哲学依据的自由意志论很快成为权威说法，在没有自由传统的中国文化和刑法语境下，反对自由的传统和观念在此却以自由论证着一个刑法上具有惩罚性质的刑事责任的根据。我们甚至可以设想，这概因刑事新派的主观主义以此种变异的方式体现出来而已。如果这个假定成立的话，刑事责任根据的命题其学术传统看来仍然存在于大陆法系国家刑法中，苏联的这段过程似乎可以忽略了。

但如上所述，刑事新派的主观主义之自由意志并不在于阐释刑事责任的根据，其主观主义的意志自由立场并不好用以解释转型后刑事责任的根据。这种抽象的道德原则以主体行为之外的标准作为依据，是外在于作为主体的人的行为的，而这些外在的原则或方法，要么是武断的，要么是与人们的行为或行为选择没有必然关系的，因而无法说明人们的行为选择的正当性。[5] 正如陈兴良老师所言，对刑事责任根据的讨论已

---

〔1〕 ［法］萨特：《存在与虚无》，陈宣良译，生活·读书·新知三联书店1987年版，第911页。
〔2〕 ［英］维克托·塔德洛斯：《刑事责任论》，谭淦译，中国人民大学出版社2009年版，第17页。
〔3〕 戴茂堂：《中西道德责任观比较研究》，载《学习与实践》，2007年第6期。
〔4〕 戴茂堂：《中西道德责任观比较研究》，载《学习与实践》，2007年第6期。
〔5〕 李强：《法律的道德论证——一个语言哲学的视角》，载《法律科学》，2006年第5期。

经超越规范而变得虚无了。

刑事责任根据因在起源上的误读制造了一时的虚假学术繁荣，因自由意志上的自我反对产生了超越规范的虚伪，因而在本质上，刑事责任根据的命题是一个假命题。

第三节　传统刑事责任地位的弱势性

刑事责任的地位是一个牵一发而动全身的问题，因为其地位关系到其与罪和刑的关系，进而影响到刑法的全局，即刑法学的体系格局。传统上对刑事责任的研究一直以刑事责任的地位为主线，追寻在合理安排刑事责任地位的同时找到刑法学的完美体系。但是，直至今日，这一问题仍停留在若干年前的水平上。更值得注意的是，在犯罪论向大陆法系倾斜转变后，刑事责任的地位问题在此类新的教科书中悄无声息乃至消失了，[1] 原有的以寻找刑事责任地位进而构建刑法学体系的努力在此情况下被轻易地化解了，这个重大的传统研究课题变得甚至不值一提。从犯罪论现在的发展趋势来看，大陆法系犯罪论的继受几成定论。在这种背景下，刑事责任的定位和角色显然是有必要解决的问题。本节通过梳理刑事责任地位研究现状，指出追寻刑事责任地位的努力是虚幻的，并在剖析罪责刑相适应原则下，探索改变传统刑事责任地位的路径。

一、传统刑事责任地位现状

（一）现有文献分析

1979 年《刑法》第二章第一节规定了犯罪与刑事责任，同年，李光灿和罗平在《吉林大学学报》（社会科学版）第 5 期上发表了《论犯罪和刑事责任》一文，文中指出承担刑事责任是犯罪的特征之一。此后，

---

[1]　参见张明楷：《刑法学》，法律出版社 2007 年版；陈兴良：《刑法学》，复旦大学出版社 2003 年版。

王希仁在 1984 年第 4 期《河北法学》上发表《刑事责任论》一文指出，刑事责任自实施犯罪行为之时产生。此时，学者们已开始注意到刑事责任与犯罪和刑罚的关系问题。之后，张智辉老师在《我国社会主义刑事责任理论初探》一文中首次提出犯罪与刑事责任、刑罚与刑事责任的关系，并首次在我国刑法理论界提出刑事责任是连接犯罪与刑罚的纽带这一论点。[1]"纽带说"在我国第一次出现，但刑事责任的"纽带"地位何以如此并没有得到论证。1986 年至 1988 年，作为法学研究重镇的《法学研究》接连刊发了四篇研究刑事责任的论文，其中分别探讨了犯罪构成（犯罪）、刑罚与刑事责任的关系。[2] 1987 年，刘德法老师在《刑事责任与刑罚》一文中指出刑事责任是连接犯罪与刑罚的纽带。1988 年，高铭暄老师明确指出，刑事责任是犯罪与刑罚之间的媒介，犯罪是负刑事责任的前提，刑罚是负刑事责任的后果。[3] 至此，刑事责任作为犯罪和刑罚连接点、纽带的说法正式确立并成为理论的通说，虽然在今天质疑声不断，但该种现状并没有改变。在中国知网上搜索，专门研究刑事责任地位的论文至今一共有 9 篇。

作者	文章	期刊	期数
张智辉	我国社会主义刑事责任理论初探	《现代法学》	1986 年第 2 期
刘德法	刑事责任与刑罚	《法学杂志》	1987 年第 5 期
余淦才	刑事责任理论试析	《法学研究》	1987 年第 5 期

---

〔1〕 张智辉：《我国社会主义刑事责任理论初探》，载《现代法学》，1986 年第 2 期。

〔2〕 这四篇文章分别是张令杰：《论刑事责任》，1986 年第 5 期；陈泽杰：《犯罪构成与刑事责任》，1987 年第 5 期；余淦才：《刑事责任理论试析》，1987 年第 5 期；刘德法：《论刑事责任的事实根据》，1988 年第 4 期。这应该算是刑事责任理论研究的第一个高潮期，但《法学研究》的倡导并没有引起此时已经创刊的《法律科学》（1982 年创刊）、《法学评论》（1980 年创刊）、《环球法律评论》（前身是《外国法译评》，1979 年创刊）、《法学杂志》（1980 年创刊）等老牌期刊的跟踪研究热潮。从刑事责任的第一篇文章——1979 年李光灿、罗平发表在《吉林大学学报》（社会科学版）上的论文《论犯罪和刑事责任》开始至最新的一篇——徐立在《政法论坛》2010 年第 2 期上发表的《刑事责任的实质定义》一文，时间已过 32 年，在这 32 年间，中文核心期刊一共发表刑事责任基础理论文章 59 篇，年度最多的有 5 篇论文，从文章数量上看，维持在每年平均 1.8 篇的水平上。应该说这是一个较低的水准，从这个角度看，刑事责任与犯罪论等基础理论相比，似乎在我国一直没有成为真正的热点。

〔3〕 高铭暄：《论刑事责任》，载《中国人民大学学报》，1988 年第 5 期。

续表

作者	文章	期刊	期数
高铭暄	论刑事责任	《中国人民大学学报》	1988 年第 2 期
向朝阳	刑事责任的本质及在罪刑关系中地位和作用	《现代法学》	1989 年第 2 期
李希慧	刑事责任若干问题探究	《中南政法学院学报》	1992 年第 3 期
马克昌	论刑事责任与刑罚	《法制与社会发展》	1996 年第 2 期
马克昌	刑事责任的若干问题	《郑州大学学报》（哲社版）	1999 年第 5 期
张　旭	关于刑事责任的若干追问	《法学研究》	2005 年第 1 期

刑法界同时奉献了几本有影响的刑事责任专著。张明楷老师在其专著《刑事责任论》中提出刑事责任是犯罪的法律后果，刑罚是实现刑事责任的基本方式，是刑事责任的下位概念。[1] 张文等老师在《刑事责任要义》中也赞同此观点。[2] 张智辉老师认为刑事责任理论应置于犯罪论之前作为刑法的基本原理来把握。[3] 王晨在其专著《刑事责任的一般理论》中则认为刑事责任既不是犯罪与刑罚的中介，也不是与刑罚并列的概念，而是与犯罪并列的刑罚的上位概念。[4]。

张智辉老师首次提出罪责刑三者的关系，认为犯了罪就要负刑事责任是刑法中的一条定律，[5] 可以认为这是一个不证自明的道理。自此，罪责刑三者之间的关系即被确立下来，从既有之研究来看，这并没有得到有效的证明。诚如张智辉老师所言这是一个基本的定律，似乎更是一个基本常识，违反刑法的应负刑事责任，正如违反民法的应负民事责任、违反行政法的应负行政责任一样。这个基本常识在犯罪、刑事责任、刑罚三者关系的刑法理论框架下被复杂化，成为刑事责任理论的核心和研究热点。但刑事责任作为刑法的基础理论，其地位问题是刑事责任理论的核心命题，该种地位的获得从没有得到过规范的证明是不合适的。

梳理各种刑事责任地位的观点，基本上可以归纳为三种。第一种观

〔1〕　张明楷：《刑事责任论》，中国政法大学出版社 1992 年版，第 149—150 页。

〔2〕　张文：《刑事责任要义》，北京大学出版社 1997 年版，第 73 页。

〔3〕　张智辉：《刑事责任通论》，警官教育出版社 1995 年版，第 15 页。

〔4〕　王晨：《刑事责任的一般理论》，武汉大学出版社 1998 年版，第 125 页。

〔5〕　张智辉：《我国社会主义刑事责任理论初探》，载《现代法学》，1986 年第 2 期。

点是罪—责—刑平行说，认为犯罪、刑事责任和刑罚是相互独立又有联系的三个范畴，刑事责任是犯罪与刑罚的纽带，刑事责任以犯罪为前提，属于犯罪的法律后果，是刑罚的前提，刑罚是实现刑事责任的基本方式。[1] 这种观点是目前较有影响的观点，已成通说，国内刑法教材均是按此编排章节的。第二种观点是罪—责平行说，认为刑事责任是与犯罪相对应并具有直接联系的概念。犯罪是刑事责任的前提，刑事责任是犯罪的法律后果，刑罚、非刑罚处理方法和单纯有罪宣告是刑事责任的下位概念，因此刑罚与刑事责任不应并列，刑法学体系应是犯罪论—刑事责任论的思路。[2] 第三种观点是最上位概念说或者基础理论说，此可以表现为责—罪、刑结构，即刑事责任在价值功能上具有基础理论的意义，它所解释的是刑法的基本原理，因此在体系上不能把刑事责任论放在犯罪论和刑罚论之间，而应作为刑法学的基本理论置于犯罪论之前，并作为刑罚的基本原理来把握。其具体内容应当由犯罪论、刑罚论和罪刑个论来丰富。[3]

从时间跨度上看，从 1984 年敬大力先生首次对此讨论以来，直至今日对刑事责任的地位一直有持续的研究热度。在苏联刑法理论中，并没有刑事责任的地位这一问题。敬大力最早提出，刑事责任填补了罪和刑之间的空白，从而形成了一个解决犯罪问题的前后贯通、层层深化的全面考察问题的线索。罪—责—刑的逻辑结构，应当成为处理刑事案件的具体步骤和过程，成为刑法理论的基本体系。[4] 这种提法与刑事责任作为犯罪之结果的概念契合，并与刑法典的实际体系一致，经进一步诠释成为目前的通说。但正如陈兴良老师所言，这种观点的根本问题是刑事责任无法实体化，其内容是空洞的，没有刑事责任论，整个刑法学的逻

---

[1] 高铭暄、马克昌：《刑法学》，北京大学出版社、高等教育出版社 2000 年版，第 211—213 页；杨敦先：《刑法运用问题探讨》，法律出版社 1992 年版，第 320 页。

[2] 参见张明楷：《刑事责任论》，中国政法大学出版社 1992 年版，第 149 页；张明楷：《刑法学》，法律出版社 1997 年版；敬大力：《刑事责任一般理论研究——理论的批判和批判的理论》，载《全国刑法硕士论文荟萃（1981 届—1988 届）》，中国人民公安大学出版社 1989 年版，第 20 页。

[3] 胡新：《刑法学（总论）》，中国政法大学出版社 1990 年版，第 27 页；张智辉：《刑事责任通论》，警官教育出版社 1995 年版，第 15 页。

[4] 敬大力：《刑事责任一般理论研究——理论的批判和批判的理论》，载《全国刑法硕士论文荟萃（1981 届—1988 届）》，中国人民公安大学出版社 1989 年版，第 20 页。

辑结构的完整并不受影响。[1] 因此，着力于刑事责任的实体化，出现了罪—责平行说和责—罪、刑的观点。罪—责平行说最大的特色在于将刑罚与非刑事处罚作为刑事责任的下位概念，以此来充实刑事责任的具体内容。但该种观点的问题恰恰也正在于此，刑罚和非刑罚是刑事责任的实现方式，但并不能作为刑事责任的内容，否则刑罚和刑事责任二者的界分就成为问题。事实上，在这种理论框架下，持该种观点的张明楷老师论及了刑事责任概念、根据等诸问题，但唯独没有刑事责任的内容。这也正好印证了这种观点仍然无法达到刑事责任实体化的目的。在将刑事责任作为最基础理论的责—罪、刑结构中，刑事责任成为刑法学的核心，着力体现其作为基础理论的意义。但这种观点将犯罪论、刑罚论作为刑事责任论的具体内容，实质上与第二种观点一样，并不会使刑事责任具有自己的独特内容。此后，张智辉老师以刑事责任为中心构建刑法学体系，王晨先生在其著作《刑事责任的一般理论》中所论刑事责任实际上就是犯罪论和刑罚论的内容。这基本是上述第三种观点的延续。将刑事责任等同于犯罪论或刑罚论的观点，实际上在苏联已经出现过，如认为刑事责任是人的行为中具备刑事法律规定的犯罪构成，并且必须经法院用刑事判决方法，使犯罪人依法承担刑罚的处罚，[2] 或者将所受刑罚处罚扩大，认为刑事责任是国家的一种强制方法。[3] 故在本质上，上述第二种和第三种观点均是以刑法中的其他内容作为刑事责任的内容，将刑事责任界定为犯罪的后果，自然无法真正实现刑事责任作为基础理论的地位和产生其应有的内容。

从目前既有之刑事责任地位的观点来看，无论何种学说，其所持的刑事责任概念基本没有差异。我国刑事责任的概念共有十种之多，但都没有脱离刑事责任是犯罪的结果这一核心意义，其结果性、终局性意味极其明显。刑事责任概念的否定说、义务说或负担说等实际上都是责任

---

〔1〕 陈兴良：《从刑事责任理论到责任主义——一个学术史的考察》，载《清华法学》，2009 年第 2 期。

〔2〕 李光灿、罗平：《论犯罪与刑事责任》，载《吉林大学学报》（社会科学版），1979 年第 5 期。

〔3〕 ［苏］Л. В. 巴格里-沙赫马托夫：《刑事责任与刑罚》，韦政强等译，法律出版社 1984 年版，第 12—13 页。

作为犯罪之结果的体现而已，各种学说表述上的形式差异并不具有实质分野。难道不改变刑事责任的概念和内容就可以将刑事责任随意安置于某处吗？刑事责任地位的变化与其概念和内容没有任何关系吗？体现事物本质特征的概念与地位一致性的普适性命题表明，责任地位的差异必然反映于其概念的差异上。依此来看，上述学说在责任概念一致性的情况下对责任地位的调整仅仅具有技术性意义，责任可以随意安置的境况更从反面印证了其地位的弱势。此种技术性的随意安置并不能真正解决责任的地位问题，此种研究能够产生的真正学术增量是值得怀疑的。以结果性刑事责任地位为核心的责任理论必然陷入形式主义的技术性调整的泥潭之中。将刑事责任作为犯罪的结果，是由我国传统义务本位的价值观决定的，契合了我国传统观念，因而将刑事责任视为惩罚和义务。这种根深蒂固的传统认识形成的刑事责任观念，在一定程度上影响着学者在刑事责任地位问题上进行各种调整，而不顾及或者说"集体无意识"地忽略了责任概念和责任地位的关联性这一基本问题。无论刑事责任的地位如何确定，只要刑事责任的本质特征在于惩罚性的犯罪结果上，其地位就永远只能在与罪和刑的关系中徘徊。由此对责任界定的该种前提决定了其地位在罪责刑三者关系中的形式化调整，结果意义上的刑事责任看来注定了刑事责任地位的命运，导致了目前各种形式化调整的观点。因而在静态的结果性刑事责任下，刑事责任的地位问题永远无法得到真正解决，刑事责任研究无法实现进一步的实质性突破。值得注意的一个现象是，凡是研究刑事责任地位的论文几乎都是针对我国传统刑事责任而言的，将大陆法系责任主义的内容向我国传统刑事责任渗透的或者直接研究责任主义的则根本没有提及所谓刑事责任地位问题，这是一个值得玩味的现象。刑事责任地位是理论上一直寻找的作为刑事责任基础理论的标志性命题，传统刑事责任理论的建构即是以此为归属的，难道一定要给刑事责任找到一个所谓的地位吗？如果传统刑事责任向责任主义转向，为传统的静态结果性刑事责任寻找地位的研究或许就没有存在的必要和价值了，那么究竟是问题愚弄了我们还是我们愚弄了自己？

（二）论文引注分析

下面对上述9篇文章所引用的文献进行分析。参考文献不仅能够反映出对过去研究工作的继承和该研究的发展情况,[1] 而且还可以反映论文的研究背景、理由以及目的，能明白地交代该论文的起点和深度。[2] 为增强论证的可信度，现将全部 9 篇文章共 80 个参考文献相关情况列表如下[3]：

学科类型或所属法系	中国刑法	苏联	大陆法系	马列著作	工具书	逻辑学
		1	5			
数量	62	6	7	4	1	

在全部 80 个引注中，中国刑法资料共 62 个，占 77.5%；大陆法系 6 个引注全部出现在 1996 年《论犯罪与刑罚》一文中，但是从内容来看，所有引注均用于一般概念解释，因而严格地说，在刑事责任地位问题上并没有参考国外文献。2005 年《关于刑事责任的追问》一文有 38 个引注，论文系统总结了刑事责任地位研究的现状，但其中也没有引用国外文献。刑事责任理论是苏联的舶来品，苏联刑事责任理论的核心是刑事责任的根据问题,[4] 刑事责任地位问题却是中国学者的独创，清晰体现出其作为地方性知识的中国特点。上述论文中的马列著作引注一共 7 个，其中有 6 个出现在 1988 年之前，另外一个出现在 1996 年，这反映了刑事责任理论初期研究的特色。但从对观点的论证程度来看，由于意识形态的作用，很难判断引证权威经典的真实学术影响力。[5] 论文的引证直接体现了学术产品的知识谱系和信息来源。[6] 从对责任地位使用的研究工具来看，基本处于刑法学自话自说的圈子内，没有吸收其他学科的可能知识向研究的广度和深度扩展，这基本反映了责任地位研究的自闭性，因而其也就无法在新的层面上完成提升和突破。但这只能是假象，因为其是否能够吸收新学科的知识本就是一个问题。因而只能在自造的巢穴

---

[1] 方秀菊：《对参考文献作用及规范化著录的探讨》，载《浙江科技学院学报》，2003 年第 4 期。
[2] 邓宏炎：《参考文献功能探析》，载《江汉大学学报》，2000 年第 1 期。
[3] 需要说明的是，这里的引注是有效引注，因此排除了补白、综述、纯语词说明和法条规定等。
[4] ［苏］皮昂特科夫斯基：《苏联刑法科学史》，曹子丹等译，法律出版社 1984 年版，第 36 页。
[5] 成凡：《从引证看法学——法学引证研究的三个基本方面》，载《法商研究》，2005 年第 1 期。
[6] 成凡：《是不是正在发生？——外部学科知识对当代中国法学的影响，一个经验调查》，载《中外法学》，2004 年第 5 期。

中徘徊而无法进入更广的视域、走进更大的世界，外部引证率的欠缺使得责任地位自我对话陷入自我封闭的趋势不可避免。可以进一步设想，这个没有"前途"的问题，在自闭世界中的唯一结局就是"死亡"，并且这一结局是"前世"注定的。事实上，我国刑事责任整体研究就体现出了这个明显的特征。苏力将 1978 年以来的中国法学，按照时间发展分成三个阶段，即 1978 年到整个 80 年代的政法法学、80 年代中期到整个 90 年代的诠释法学和 90 年代中期以来的社科法学。[1] 而社科法学的显著特征即在于运用和依靠法学之外的其他知识进行法学研究。如果这样来看的话，责任研究外部引注的欠缺在 20 世纪 90 年代后就是不正常的状况。

从上述文章被引情况来看，只在《刑事责任若干问题》中出现一次单向引证。在上述论文中，使用最多的引证是张明楷老师的《刑事责任论》一书，一共 6 次；其次是张智辉老师的《刑事责任通论》，一共 5 次。从时间上看，此后的文章在研究该问题的引注上似乎是吃亏一些，但后面文章对前面文章的引注只出现过一次的事实更让人怀疑此中产生的知识传承作用。值得注意的是，1994 年冯军的博士论文《刑事责任构造》没有被引用一次，虽然其比张智辉的书早面世一年。这似乎也反映了冯军以大陆法系责任为主的研究和中国本土的责任研究很难达到知识的传承和融合效果。在 2009 年刊载在《清华法学》上以责任转型为主题的 3 篇论文中，[2] 一共有 203 个引注，其中外国刑法引注一共 91 个，如果除去陈兴良老师基于学术史的考察产生的 10 个苏联刑法引注外，全部引自大陆法系刑法，其中黎宏和梁根林两位老师的文章对外国刑法的引用全部是大陆法系的。在责任知识的转型背景下，外国刑法学特别是大陆法系刑法理论的引用使责任具有了另一种意义上的解读，但也使责任地位这个在传统责任中重要的问题不觉间消失了。研究工具的转变可以使得对某一观点进行重新解读，但原有问题消失是问题不存在了还是以另外的方式存在？这是应该予以思考的问题。

---

[1] 苏力：《也许正在发生——中国当代法学发展的一个概览》，载《比较法研究》，2001 年第 3 期。

[2] 这 3 篇文章分别是陈兴良：《从刑事责任理论到责任主义——一个学术史的考察》，梁根林：《责任主义原则及其例外——立足于客观处罚条件的考察》，黎宏：《关于"刑事责任"的另一种理解》，均刊发在《清华法学》2009 年第 2 期上。

二、虚假实践品格指引下的错误

　　理论上孜孜以求探讨的刑事责任地位乃基于一种前见的意识，即将刑事责任作为基础性理论，对刑事立法和刑事司法起指引性作用。前面已经分析过，刑事责任的立法功能和司法功能在结果性责任下根本是无法实现的。将刑事责任赋予基础性理论的品格仅仅是基于刑事责任的理论价值来考量的，其根本不具有任何实践意义的可操作性。在此，我们一直标榜的刑事责任的实践意义和理论意义完全没有任何关系。

　　之所以追寻刑事责任的理论基础地位，是因为出于这样一种观念·整个刑事司法的过程都是围绕刑事责任而展开的，而刑事立法也是以追究刑事责任为中心的。[1] 但从司法实践来看，以最常见的司法解释为例，除了对刑事责任年龄和未成年人犯罪这种责任主体做过司法解释外，并没有专门针对所谓刑事责任的解释。关于刑事责任年龄和未成年人犯罪主体的解释也并不是基于刑事责任的解释，更多的是基于作为犯罪成立条件之一的犯罪主体的解释。刑事责任是刑事立法的指引和刑事司法所追寻的目标，但这并不意味着这种作为犯罪成立后果的结果性刑事责任就必定具有基础理论的意义和功能。举个例子，对于竞技体育比赛而言，参赛者均想获得冠军，之前的各种训练均是以此作为目标。但任何一个参赛者在获得冠军前关注的只是如何训练以提高自己的水平，这个过程做好了，自然的结果就是能够获得好名次乃至冠军。在这整个过程中，好名次或者说冠军并不能实质性地在技术上促使迈向这个结果的过程更有意义。好名次或者说冠军的结果会在心理上对运动员产生激励作用，但对于最重要的实力或技术层面是没有意义的。而作为犯罪成立后果的刑事责任其实就好似冠军或好名次的结果，冠军的指引作用只是形式的，因而刑事责任的作用也仅限于此，它并不会突破冠军这个指向所具有的功能。

　　这样看来，如果将刑事责任界定为犯罪的后果，其是不可能真正具有基础理论的作用的。在我们前见的支配下，将刑事责任定位于基础理论是一厢

---

[1]　赵秉志：《刑事责任基本理论问题研讨》，载《中央政法管理干部学院学报》，1995 年第 1 期。

情愿的。其实践性的指引功能正如冠军荣誉给参赛选手带来的心理刺激一样，是没有现实意义的。如果刑事责任的理论意义最多体现为解决罪责刑三者的关系，那么在犯罪论转型的背景下，这一问题也变得不再具有意义了。

三、罪责刑相适应异化下的结论

在苏联和大陆法系刑法理论中均不存在所谓刑事责任地位的问题，但在大陆法系刑法中存在罪刑相适应原则，这是近代刑法中与罪刑法定原则并驾的基本原则。我国刑法中并不直接存在罪刑相适应原则，而是罪责刑相适应原则。有人认为，罪责刑相适应原则是刑事古典学派与刑事社会学派理论精华在我国的巧妙结合，是我国刑事立法上一项新的创举[1]。的确，罪责刑均衡原则的提出，将责任作为罪和刑的连接点，解决了罪无法包含的但对刑具有意义的内容的归属，使得刑事责任的地位在此原则下进一步巩固。并且，罪刑均衡原则作为近代刑法的重要原则，已成西方各国刑法乃至宪法原则，因而影响甚大，几成圣典。罪责刑均衡原则借助罪刑均衡原则的影响和意义，自然也就具有了貌似神圣的一面，其在我国刑法上也被誉为与罪刑法定原则同等重要的刑法基本原则。事实上，以罪责刑均衡原则作为巩固三者关系并进一步坚实刑事责任地位的效果是不可信的，因为罪责刑均衡原则本身就是异化的产物。

罪刑均衡原则为刑事古典学派提出，而无论是功利主义还是报应主义刑罚论均持罪刑均衡观点，刑事古典学派的代表贝卡利亚明确提出，犯罪对公共利益的危害越大，促使人们犯罪的力量越强，制止人们犯罪的手段就应该越强有力，这就需要刑罚与犯罪相对称[2]。罪刑均衡论兴起于启蒙思想，根本上是为了防止司法专横和罪刑擅断，满足了普通民众的朴素正义感，能够实现对受害人的抚慰作用。罪刑均衡原则后经法国1789年《人权宣言》和1810年《刑法典》所确立，正式成为近代刑法的一项基本原则。

---

〔1〕 赵廷光：《罪刑均衡论的兴衰与罪责刑均衡论的确立》，载《山东公安专科学校学报》，2003年第4期。

〔2〕 ［意］贝卡利亚：《论犯罪与刑罚》，黄风译，中国法制出版社2002年版，第79页。

但是，在 19 世纪末期，基于刑事古典学派无力解决当时日益高涨的诸如累犯等问题，刑事社会学派为避免法官机械地适用法律，开始关注犯罪人，使行为刑法转向行为人刑法，并对刑事古典学派的罪刑均衡提出批评，认为罪刑均衡的做法实际上是"忘记了罪犯的人格，而仅把犯罪行为抽象为法律现象进行处理，这与旧医学不顾病人的人格仅把疾病作为抽象的病理现象进行治疗一样"[1]。因此，必须依犯罪人的个人情况进行刑罚个别化，而不是依据完全客观的犯罪行为及实际的损害结果。由此，刑事社会学派提出刑罚的轻重不是和客观的罪行相适应，而是要和犯罪人承担的刑事责任相一致。而刑事责任的本质是具有反社会性格的人必须承受被处分的地位，亦即为了保卫社会，必须摆脱这种具有危险性格的人的侵害，对具有危险性格者加以防卫处分[2]。自此，刑事社会学派提出了责刑均衡的刑法理念。但是很显然，这里的责任并不是我国刑法上的作为犯罪结果的刑事责任。

刑事古典学派和刑事社会学派分别基于公正和功利的不同出发点，提出罪刑均衡和责刑均衡论，而事实上，公正的报应和预防的功利在针对犯罪人的处罚中都是需要的，因而时至今日，出现了所谓并合主义趋势，在关注犯罪客观行为和危害的同时，注意消除犯罪人的人身危险性，实现个别预防。但从今天西方各国的刑法来看，并没有出现我国刑法上的罪责刑均衡原则，虽然该原则的确在司法、行刑上做到了罪、责与刑的均衡。在西方刑法中起到该种作用的是责任主义原则。

责任主义是在启蒙思想影响下，基于反对古代和中世纪的"客观结果责任"和"团体责任"出现的，最初的"没有责任就没有刑罚""无犯意即无刑罚"的口号明显体现出主观归责的诉求，此时的责任主义是具备主观可谴责性基础上的归责之责任主义。刑事古典学派以客观主义为基点讲罪刑均衡，但并不是忽视行为人的主观归责；相反，古典学派罪刑均衡的产生也具有反对主观归罪和客观归罪的中世纪刑罚背景。在责刑均衡出现后，责任具有了量刑的意义和功能，量刑之责任主义是在

---

〔1〕 ［意］菲利：《实证派犯罪学》，中国人民公安大学出版社 2004 年版，第 178 页。

〔2〕 王晨：《刑事责任的一般理论》，武汉大学出版社 1998 年版，第 29 页。

行为人客观危害基础上，根据行为人主观应受谴责性的程度，综合考虑各种影响刑罚适用效果的因素对行为人应承担刑法的考量。[1] 责刑均衡所强调的责显然更多地具有量刑责任主义之意。从此角度看，责刑均衡之责更不会是我国刑法上的刑事责任之责。

至此，我国学者认为罪责刑相适应原则是罪刑适应和责刑适应结合而成的结论不无疑问。虽然持此论者也认为大陆法系的责任和我国刑法上的责任并不是一回事，[2] 但在罪刑均衡和责刑均衡结合后，这里的责却转变为我国罪责刑均衡原则中的责任，显然是因为没有真正落实二者具有不同概念的事实。在大陆法系刑法责任主义下，人身危险性成为影响量刑的重要因素，其是在量刑之责任中存在的。在我国学者提出罪责刑均衡原则后，人身危险性显然不存在于罪中，更不会存在于刑中，因此只能在刑事责任中寻找寓所，因而刑事责任被认为是行为人的人身危险性程度。[3] 这显然和刑事责任是犯罪后果的责任概念和定位相互矛盾。因为，既然是犯罪的后果，那么人身危险性又何以会成为犯罪后果的内容？人身危险性本来就不可能是犯罪的后果，相反，它是产生犯罪的前提而已。为什么大陆法系刑法理论历经数百年都没有提炼出所谓的罪责刑相适应原则，而在我国没有多少底蕴的刑法理论下却能迅速产生该原则呢？问题还在于刑事责任这个概念。在大陆法系刑法发展中并没有关注作为结果意义上的刑事责任概念，虽然其在立法和司法上也使用这一概念，但在理论研究上基本不予关注。此中原因，本书前已论及。大陆法系的责任转变为我国刑法上的刑事责任后，既然将其定位于犯罪的后果，则其自应由犯罪的严重程度决定，相应地，在我国已被认可的罪刑相适应原则此时必须跟罪与刑事责任相适应原则进行结合，故此，罪责刑相适应原则在错解责任、忽视二者差异的基础上产生，也就在根本上错解了刑事社会学派的责刑均衡原则。

---

[1] [德] 汉斯·海因里希·耶赛克、托马斯·魏根特：《德国刑法教科书》，徐久生译，中国法制出版社 2001 年版，第 490 页。

[2] 赵廷光：《罪刑均衡论的兴衰与罪责刑均衡论的确立》，载《山东公安专科学校学报》，2003 年第 4 期。

[3] 陈兴良：《刑法疏议》，中国人民公安大学出版社 1997 年版，第 97 页。

借助于大陆法系罪刑均衡和责刑均衡的外衣，罪责刑相适应原则在1997 年《刑法》中正式成文，罪责刑相适应原则的提出也进一步巩固了责任作为罪和刑连接点的地位，但这个原则只是一个异化的产物。事实上，作为常识，能够和犯罪相适应的，或者说能够让犯罪行为负的责任，不仅仅是刑事责任，还有民事赔偿责任、行政责任等。只有行为人负担了全部应有法律责任后，才能说这些法律责任和行为人的犯罪行为是相适应的。从上述的刑事责任实践意义的缺失也可以发现，所谓罪与责任相适应、责任与刑相适应并不具有任何实践意义，司法上基本忽略了所谓的责任认定过程，从而直接形成从罪到刑的应用。因此，作为权威的刑事责任的地位在罪—责—刑三者关系的规范性解读下并不能成立。

四、改变传统刑事责任地位的路径

值得注意的是，张旭教授将刑事责任的地位归纳为添加模式、修正模式和替代模式。[1] 这种观点没有从责任地位如何的实体内容上归纳刑事责任的地位，而是用如何解决责任地位的方法来探讨这个问题，无疑相当具有新意。之所以不从责任地位的内容上进行归纳，其决定性因素正在于目前刑事责任地位各种观点的现状，即均是技术调整性的。在添加模式和修正模式中，都有将刑事责任作为犯罪之后果的学者，[2] 替代模式中虽不直接使用"刑事责任"一词，而使用责任的概念，但从其内容看，仍然属于刑事责任论研究的范畴。[3] 这三种刑事责任地位的模式，实际上只是解决刑事责任地位的方式或者说是方法技术，就刑事责任的地位来看，替代模式实际上是以模糊刑事责任地位问题的方法回避此问题，况且替代模式中的责任也并不是我国刑法理论下的刑事责任。修正模式虽然将刑事责任的内容予以修正，但从主张修正模式的观点来看，一种是将刑事责任作为犯罪的后果，另一种是否认刑事责任作为犯罪后

---

〔1〕　张旭：《关于刑事责任的若干追问》，载《法学研究》，2005 年第 1 期。
〔2〕　马克昌：《刑事责任的若干问题》，载《郑州大学学报》（哲学社会科学版），1999 年第 5 期。
〔3〕　张旭：《关于刑事责任的若干追问》，载《法学研究》，2005 年第 1 期。

果，而将其作为刑法学的基础理论置于犯罪论之前。[1] 从持该种观点的学者认为刑事责任的概念"体现国家对犯罪的否定性评价由犯罪人来承受的刑事上的负担"来看，刑事责任仍然是一种后果，况且，持该种观点的学者也承认"把刑事责任归结为责任或法律后果，或义务或责任，并不矛盾"。[2] 因此，在刑事责任的法律地位问题上，除了替代模式回避刑事责任的地位外，添加模式和修正模式都认为刑事责任是犯罪的后果，是惩罚本身的载体。因此，我国刑法中的刑事责任具有结果的性质，其以犯罪为前提，是由犯罪所引起的一种结果。[3] 这种技术性调整并无法真正解决刑事责任的地位，无论如何调整，刑事责任都是犯罪的结果，是犯罪和刑罚的连接点。

对刑事责任地位的技术性调整从反面说明解决刑事责任的地位问题，使其具有基础理论的意义和功能并不能从技术上进行。原因即在于，如果不改变刑事责任的概念、内容等实体性内容，将其作为犯罪的后果，是不可能真正实现其作为基础理论的功能的，对其地位的技术性调整反而留下了其地位弱势的口实。以此来看，我国刑法学上存在的众多观点均犯有逻辑关系颠倒的错误。责任的地位应该是由责任的实体性内容决定的，而不是相反。因而在目前的研究中，仅仅将刑事责任的地位作调整而不改变其概念或内容显然是无法达到效果的。在将刑事责任实体化的诸如张智辉和王晨等人的上述修正模式研究中，仍然将刑事责任限定为犯罪的结果这一根本性特征上，这与其实体化内容并不能完全兼容，无法做到概念和内容具有同一性。

技术性调整无法解决刑事责任的地位问题，症结即在于其在传统刑事责任的框架下探寻地位，这就需要改变传统刑事责任的静态结果性概念。换言之，我们需要寻找的并不是传统刑事责任的地位，似乎其终难堪大任。刑事责任应实现从静态结果性责任向动态过程性责任转变，使动态性责任体现于犯罪成立及刑事处罚的整个过程——渗透于刑法之中。如果可以实现这一点的话，刑事责任的基础性理论意义无疑就会自然获

---

〔1〕 张智辉：《刑事责任通论》，警官教育出版社1995年版，第15页。
〔2〕 张智辉：《刑事责任通论》，警官教育出版社1995年版，第75—80页。
〔3〕 李居全：《刑事责任比较研究》，载《法学评论》，2000年第2期。

得。在我国现有刑事责任地位学说中，已有两种观点体现出责任的这种特征：一是张旭老师提出的以刑事责任的视角将刑法总论分为刑事责任的确立、排除、实现和终结等几个阶段。[1] 二是李永升老师提出的刑事责任应当贯穿于整个刑法学体系当中，按照"刑事责任—犯罪—刑事法律后果"的逻辑结构建立刑法体系。[2] 这两种观点均突破了将罪、责、刑并列的做法，使得刑事责任与罪和刑形成上下位关系。与此接近走得更远的观点认为，刑事责任并不是连接犯罪与刑罚的中介，而是"包含犯罪与刑罚在内并以此为核心的一个刑法的全局性概念"[3]。本书同样主张刑事责任应贯穿于整个刑法（学）中，刑事责任定位于静态结果性责任是无法实现这个目的的，唯有静态结果性刑事责任转变为动态过程性责任，才能实现刑事责任地位的质的变化。如何使责任具有动态过程性，在下面的研究中将对此作出论证。

第四节　传统刑事责任规范性的缺失

作为刑法的一个规范性概念，结果性刑事责任本来应具有规范的意义，但规范性在传统刑事责任中根本无所体现，其规范意义的缺失也是致命弊病。

一、无法体现责任的成立过程

我国传统的结果性、静态性刑事责任意味着犯罪成立后产生刑事责任，从犯罪成立到责任出现是自然结果。缘何犯罪后产生的就是刑事责任而不是其他的东西？从犯罪到责任的演变逻辑在静态性责任理论下是无法得到

---

〔1〕 张旭：《关于刑事责任的若干追问》，载《法学研究》，2005 年第 1 期。
〔2〕 李永升、林培晓：《刑事责任在刑法学体系中之反思与重构》，载《江西公安专科学校学报》，2008 年第 1 期。
〔3〕 梁华仁、刘仁文：《刑事责任新探———对"罪、责、刑"逻辑结构的反思》，载杨敦先：《刑法运用问题探讨》，法律出版社 1992 年版，第 22 页。

解释的。表面上从责任的历史演变过程来看这似乎是无须证明的道理，但刑事责任作为对犯罪人的规范评价，其产生的机理就有必要得到规范性解释。

从大陆法系犯罪论体系的历史发展过程来看，由于主观的违法要素之发现、目的行为论之提倡以及社会生活的变迁等原因，作为犯罪成立要件的责任之故意和过失内容，在犯罪论体系中经历了从责任到违法再到构成要件的转移。[1] 责任内容向违法性和构成要件两个条件的渗透，使得其贯穿于犯罪成立三个要件的始终，层阶式犯罪成立体系正是在狭义责任的塑造下最终成熟。如果说在我国刑法理论中，犯罪成立导致产生刑事责任进而到刑罚这一结果的话，则在大陆法系刑法中，犯罪成立同时就意味着责任成立，产生从犯罪到刑罚的直接后果。大陆法系国家的犯罪与责任同义[2]，正是在这个意义上使用的。因而在大陆法系国家，结果性责任以间接的方式存在于犯罪成立的三个条件之中，注重的是责任成立的过程，犯罪成立同时意味着责任成立，不存在犯罪成立后再到责任成立的过程，这样刑事责任的结果意味自然就不存在。这正是大陆法系国家并不强调结果性刑事责任的原因。既然犯罪成立即为责任成立，更能说明犯罪成立同时就自然产生责任这一结果，只是这个结果自然体现于犯罪成立过程中而已。在这个意义上，结果性刑事责任在大陆法系刑法中不是没有受到重视，只是注重将刑事责任以这种规范性方式演绎出来而已，是在与犯罪的关系上得到生成与说明，以更为理性和规范性的方式存在于犯罪成立的过程。在大陆法系刑法中，最广义的刑事责任包括狭义的责任和结果意义的刑事责任，[3] 结果意义的刑事责任之成立在犯罪成立过程中的演绎生成过程恰恰能够说明这一点。将刑事责任等同于犯罪在英美法系国家刑法中体现得更为明显，其理论上基本的命题即是刑事责任由犯罪行为和犯罪意图构成，这两个要素是刑事责任的基本原则。[4] 几乎在所有的英美刑法理论中均是作如此表述，由此刑事责

〔1〕 甘添贵：《故意与过失在犯罪论体系上之地位》，载蔡墩铭：《刑法争议问题研究》，五南图书出版公司1998年版，第103—107页。

〔2〕 李居全：《刑事责任比较研究》，载《法学评论》，2000年第2期。

〔3〕 [日] 曾根威彦：《刑法学基础》，黎宏译，法律出版社2005年版，第244页。

〔4〕 Cross & Jones, *Introduction to Criminal Law* (10th ed.), by Richard Card, Butterworths, 1984, p. 20.

任等同于犯罪构成在英美刑法中体现得更为直观。我国学者的众多研究均表明这是英美国家实用主义的思维结果，但就规范性而言，直接的因素在于制度设计的结果。我国学者一直强调两大法系在犯罪构成上的差异性，或许并没有认识到这种差异只是表面的，在犯罪成立过程中体现的行为人应承担之责任的生成这一根本问题上是完全一致的。

由此，在任何国家的刑法中，作为犯罪结果意义上的刑事责任都是存在的。但结果性刑事责任在我国和其他两大法系的发展，却呈现了不同的道路。表面上其理论得到了繁荣，大陆法系和英美法系国家对该种刑事责任理论上几乎没有提及，原因即在于两大法系均对该种意义上的责任进行了规范性生成的演绎，其成立的过程能够得到自然说明，从犯罪到责任的产生在逻辑上得到了规范解释。而我国的刑事责任完全是结果性的责任，与犯罪成立几乎没有具体联系。由此，两大法系的责任均得到规范性诠释，在与犯罪构成的关系上体现了责任成立过程。在我国刑事责任则脱离了与犯罪成立的具体关系，成为犯罪成立之后的静态性结果，"责任是如何成立的"这一刑法上的根本命题无法在我国刑法中得以解决。不仅如此，在我国，结果性责任导致的犯罪成立后责任才产生的传统观点还导致了理论与实践相悖的逻辑矛盾。将刑事责任作为一种静态的结果对待，在犯罪成立之后责任才成立，直接后果是将责任认定和犯罪认定分开，但在我国绝不会出现犯罪成立而刑事责任不成立的情况，无论刑事责任的实现方式如何。实践中绝不会有司法人员在认定犯罪成立的基础上再认定行为人的行为是否成立刑事责任，而是直接在犯罪成立的基础上解决对该人如何处罚的问题。在此意义上，在犯罪产生之后责任才产生的理论是不具有实践品格的，同时也导致了理论和实践脱离的逻辑悖论。由此，犯罪成立等于责任成立的命题必须在我国确立。

二、无法包含责任的应有内容

我国当前刑法学教材"刑事责任"一章由概念、地位、功能、根据以及其存在的阶段和解决方式等几个方面组成的，并没有刑事责任的内容这一实体性内容，似乎其地位、功能等无须依附于实体内容而存在，这种尴尬完全是由传统刑事责任根本就没有实体内容决定的。在这个意义上，传统刑事责任真的成为了"苍白的概念动物"而徒具形式。从"责任"一词产生的最初指"对国王或议会的管理负责，值得信赖或有能力履行自己的义务，负责精神"之意义来看，责任最初含义即显示着主观方面的要素蕴含于其中。在刑法学历史上，刑法学家 S. 普芬道夫（Sumuel Pufendorf）首次在刑法中提出"责任"的概念，揭示了犯罪人与犯罪行为之间的内在联系，并以此作为刑罚后果的归责基础，并逐渐发展为近代刑法上的责任主义，[1] 由此，刑法中的刑事责任才被人类知识所捕获。如果从责任正式产生之后的意义看，具有主观评价内容的刑事责任才算是真正的刑事责任。从法律责任的历史发展来看，具有故意或过失的过错责任之确立是资本主义法律的成就，自由资本主义时期的民法典——1804 年法国《民法典》第 1383 条的规定就是明证，[2] 而这个强调主观罪过的立法最终发展出兼顾主观与客观的一般意义上的法律责任。

由此，刑事责任从其产生之初即内含有主观的要素，这个主观要素即是作为人的主观认识的故意或过失。从我国目前理论上之刑事责任的产生来看，20 世纪 80 年代以来，随着刑法理论研究的逐渐深入，我国学者开始考虑将"刑事责任"这一范畴导入罪刑关系当中，[3] 自此陷入了与罪、刑二者关系的纠缠之中。而这个"刑事责任"自其产生时起即被认为是犯罪的后果，因而与主观要素无关。事实上，刑事责任依托于整个刑法学从苏联引进的背景，在此之前其已经先天性地具有了该种结果性的特征，同时也因主观要素是犯罪成立的条件之一，因而作为犯罪结果的责任自然与行为人的主观罪过无关。结果性刑事责任因此无法包含责任的应有内容，无论是从历史的角度还是从责任的应有内容上看，这都是不合逻辑的。

---

〔1〕［德］汉斯·海因里希·耶赛克、托马斯·魏根特：《德国刑法教科书》，徐久生译，中国法制出版社 2001 年版，第 503 页。

〔2〕毕成：《论法律责任的历史发展》，载《法律科学》，2000 年第 5 期。

〔3〕肖世杰：《刑事责任与人权保障———以中外刑事责任理论的比较为视角》，载《广州大学学报》（社会科学版），2009 年第 7 期。

三、无法划分责任的应有层次

从刑事责任的初始内容可以得知，刑事责任最初之义为刑罚后果的归责基础，这种意义上的责任后来逐渐发展成为近代刑法上的责任主义，即有责任才会有刑罚，在犯罪成立的意义上责任成为决定犯罪的因素，而能够决定对行为人进行谴责正是基于行为人主观归责要素的存在。在这个意义上，责任首先是犯罪成立意义上的，因此为定罪之责任。在犯罪成立等于责任成立的意义上，定罪责任促使责任成立之后的责任即是结果责任，相对于这一结果责任，定罪之责任即为狭义责任，这是责任的第一个层次。人身危险性概念的出现赋予了责任的量刑意义，我国传统刑事责任是容纳人身危险性的上位概念。[1] 这样，即便是我国传统刑事责任也具有影响量刑的意义。实际上，我国刑事责任的意义主要就是针对量刑而言的。

责任具有量刑的意义是人身危险性赋予的功能。在刑事实证学派的努力下，防卫社会成为刑罚存在的根据，刑罚的大小应根据人身危险性的大小决定，应立足于未然的犯罪寻找刑罚的根据。[2] 至此，人身危险性概念在刑法历史上首次出现，并成为影响刑罚的重要因素。实证学派是在预防犯罪的意义上使用人身危险性这一概念的，但人身危险性致命的缺陷在于其概念所具有的弹性使得其和罪刑法定原则相冲突，并可能使得刑法的安定性特征被破坏，人权保障受到冲击，因此，人身危险性对刑罚的影响必须限制在由犯罪行为决定的刑罚幅度内。但在这个幅度内，人身危险性仍然只具有减轻刑罚的意义而不可加重刑罚，这是由人权保障的基本价值决定的，这是责任限制刑罚的第二个层次意义。我国结果性刑事责任无法划分责任的应有层次，只具有影响量刑的意义，但这个意义也并没有被界定为限制刑罚的意义。如果责任构成即为犯罪构成，责任的归责之意必须得到确立。而归责责任和量刑责任使得责任具

---

〔1〕 陈兴良：《刑法的价值构造》，中国人民大学出版社 1998 年版，第 625 页。

〔2〕 卢建平：《刑事政策学》，中国人民大学出版社 2007 年版，第 53 页。

有了自己的实体内容，改变了传统刑事内容的空洞和虚化。

四、无法诠释责任的规范评价

犯罪成立的过程体现了责任的成立，如果说犯罪成立是对行为人的客观事实行为进行了规范评价的话，那么在犯罪成立等于责任成立的条件下，责任无疑是对犯罪人的规范评价。其实，我国刑法理论上关于刑事责任概念的"评价说"也能在形式上反映这一点。刑事责任的应有内容内含有行为人的主观归责要素，这种主观的归责要素即是行为人应受谴责的主观心理状态。换言之，正是由于行为人的这种主观心理才具有了法律上的可谴责性，上述责任演变的历史事实上也显示了这一点。因而在本质上责任是对行为人的非难可能，[1] 亦即谴责可能。这样，责任必然具有规范性评价的意义和效果。

从结果性刑事责任来看，由于是犯罪成立的后果，这事实上导致其脱离了与犯罪的具体联系，已无法说明责任的产生机理，因而失去了责任的规范评价意义和功能。在我国，也有认为刑事责任是对行为人否定评价或谴责的观点，[2] 但从根本上，刑事责任作为犯罪后果的本质没有改变，因而这种评价或谴责只是形式上的宣示而无法说明评价本身的真正内涵。在结果性刑事责任中，责任的规范评价意义根本就无法存在。正是由于无法规范地证明责任的实体之成立过程，传统刑事责任更多地具有政治评价意义，规范性评价要义仅具有形式上的宣示意义。责任的规范评价是通过责任的主观要素实现的，责任在内容上包含了行为人的主观要素，作为对行为人的法律评价，主观要素彰显了该种评价的必要与意义，故在这个意义上，离开了规范评价，主观恶性就无从谈起。[3]

---

〔1〕 徐立：《刑事责任的实质定义》，载《政法论坛》，2010 年第 2 期。
〔2〕 冯军：《论刑事责任》，法律出版社 1996 年版，第 33 页。
〔3〕 陈兴良：《论主观恶性中的规范评价》，载《法学研究》，1991 年第 6 期。

第七章
传统刑事责任与民事责任和行政责任

第一节　传统刑事与民事责任：从界分到融合

　　作为法律责任之两大重要形式，将刑事责任和民事责任予以清晰界分历来是司法实务之要点与理论研讨之热点，学界更有以"刑民分界论"为主题而出版洋洋大作者，足见刑民关系界分之重要性。此种清晰界分和厘清为不同责任之承担、防止不当入罪或出罪极具重要意义，此点乃是目前界分刑事责任与民事责任关系之中心，从已有之研究成果来看，毫无例外均是以界分二者关系为任务。但本书认为，刑事责任与民事责任的关系不仅仅止于二者关系之界分上，在厘清责任的层面上将二者界分是必要的，但在责任的承担上，在修复性司法理念的宽恕正义视角下，二者的关系应该从界分走向融合，在责任的承担上将二者予以厘清不仅是不可能的，也是没有必要的。因此，刑事司法中处理刑事责任与民事责任的关系应经历两个阶段，即责任划分上的厘清阶段和责任承担上的融合阶段，这才是刑事案件中刑事责任与民事责任关系的全部。基于对已有研究成果的尊重、认可以及从研究的视角和重点出发，本书将研究的重点置于刑事责任与民事责任关系的融合层面，从而与已有之研究成果共同达到完整诠释二者关系的目的。

一、刑事责任与民事责任融合之价值

（一）社会关系的修复价值

　　在我国刑法中，刑事责任之承担历来被认为是对国家的责任，我国

刑法上存在的诸如刑事义务说、否定评价说等刑事责任的概念即清楚地反映了这一点。[1] 刑事责任是犯罪人对国家承担的责任成为通识之说。如果从我国刑事司法的运行过程和国家构建的解决被告人刑事责任的平台来看，刑事责任重在国家对犯罪人惩罚和报复的特征更加明显。

我国的刑事司法程序以解决被告人的刑事责任为中心，一切程序的进行皆围绕此进行。在侦查的过程中，侦查处于秘密进行的状态，由侦查机关单方进行，即使连受害人自身都无从知晓具体的过程。在整个诉讼中，刑辩律师的权利受到限制，连法律规定的权利有时都极难实现。[2] 而作为犯罪行为的被害人并不具有诉讼主体的地位和身份，[3] 其只是诉讼中的被害人陈述此一证据形式的载体而已。被害人在直接关切自己利益处理的刑事纠纷解决机制中被排除在外，刑事诉讼程序的运行只是为了解决对被告人的惩罚而已。被害人无法直接参与诉讼使得受害人无法在诉讼中直面侵害自己权利的人，在诉讼的过程中，两者自始至终无法真诚地一起面对过去，解开纠纷发生的症结。因此，刑事诉讼程序虽然结束，但被害人仍然处于对被告人的痛恨和憎恶之中，现有之诉讼程序完全忽视了对被害人创伤的平息和情感抚慰。被告人也常常认为事出受害人而心不服判，或者无法从内心的愧疚、愤怒和耻辱中解脱出来。[4] 这样在对被告人惩罚的诉讼理念下，刑事诉讼程序的终结并没有使被破坏的社会关系得到恢复。在刑罚的执行上，执行的封闭性使得犯罪人无法得到重新复归社会的真正改造，刑满出狱的结果常常是不适应社会而再次犯罪。因此，传统的刑事责任独关注于对犯罪人的惩罚，而忽视了对被破坏的社会关系的修复。

民事责任重在对受害人权利的回复、补偿和预防等，[5] 因此其重要的价值在于安定性，使社会关系处于和谐状态，救济受害人权利和弥补

---

〔1〕 张京婴：《也论刑事责任》，载《法学研究》，1987 年第 2 期；余淦才：《刑事责任理论试析》，载《法学研究》，1987 年第 5 期。

〔2〕 陈兴良：《为辩护权辩护——刑事法治视野中的辩护权》，载《法学》，2004 年第 1 期。

〔3〕 徐静村：《刑事诉讼法学》（上），法律出版社 1997 年版，第 72—74 页；龙宗智、杨建广：《刑事诉讼法》，高等教育出版社 2003 年版，第 73 页。

〔4〕 吴宗青：《论恢复性司法的本土资源与制度构建》，载《法学论坛》，2006 年第 3 版。

〔5〕 余能斌：《民法学》，中国人民公安大学出版社、人民法院出版社 2003 年版，第 619 页。

损失，纠正被扭曲的民事法律关系，保护民事法律秩序，扭转无序、混乱的社会关系回归有序、安定的状态。[1] 在价值取向上，如果说刑事责任重个人自由而轻社会秩序，民事责任则重社会秩序而轻个人自由。[2] 如果说民事责任在于直接保护被害人的利益，则刑事责任只是通过对犯罪人的惩罚而间接保护被害人的利益。[3] 因此，就价值取向和功能来看，刑事责任和民事责任在相当程度上是互补和衔接的，通过刑事责任和民事责任的融合，在达到对犯罪人惩罚的同时亦能在相当程度上修复被破坏的社会关系。仅仅是刑事责任的承担无法克服上述弊病，仅仅是民事责任的承担又是错误的不当出罪。因此，在责任的承担上，刑事责任和民事责任的融合为社会关系的修复提供了可能的路径。

（二）法律责任的一体化价值

刑事责任和民事责任在认定上历来追求界限分明的状态，对于正确界分刑民交错案件，厘清两种责任是重要的，但二者绝对厘清的状态实际上应止于定罪之时，在责任的承担阶段，刑事责任和民事责任的承担应该是一体的。

在法律责任产生之初，刑法与侵权行为法具有血缘上的联系乃是一个不争的事实，[4] 刑事责任和民事责任即处于混沌的一体化状态，这种状态只是人类无法厘清两种法律关系所致。随着社会的发展，刑民关系变得清晰，刑民分立程度成为国家文明进步的标杆。[5] 但任何刑事犯罪行为都同时是一种侵权行为，甚至可以说刑事犯罪行为首先是一种特殊的侵权行为，换言之，刑事犯罪行为同时具有刑事违法性和民事违法性双重性质，在一般情况下，不具有民事违法性的行为就不可能具有刑事违法性。在责任的承担上，行为人理应对此行为承担双重责任。如果刑

---

〔1〕 杨磊：《论民事责任的价值》，载《法制与经济》，2008 年第 4 期。
〔2〕 于改之：《刑民分界论》，中国人民公安大学出版社 2007 年版，第 91 页。
〔3〕 王泽鉴：《损害赔偿法之目的：损害填补、损害预防、惩罚制裁》，载《月旦法学杂志》，2005 年第 8 期。
〔4〕 沈玉忠：《刑事责任与民事责任衔接与协调的实现——以损害赔偿为切入点》，载《武汉科技大学学报》（社会科学版），2008 年第 1 期。
〔5〕 沈玉忠：《刑事责任与民事责任衔接与协调的实现——以损害赔偿为切入点》，载《武汉科技大学学报》（社会科学版），2008 年第 1 期。

事责任是专对国家之惩罚责任的话，则此时之民事责任就是对受害人应负担之补偿或赔偿责任。两种责任虽针对同一个行为，但针对的是不同的主体出于不同的意义而进行，而且两次评价性质亦是完全不同的。从另一个角度看，一个行为的刑事违法性和民事违法性是行为违法程度的差异，从而产生了从民事违法上升到刑事违法的违法程度发展样态，这使得一个行为在发展的过程中行为性质发生了变化，性质的变化使其具有了适用不同法律进行规制的可能和前提，亦使行为的单纯性发生模糊，双重性质特征凸显。在上述两个意义上，对一个行为不可作二次评价的原则并不适用于此，行为人对自己的民事违法阶段行为和刑事违法阶段行为理应承担不同的责任。这样在一个概括性刑事违法行为下，民事责任和刑事责任即具有了一体化，换言之，在任何一个刑事案件中，民事责任的承担和刑事责任的承担都应是同时的和一体的，法律责任的两种形式于是必然在承担上纠结在一起。正如有学者所言，民事责任和刑事责任都是为同一个社会目的服务，因此在结果上不应当将二者的责任相互累积，应差额计算，民事责任是第一次制裁，刑事责任是第二次制裁。[1] 一体化的法律责任兼及对受害人和国家之义务，彰显着行为人完整意义上的行为责任，由此刑事责任和民事责任融合的一体化法律责任价值必须得到关注和提倡。

二、刑事责任与民事责任融合之可能

（一）责任存在的一般性

在我国目前为数不多的研究中，一般将刑事责任和民事责任的关系定位于刑民交错案件之中，在此类案件中，由于责任难以厘清，责任的界分就受到格外的关注。但实际上，民事责任和刑事责任的关系不仅存在于民刑交错案件之中，而且也存在于所有一般刑事案件之中。

将民事纠纷和刑事案件予以厘清，如上所言，是人类社会进步的标志。随着社会关系的复杂化，将二者完全予以厘清具有一定的困难，在

---

〔1〕 程红：《刑罚与损害赔偿之关系新探》，载《法学》，2005 年第 3 期。

这种情况下，将二者予以清晰界分对司法实务产生了一定的挑战，理论上对民刑交错的研究和对民事责任与刑事责任关系的探讨即始于此。这种研究和关注是建立在对责任的界分视点之下的，是为了使行为与其责任相适应，不侵犯人权亦不放纵犯罪，这是人类法治发展的永恒追求，无论在何时，这都是必要和重要的。因此，在责任界分的意义上突出两者的关系，应该是刑民交错案件的永恒主题。由此可以发现，目前理论上界分民事责任和刑事责任的关系是从责任认定的角度进行的，而没有涉及责任的具体承担和实现等问题。但是民事责任和刑事责任的关系仅仅在界分向度上予以阐释是片面的，以责任的实现角度看，除了上述法律责任的一体化可以部分阐释此原因外，在以下两种因素下，二者的关系存在于一切刑事案件之中。

第一，被害人主体性地位的上升和关注。

从刑事诉讼发展的历史来看，整个刑事诉讼的历史其实就是被告人地位不断上升的历史，诉讼的重心也一直以解决被告人的刑事责任为中心，被害人一直被置于此争端解决机制之外，其参与诉讼的程度是相当低的，在我国尤其如此。"二战"之后，被害人的主体性地位得到关注，被害人在诉讼中的地位得到提升，其利益开始得到真切关注。[1] 在这一时期，犯罪被害人学兴起，至 20 世纪五六十年代，犯罪被害人学真正成为一门学科，犯罪被害人能够真正参与刑事诉讼的过程，并真正对诉讼的结果产生相应影响。犯罪被害人成为诉讼的真正主体使得传统的刑事诉讼理念发生了重大转变。在传统刑事诉讼下，诉讼是解决被告人和国家关系的，在被害人成为诉讼主体后，刑事诉讼成为解决被告人和国家、被告人和受害人以及受害人和国家之间的三个关系的平台。与传统刑事诉讼相比，诉讼的过程同时注重解决被告人和受害人以及受害人和国家之间的关系。

刑事诉讼中被告人和受害人之间的关系本质上是私人关系，即由特殊的刑事"侵权"产生的被告人和受害人之间的纠纷，无论刑事犯罪的

---

[1]　沈玉忠：《刑事责任与民事责任衔接与协调的实现——以损害赔偿为切入点》，载《武汉科技大学学报》（社会科学版），2008 年第 1 期。

性质有多严重，但就被告人和受害人之间的关系而言，二者都不是一种公法关系，这决定了二者之间不存在惩罚与接受惩罚之不平等的关系，在理性解决纠纷的今天，也不允许私人间此种解决方式的存在。那么，在刑事诉讼中二者的关系应突出在被告人对受害人的赔偿和精神慰藉上。这首先要求被告人应对受害人因犯罪行为遭受的各种财产损失予以合理的赔偿，能够保障受害人不致因身体的伤害而使生活限于窘迫状态。其次，应使被告人真诚地认识到自己的过错，在面对被害人时予以真诚悔过，从而求得被害人的谅解和宽恕。最后，在刑事庭审中，还应防止对受害人二次伤害情况的发生，当受害人不愿回顾受害经历时，应采取委婉的方式或者受害人回避的方式使被告人及其辩护律师、公诉人等再现案件的事实。

刑事诉讼中国家和受害人之间的关系在我国并没有得到清晰的厘定。国家作为追究被告人刑事责任的角色并不能完全、充分地代表受害人一方的利益，只是在刑事控诉的过程中，二者有共同的控诉方向而已，当国家的公诉职能完成时二者便不再具有任何关系。国家和受害人的关系仅止于此吗？从犯罪发生的原因和福利国家理论来看，这是值得怀疑的。从犯罪发生的原因来看，国家有义务为公民提供保护，即国家对其公民负有防止犯罪发生的责任，被害人的存在说明国家未能保护其公民免遭犯罪的侵害，国家应对犯罪被害人遭受的损失或伤害给予适当补偿。在这个意义上，犯罪的责任其实应部分归因于国家，在社会契约的思想背景下，这一点尤其明显。从社会福利理论来看，通过社会政策来改善和关心每一个社会成员的生活，这是整个社会的一种责任，当社会成员因犯罪被害而致残、死亡或贫困、无人供养时，国家对被害人提供福利性的补助，体现出国家利益与公民利益的一致性。[1] 因此，当20世纪中期刑事补偿制度兴起并最终在许多国家确立时，国家和刑事犯罪被害人之间的关系引起了我们的重新思考。国家责任理论和社会福利理论使得国家和受害人之间建立了一种基于他人犯罪行为产生的物质补偿关系，换

---

〔1〕 孙长春、陈淑智：《犯罪被害人"国家补偿"制度的正当性与合法性——法哲学角度考证》，载《福建行政学院福建经济管理干部学院学报》，2006 年第 1 期。

言之，受害人在因犯罪行为遭受损害而犯罪人无力赔偿导致其生活困窘时，有从国家获得物质帮助的权利，国家也有义务提供这种基本的物质生活保障，一个民主、充满人性和关爱的国家是不应允许自己的国民遭受此种不堪和困苦的。以此来看，国家和刑事犯罪受害人之间具有了一种请求及许可的行为关系。国家为自己的国民提供该种帮助不是基于行政管理权的行政主体角色而产生的，因此二者之间不是一种行政关系，这样国家提供的补偿性物质帮助责任就是一种民事责任。

从以上论述可以看出，基于对被害人主体性地位的关注和其权益的保护，在一切刑事案件中，如果从责任承担的角度来看，民事责任和刑事责任的实现是存在于一切刑事案件之中的，只是在民刑交错案件中首先应注重二者在认定和界分上的重要性从而防止不当出入罪而已。民事责任和刑事责任存在的一般性决定了二者在一切刑事案件中融合的可能性，这种可能性也是被害人地位提升的必然要求。

第二，特定目的实现的社会效果要求。

刑事法律关系和民事法律关系真的就泾渭分明吗？在较为简单的社会关系下，人类对二者厘清和界分的追求在一定程度上是可以实现的。然而，在社会生活日益多样化和复杂化的情况下，刑民之分并非如大多数人所想象的那样界限分明，二者之间是存在一个"模糊地带"的。[1]"公法私法化"与"私法公法化"现象的出现，对公法和私法二元划分的突破即清晰地反映了这一点。[2] 在简单社会关系背景下，单纯的民事责任或刑事责任即可能达到较好的社会效果。但在社会关系复杂化、民刑关系融合交错的情况下，单纯的某一种责任很难实现较好的社会效果。因此，重新考虑民事责任和刑事责任的范围，并将二者结合起来以便实现特定之目的即成为必要。[3] 在这个意义上，民事责任和刑事责任的融合不仅是社会关系复杂化的产物，更是对复杂社会关系的应有回应和解决复杂社会关系的应有方案。这样，在现今之社会现实下，民事责任和

---

〔1〕 于改之：《刑民分界论》，中国人民公安大学出版社 2007 年版，第 1 页。

〔2〕 ［日］美浓部达吉：《公法与私法》，黄冯明译，中国政法大学出版社 2003 年版，第 233 页。

〔3〕 沈玉忠：《刑事责任与民事责任衔接与协调的实现——以损害赔偿为切入点》，载《武汉科技大学学报》（社会科学版），2008 年第 1 期。

刑事责任的融合，在社会需求的催生下便成为常态，社会自身产生了问题，同时又孕育了解决问题的路径，刑事责任与民事责任之融合形态的责任便成为复杂社会的第三种常规责任形态。

（二）责任理念的趋同性

如上所言，传统刑事责任注重的是对被告人的惩罚功能，忽视了对被破坏的社会关系的修复。但自 20 世纪 70 年代以来，西方国家出现了一种新型的司法模式——修复性司法。这种司法模式将犯罪看作是对人际关系和社区关系的破坏，[1] 旨在整合一个被破坏的社会秩序，回归社会整体道德意识，推动社会达到良性状态。[2] 修复性司法的能动性修复责任对传统刑事责任产生了强烈的冲击，其不再以专门惩罚被告人为恢复社会关系的手段，而以被害和加害之间的对话、协商和和解达到双方的谅解，使受害人能原谅、宽恕加害人，加害人也能面对过去真诚悔过并更好地复归社会。修复性司法目前已经在世界上的许多国家和地区得以施行，其独特的价值和意义使得其被认为是 21 世纪刑事司法的发展方向。[3] 在修复性司法视角下，传统刑事责任的观念在相当程度上得到改变，恢复社会关系的宗旨和功能被提到首位，传统刑事责任被赋予了新的内涵，对犯罪人之惩罚性责任成为对被破坏之社会关系的恢复责任。

如上所述，民事责任重在补偿、恢复到义务违犯或权利侵害之前的状态，因此刑事责任的这种发展方向实际上和民事责任的基本理念是一致的。在共同体正义的观点下，民法和刑法具有了共通项，即二者均关注"回复的过程"。[4] 理念的趋同性和一致性使得民事责任和刑事责任不再以相背的方向发展，而使二者的融合具有了可能。

〔1〕 许金春：《修复性正义的理论与实践——参与式刑事司法》，载《甘添贵教授六秩祝寿论文集》，学林出版社 2002 年版，第 11 页。
〔2〕 张秀玲：《修复性司法下的多元化犯罪预防》，载《内蒙古大学学报》（哲学社会科学版），2008 年第 2 期。
〔3〕 ［美］丹尼尔·W. 凡奈思：《全球视野下的修复性司法》，王莉、温景雄译，载《南京大学学报》（哲学·人文科学·社会科学），2005 年第 4 期。
〔4〕 程红：《刑罚与损害赔偿之关系新探》，载《法学》，2005 年第 3 期。

三、刑事责任与民事责任融合之实践

（一）责任融合之实践理念转变

第一，刑事自诉案件适用的理念转变。

刑事自诉权本质为公民私权之一种，刑事自诉方式使得对被告人刑事责任的追究极大地弱化了公权色彩，是否选择自诉方式追究被告人的刑事责任即成为受害人民事自决权的方式之表现。实践中，就法院受理的自诉案件的范围来看，多发生在家庭、邻里之间。[1] 如果采取公诉的方式并不会消除双方的矛盾，恢复原有的社会关系，结果可能适得其反。因此，对刑事责任的认定赋予一定的民事处理色彩，使得刑事责任处理民事化，可以达到较好的社会效果，刑事自诉即不再是单纯的分流国家公诉任务的形式。

第二，刑事和解和调解适用的理念转变。

刑事和解和调解作为"平和司法"，以被害人的利益保护和精神慰藉为核心，注重受害人的情感恢复，以和谐人际关系的重新构建为出发点，从而成为达到解放性的宽恕、关系恢复、责任解决并有效息讼的重要形式。在尊重当事人意愿和选择的前提下，使被害和加害达到有效沟通，不再势不两立、水火不容。和解和调解不仅是受害人民事处分权的重要体现，更是弱化责任刑事化、刑事责任民事化，使二者更好融合的方式。刑事和解和调解也不再是单纯提高诉讼效率的解决问题的方式。

（二）责任融合之实践制度创设

第一，惩罚性赔偿的创设。

民事责任和刑事责任的融合，在损害赔偿上可以获得较好的诠释。在单纯民事责任中，赔偿只是对实有损失的偿付，目的只是弥补所受到的损失。在我国刑事诉讼中，单纯的判处赔偿损失往往得不到实现，在刑事领域中也不存在损害赔偿制度，因此在刑法中创设惩罚性赔偿制度

---

〔1〕　曾限律：《审理刑事自诉案件司法能力若干问题探析》，http://www.Chinacourt.org/html/article/200504/12/157966.shtml，访问日期：2011年2月20日。

就成为必要的选择，其可以同时实现两个目标——处罚罪行和补偿罪行。[1] 惩罚性赔偿使得赔偿脱离了单纯的民事责任性质，具有了惩罚性刑罚的性质，双重属性的赔偿使得民事责任和刑事责任达到较好的融合，并可以取得较佳的社会效果。

第二，社区矫正制度的应用。

社区矫正对犯罪人并不实行监禁，而是由专门的国家机关在相关社会团体和民间组织以及社会志愿者的协助下，在判决、裁定和决定确定的期限内，矫正其犯罪心理和行为恶习，并促进其顺利回归社会。社区矫正弱化了刑事责任的刑罚属性，实现了刑罚的非监禁性和宽缓、人道的价值取向，借助社会力量、私人组织的参与，通过犯罪人为社区服务等行动达到社区心理安全、恢复社区秩序的目的。社区矫正实际上是以民事责任的方式履行了刑事责任，因此，通过民事责任之实达到刑事责任之名，较好地实现了民事责任和刑事责任的融合。

当下的研究仅仅从刑事司法定性的角度进行，不当忽视了在刑事司法方面对两者关系予以认知的重要性。厘清责任是重要的，但刑事司法的最终落脚点应该在社会关系的修复上，将刑事责任和民事责任的界分作为二者关系的全部是无法真正恢复被破坏了的社会关系的。一切刑事案件的刑事司法，均应该是从刑事责任和民事责任的刻意厘清到刻意融合的过程。人类在蒙昧之初，甚至在人类文明发展的相当长一段时间之内，刑事责任和民事责任都是混沌不分的，待人类发展至今天高度文明时，我们又必须刻意地将二者予以融合，或许这也是责任形式的历史回归吧。

第二节　刑事责任与行政责任：从统一到创新

我国行政责任与刑事责任与大陆法系国家相比存在相当差异，此种现实决定了我国行政刑法责任的理念和缘起于大陆法系的行政刑法责任

---

〔1〕 ［英］吉米·边沁：《立法理论——刑法典原理》，李贵方等译，中国人民公安大学出版社1993年版，第77页。

的理念肯定具有相当的不同。在责任形式上，我国和大陆法系国家或许差异不大，但在观念上貌合神离。在行政刑法的角度下，行政责任和刑事责任两者是统一的，并基于此产生了一种新型的责任形式，即行政刑法责任。

一、注重控权与服务的行政责任

大陆法系国家的行政法奠定了近代行政法的理论基础和体系结构，并对包括亚洲在内的其他各国产生了重要影响。行政责任的理念是决定行政刑法责任理念之首要一环，故分析行政刑法责任的理念首先从厘清大陆法系行政责任的理念开始。

从行政法确立的背景看，它是近代启蒙思想和资产阶级革命的产物，是在国家权力分立的基础上，对封建集权制的颠覆，其思想渊源是自由主义和法治主义。[1] 这决定了行政法的主题是对政府权力的法律控制，控权原则即成为近代行政法的根本理念。因此，在传统控权理念下，行政法是以保障个人自由为出发点、以公民个人权利为本位、以个人主义和自由主义为基础的法律，[2] 在国家责任之意义上，行政违法就成为对公民个人权利、个人自由的侵害。由此在反对封建专断集权、保障个人权利的背景下产生的行政法，控权必然成为其最核心、最根本的近代行政法的帝王理念，行政主体的行政违法之行政责任即具有了控制国家公权力、保障公民个人自由之主旨。但行政违法的主体并不仅限于行政主体，还包括作为行政法律关系主体一方的行政相对人，[3] 行政相对人之行政责任无论如何与行政法的控权理念是没有关系的，相反，该种行政责任是为了保障行政权的顺利运作和实现而设置的，因此是为顺利达到一定行政目的而设置的一种保障。近代大陆法系国家行政责任的理念依责任主体来看，有限制权力的控权理念和保障权力行使的保权理念之内

---

〔1〕 李婧：《大陆法系近代行政法理念及其实践》，载《南通大学学报》（社会科学版），2008 年第 4 期。
〔2〕 沈岿、王锡锌、李娟：《传统行政法控权理念及其现代意义》，载《中外法学》，1999 年第 1 期。
〔3〕 罗豪才：《行政法学》，北京大学出版社 1996 年版，第 318 页。

容，因此对行政责任理念的分析必须在此两个向度上进行。

近代大陆法系行政法奠定了现代行政法的基本理念，然而没有一成不变的理念和原则。"控制权力，以及在行政（中央政府、地方政府或专门机关）和公民的竞争性利益之间保持一种公正的平衡"[1] 成为对控权新的解释，由此进一步导致现代行政法对平衡的解释已经表现为行政权与公民权之间的良性动态平衡以及控权与服务的平衡。[2] 而且基于人民主权的民主宪政原则，服务成为行政法的当代品格和行政法的目的与归宿。[3] 由此看来，行政法发展到今天，其理念已经由控权转变为控权与服务结合的平衡理念，尤其是在现代契约理念引入行政法的背景下，行政主体与行政相对人的平等色彩更加明显，[4] 这是当代行政法理念的新趋向。服务理念的注入使行政法具有了一定平等的色彩，因为服务不仅意味着行政主体平等地对待行政相对人，而且还意味着行政主体与行政相对人之间的平等，[5] 因而行政主体和行政相对人之间不再是纯粹的管理和被管理的关系。在现代行政法增加了服务理念并讲求服务和控权平衡的理念下，就行政主体和行政相对人的行政违法而言，不仅是对行政管理秩序的破坏，也是对行政法律关系主体之间应有之平等关系的破坏，因此行政责任就具有了保障行政主体和行政相对人之间平等关系的意味。在当代契约、服务和诚信等理念注入行政法的背景下，行政责任的理念发生转移，在服务理念的基础上更进一步实现了限制权力和保障权利的核心理念。

作为民主与法治的产物，行政法是宪法的延续和补充，这决定了在我国古代并不存在所谓的行政法。从我国的行政现实来看，形成了以义务为本位，习惯于行政等级差别，服膺权威、崇尚权力，重视集体而无

---

〔1〕 沈岿、王锡锌、李娟：《传统行政法控权理念及其现代意义》，载《中外法学》，1999 年第 1 期。

〔2〕 余蓝、殷茵：《试论行政法理念的重塑》，载《云南行政学院学报》，2005 年第 1 期。

〔3〕 邓蔚：《控权理念与服务理念在当代行政法中的逻辑整合——兼论行政法理论基础的完善》，载《山东社会科学》，2008 年第 6 期。

〔4〕 杨解君：《契约理念引入行政法的背景分析——基础与条件》，载《法制与社会发展》，2003 年第 3 期。

〔5〕 张春莉、杨解君：《论行政法的平等理念——概念与观念》，载《文史哲》，2005 年第 5 期。

视个人的观念。[1] 这种现实极大地影响了我国行政法治建设，行政法被认为是国家管理民众的法。在这种观念下，行政法不仅不可能是控制行政权的法，更不可能是保障行政相对人权利的法，这种行政法实际上和现代意义上的控权行政法相去甚远，行政责任当然也就谈不上是控权、保权之理念，而成为行政相对人对国家的单方面服从之义务责任。此后，我国行政法的发展走向控权论和平衡论，学者逐渐认识到行政法归根结底也是权利义务之学，他们的视角从单纯的对权力的尊重或者警惕，转变到更加现实化的权利义务层面，结束行政主体和行政相对人之间的"在水一方"的分离，推动行政过程从权威型行政到服务型行政，而这种转变实际上更多的是受到来自世界范围内行政法重大发展的影响。[2] 但是，相对于成熟的大陆法系国家的行政立法而言，我国的行政法治发展仍较为落后。在 2004 年《行政许可法》实施前夕，全国人大常委会副秘书长、全国人大法律委员会副主任委员乔晓阳坦言："我国行政法的基本框架已经形成。"[3] 因此，我国现有行政法仅仅是基本框架的形成，远没有达到大陆法系国家的成熟状态。从行政立法和执法的现实来看，行政法真正转向服务和平衡的思想虽有了端倪，但与真正落实还有很大距离。在行政法转型的背景下，行政责任理应具有控制权力行使和服务行政相对人的理念，在现实上，行政责任的理念或许正处于该种变革之方向上，但远没有至确立程度，"官本位"思想在各个方面的影响即清楚地反映了这一状况。[4] 我国行政刑法的研究始于 20 世纪 90 年代初期，行政法刚刚步入真正西方意义上的行政法发展阶段，此时党的十四大确立了市场经济体制的发展方向。随着经济的快速发展，以经济犯罪形式出现的行政犯罪迅速增多，此时行政刑法的立法也开始大量出现。而行政立法状况、行政责任理念也势必对此产生影响。

〔1〕 陈泉生：《论我国行政法的产生和发展》，载《上海大学学报》（社科版），1995 年第 2 期。
〔2〕 袁华卿、毛玮：《论当前我国行政法的新发展》，载《石河子大学学报》（哲学社会科学版），2007 年第 5 期。
〔3〕 高镜：《我国行政法的基本框架已经形成》，载《人民之声》，2004 年第 7 期。
〔4〕 李洪祥：《文化视角下的行政法治》，吉林人民出版社 2007 年版，第 92—95 页。

二、注重惩罚的传统刑事责任

西方大陆法系刑法在近代之前，刑法存在的基本语境是以报复为特征的奴隶制残酷刑法和罪刑擅断的封建专制刑法。按照刑罚进化的阶段来看，报复和威慑是这两种刑法下刑罚的基本特征。报复刑注重的是客观的外在特征和损害作为处罚的根据，行为是否出于故意、过失或者意外在所不问，行为人的主观恶性并不纳入刑法的评价范围。[1] 犯罪人只是接受处罚的纯粹客体而已。西方自罗马法时代至资本主义早期，刑罚进入威慑阶段。[2] 定罪从忽视人的主观恶性到完全以人的主观恶性作为依据，客观损害对定罪不再具有意义。威慑刑将惩罚作为刑罚的主要目的，完全忽视了刑罚对犯罪人的改造和教育意义，使得刑罚从报复刑下的惩罚客体变成一种威慑他人的手段和工具。因而从功能的角度看威慑刑，核心在于强化威慑功能的结果，因为杀戮与残害根本无助于矫正违法者，只有助于国家通过震慑来统治臣民。正是基于这种功利的逻辑，国家才不断强化法律制裁的惩罚内涵和威慑功能，以至于其严酷程度远远超出统治社会和矫正违法的实际需要。[3] 从脱胎于原始社会同态复仇的报复刑至威慑刑，刑罚的残酷性在威慑刑阶段达到了无以复加的程度。由此决定了在报复刑和威慑刑下的刑事责任仅仅是对犯罪人的惩罚和报复，犯罪人只是手段的使用对象，对犯罪人是否能够改造教育、能否恢复被破坏的被害和加害关系根本不加关注。而报复刑和威慑刑是典型的客观和主观归罪，刑法根本不具明确性和可预测性，罪刑擅断成为典型特征，而对人格的不尊重、国家对公民的完全统治性和二者的不平等性则是罪刑擅断背后的思想根基。

西方大陆法系刑法从近代以来开始发生划时代变革，在人格尊严、权利平等、权力均衡和契约自由等启蒙思想的指引下，政治刑法开始向

---

〔1〕 邱兴隆：《刑罚理性评论——刑罚的正当性反思》，中国政法大学出版社1999年版，第6页。

〔2〕 邱兴隆：《刑罚理性评论——刑罚的正当性反思》，中国政法大学出版社1999年版，第19页。

〔3〕 邓子滨：《法律制裁的历史回归》，载《法学研究》，2005年第6期。

市民刑法转变,[1] 刑法的人权保障机能取代了其社会保护机能。刑法存在的目的在于把国家刑罚权限制在合理的范围内,并将对权利的保护作为终极目的。[2] 在社会背景上,从政治刑法到市民刑法转变的因素在于市民社会与政治国家的二元分立。在政治国家与市民社会重合的一元社会结构下,社会高度政治化,政治权力的影响无所不及。[3] 私人生活领域、私人利益和要求完全屈从于政治附庸地位,从而形成了国家对市民社会的包容、吞噬和同化。[4] 在政治国家与市民社会的二元对立下,作为国家最重要权力之一的刑罚权必须受到制衡,而此是通过市民社会多元权利对国家权力的分享和制衡来获得保证和实现的,以此达到对权利的保障。[5] 因此,西方在完成政治刑法向市民刑法转向后,刑法的理念发生重大转变,在保障公民权利、限制国家刑罚权的理念下,国家刑罚权的发动必须有更加正当的理由以及受到更加严格的限制,这使得市民刑法下的刑事责任突出关注的是对人权的崇尚和尊重,刑罚的惩罚和威慑不再占据主要地位,功利的和道义报应的追求受到刑法人道性的制约,从而使市民刑法的均衡、平等和谦抑理念成为刑事责任之根基性思想。

西方大陆法系近代之前的刑法和我国传统刑法在刑事责任的理念上具有一定的相通之处。"刑起于甲兵""夫战,刑也"等说法反映了我国较早时期刑与战争的关系,同时也说明了刑的报复和惩罚色彩。在我国传统刑法文化上,奉行的价值观具有典型的权力本位特征,刑法文化的精神品格在于刑杀和以刑去刑的社会价值观,在刑法的适用上实行有罪推定。[6] 因此,在我国刑法发展的整个历程中,报复和威慑一直占据主要地位。我国学者邱兴隆在刑罚进化阶段的划分中认为我国威慑刑终于清

---

[1] 陈兴良:《从政治刑法到市民刑法——二元社会建构中的刑法修改》,见陈兴良:《刑事法评论》(第1卷),中国政法大学出版社1997年版,第39页。

[2] 许道敏:《民权刑法论》,北京大学博士学位论文,2001年。

[3] 陈兴良:《从政治刑法到市民刑法——二元社会建构中的刑法修改》,见陈兴良:《刑事法评论》(第1卷),中国政法大学出版社1997年版,第21页。

[4] [美]卡尔·A. 魏特夫:《东方专制主义》,徐式谷等译,中国社会科学出版社1989年版,第43页。

[5] 马长山:《市民社会与政治国家:法治的基础和界限》,载《法学研究》,2001年第3期。

[6] 季金华:《论中国传统刑法文化的基本特征》,载《河海大学学报》(哲学社会科学版),2001年第1期。

末时期，然而其划分的等价刑、矫正刑和折中刑的进化阶段均以西方刑罚的阶段为标尺，在我国刑罚中并没有关于这三种刑罚演进的具体时期。[1] 等价刑、矫正刑和折中刑或许在我国刑罚中有些许体现，但我国刑罚的主要色彩和成分仍然是报复和威慑。正如有学者所言，我国刑法文化一直是一种压抑性品格，属于典型的政治刑法或者说国权主义刑法。[2] 因此，我国传统刑事责任仍然具有国家利益至上性、重刑的惩罚性和对公民人权的漠视性。

传统刑法文化、刑事责任的理念在我国具有根深蒂固的影响，虽然我国正在从人治向法治转变，我国刑法在当代也正经历着从社会法益保护到人权保障机能的嬗变，[3] 但归根结底，我国社会仍然处于转型期，正从政治国家的一元结构向政治国家与市民社会二元分立的社会结构的演进过程中。[4] 因此，我国刑法并不具有完全的市民刑法的品格，在相当程度上，我国刑法对人权的尊重和保障、均衡和平等理念并没有真正建立起来。

三、传统刑事责任与行政责任的统一

通过上述对行政责任和刑事责任的梳理，按照行政刑法责任是行政责任和刑事责任有机统一的观点，在行政刑法的责任上，行政责任和刑事责任是如何统一的呢？

在 19 世纪的德国，产生了作为行政刑法前身的警察刑法，在"二战"之后，行政刑法的思想及理论体系在德国 1952 年《秩序违反法》和1954 年《经济刑法》的立法上获得实现，正式成为德国的成熟立法，该立法的影响扩大至德国以外的欧洲其他一些国家，成为一种普及之立法。[5]

---

〔1〕 邱兴隆：《刑罚理性评论——刑罚的正当性反思》，中国政法大学出版社 1999 年版，第 6 页。

〔2〕 马德、苏永生：《我国刑法的压制性文化品格之形成与批判》，载《青海民族研究》，2007年第 3 期。

〔3〕 许道敏：《民权刑法论》，中国法制出版社 2003 年版，第 55—56 页。

〔4〕 陈兴良：《从政治刑法到市民刑法——二元社会建构中的刑法修改》，载陈兴良：《刑事法评论》（第 1 卷），中国政法大学出版社 1997 年版，第 40 页。

〔5〕 黄河：《行政刑法比较研究》，中国方正出版社 2001 年版，第 6—8 页。

由此行政刑法发源于 19 世纪，成熟于 20 世纪时期的德国，而此一时期德国的行政法正处于产生和成长时期，行政刑法在德国的出现正是在和行政法交错发展的过程中成长、成熟的，而行政犯罪的行政违法性责任构成前提，必然首先使行政刑法具有近代行政法的限制权力行使和保障权利行使的控权和保权理念，大陆法系行政法自被注入契约和服务观念后，保障平等和促进均衡思想成为行政刑法之行政违法责任新的理念。控权与保权、平等和衡平思想其实也正是大陆法系刑法转向后的市民刑法的基本理念，以刑法之刑事责任来实现控权和保权、平等和衡平价值。这样，自近代以来，在和行政法交错发展的过程中，行政刑法的责任也必然具有了行政法之行政责任的色彩，行政责任和刑事责任理念上的一致性，在行政刑法责任上达到了某种程度的统一。

　　排除德国原初意义上的行政处罚性行政刑法，从德国和日本两个行政刑法立法较为成熟的国家的立法状况看，现在一般通念之行政刑法的大量出现是由于经济的发展导致经济犯罪的大量增加以及所谓警察犯的出现而产生的。[1] 从行政刑法产生的条件背景看，刑事犯和警察犯关系的争议以及规制行政违法导致的经济犯罪是重要的社会基础。虽然在古罗马法中就有了用刑法惩罚经济犯罪和单个经济违法行为的记载，但很明显德国独立的经济刑法的产生只是近代的事情，因为经济刑法的范围与规模取决于经济状况的结构。[2] 故以规制经济犯罪形式出现的行政刑法成为行政刑法主要的和基本的形式。而在行政刑法产生时期的 19 世纪的德国，刑法的演进已经进入了近代化阶段，刑事责任已经改变了报复和威慑的特征，罪刑法定原则已经成为刑法的铁则，刑罚的人道、对人权的尊重和对国家刑罚权的限制已经形成，市民刑法已经得以确立，刑事责任具有了更为理性和科学的特征，摒弃了专事报复和威慑的色彩。以经济犯罪为主要形式的行政刑法的此种产生背景决定了行政刑法责任的市民刑法责任色彩，换言之，行政刑法责任先天性地具有市民刑法责任的色彩，因此在市民刑法责任均衡、平等和谦抑的理念下，行

〔1〕　黄河：《行政刑法比较研究》，中国方正出版社 2001 年版，第 10—11 页。
〔2〕　王世洲：《德国经济犯罪与经济刑法研究》，北京大学出版社 1999 年版，第 27 页。

政刑法责任先天地获得了限制国家刑罚权、保障人权的均衡、平等理念。

在行政刑法的规范形式上，以行政违法为前提进而才有可能导致刑事犯罪的双层次违法结构决定了行政犯罪以行政违法作为构成犯罪的前提，由此在一般意义上，行政刑法区别于作为最初犯罪形式的侵犯人身权利的传统型犯罪形式。在近代之前早期刑法中，违反社会伦理性的犯罪是刑法的主要组成部分，在近代刑法谦抑、人权等理念的指引下，当时一些无被害人和以自己为被害人的所谓"犯罪"在今天看来均不再是犯罪，对传统刑法中犯罪的非犯罪化因此主要是对一些所谓自然犯的非犯罪化。自近代以来，随着行政犯罪的增加，刑法中行政刑法的成分无论是在数量上还是在相对比例上都被相应提高，虽然随着经济的发展一些经济犯罪不再被认为是犯罪，但由于经济的发展而出现的新形式的经济犯罪也在随之增加。总的来看，关于经济犯罪的行政刑法在各国刑法中均经历了数量和比例绝对提高的过程，从此点来看，经济犯罪的走向主要还是犯罪化。故此，在许多传统自然犯被非犯罪化的背景下，传统侵犯人身权利的犯罪在刑法中的比重大幅度下降，在对个别经济犯罪行为除罪化和新型经济违法行为犯罪化的交错发展背景下，经济犯罪形式的行政刑法占据了刑法个罪数量的绝大多数比例，这使得刑法在相当程度上具有了浓郁的行政刑法色彩，而在刑法中保留的传统犯罪仅剩下一些严重侵犯人身权利的犯罪。而先天性具有市民刑法特质的行政刑法由此塑造了现代市民刑法的基本品格，即市民刑法的行政刑法性格，换言之，现代市民刑法的内容在相当程度上就应该由行政刑法构成。行政刑法的先天性限制权力、保障人权的均衡、平等和谦抑理念就成为刑法的主要理念，而在内容上则构成刑法的绝对组成部分。大陆法系行政刑法责任的基本理念由此在行政刑法性格下的市民刑法中被塑造和展开。

行政刑法的研究在我国始于 20 世纪 90 年代初期，从研究的缘起看，基本是受国外对行政刑法研究的影响所致，当时行政刑法问题主要是作为一种知识形态而存在的，其真正作为一种解决问题的方案，是在我国确立市场经济地位后经济得到快速发展才得以体现。从我国行政刑法立法的现实来看，在 1979 年《刑法》之后出现的单行刑法几乎都是有关经济犯罪的规定，而在 1979 年《刑法》中的此种规定基本是计划经济时代的产物和体现，如投机倒把罪等，1979 年《刑法》之后的《刑法修正案》，大多涉及刑法分则第三章经济犯罪。在 1997 年《刑法》中经济犯罪和破坏社会秩序的纯行政犯罪占刑法个罪数额的比例，与 1979 年《刑法》相比无论是相对比例还是绝对数量，都大大提高了。因此从表面上看，行政刑法在我国刑法中已占相当重要之地位。如果说我国刑法正经历从政治刑法向市民刑法过渡的阶段，或许可以认为，我国刑法在形式上已初具市民刑法之样态。从具体内容来看，在罪的构成上存在诸多情节犯等较为模糊和"唯数额论"的定量立法，刑法的明确性和可预测性在一定程度上受到影响，形式上的合理性也大打折扣。从刑罚设置来看，存在诸如死刑过多、刑罚过于严厉、过于强调刑罚的打击功能、重犯罪后的处罚等问题。因此，从经济刑法刑罚的设置来看，市民刑法的谦抑性和均衡理念并没有在我国刑法中得到落实，过分注重刑罚的打击功能依然显示了传统刑法的报复和威慑功能，重刑威吓主义的刑罚仍在相当程度上体现了政治刑法的气质。因此，在我国目前的刑法背景下，行政刑法的立法在相当程度上仍然具有传统的政治刑法色彩。在我国行政法控权和服务理念没有完全建立的前提下，在传统刑事责任之报复和威慑的背景下，行政刑法责任主要体现为管制和惩罚的特征，传统行政责任和传统刑事责任的特性深深根植于行政刑法责任之中，这是我国行政刑法责任的现实状况。

从大陆法系行政刑法责任和我国行政刑法责任的发展及其理念来看，行政刑法的责任实际上是刑法发展到市民刑法阶段下的行政刑法的责任，也只有在市民刑法下才会出现所谓行政刑法。在这个意义上，与其说行政刑法责任是行政责任和刑事责任的统一，还不如说行政刑法责任是市民刑法责任更为确切，因为讲行政刑法责任是行政责任和刑事责任的统一实际上就是一种同义反复，而没有真正切入行政刑法责任的实质。行政刑法责任必然要从行政责任和刑事责任结合的角度来看，这是最一般的事实和不辩自明的真理，我们需要探讨的是二者结合的实质何在以及二者究竟是如何结合的等真正问题。事实上，我国学者关于行政刑法责任是行政责任和刑事责任有机统一的观点的表述仅限于此，至于二者如何"有机"统一则完全没有论证。从上述分析来看，行政刑法责任在形式上离不开行政责任和刑事责任的结合，但这只是问题的表面，实质上行政刑法责任必须在市民刑法语境下进行考察，也只有在市民刑法语境下才能真正厘清行政刑法的应有责任。

由于行政刑法产生之特定市民刑法之背景，在大陆法系国家传统之刑事责任并不会对行政刑法责任产生影响，尤其是行政刑法是在近代和近代行政法交错发展的过程中出现的事实决定了行政刑法责任在大陆法系国家具有近代行政责任之一般品格，在行政责任和刑事责任统一的意义上看，这是一种良性统一。我国行政刑法立法在数量上达到了相当数额，但由于受传统行政责任和刑事责任的影响，形式上的行政刑法并没有真正具有一般市民刑法的品格，传统的行政责任和刑事责任在我国行政刑法责任上也达到了统一，但这是一种恶性统一。行政刑法责任由此必须在市民刑法语境下才具有其真正的、应有的责任含义。我国行政刑法责任的现实决定了要对其进行改变，必须从转变刑法的应有品格入手，即市民刑法的真正建立，而不是"头疼医头、脚疼医脚"那般仅从转变行政责任和刑事责任的理念入手。我国行政刑法性质的经济刑法存在上述诸多的问题，亦有人提出诸多解决方案，但基本是表面的和浅层次的，而没有看到经济刑法存在问题的根本原因在于社会结构的一元化导致的我国市民刑法理念的欠缺，因而浅层次上的原因仅仅是立法技术和过分重视刑罚打击功能的问题。改变经济犯罪立法的诸多问题，建立行政刑法真正的应有责任，刑法的市民刑法转向是唯一的路径。

参考文献

论著

李洁：《论罪刑法定的实现》，清华大学出版社 2007 年版。

王牧：《犯罪学基础理论研究》，中国检察出版社 2010 年版。

王正勋：《刑法的正当性》，北京大学出版社 2007 年版。

陈兴良：《刑法总论》，群众出版社 2001 年版。

张明楷：《外国刑法纲要》，清华大学出版社 2007 年版。

陈兴良：《刑法疏议》，中国人民公安大学出版社 1997 年版。

张明楷：《刑法学》，法律出版社 2007 年版。

陈兴良：《刑罚的人性基础》，中国人民大学出版社 2006 年版。

陈兴良：《刑法学》，复旦大学出版社 2003 年版。

李洁等：《犯罪构成的解构与结构》，法律出版社 2010 年版。

陈兴良：《犯罪论体系研究》，清华大学出版社 2005 年版。

张明楷：《刑法的基本立场》，中国法制出版社 2003 年版。

张明楷：《刑事责任论》，中国政法大学出版社 1992 年版。

陈兴良：《刑法的价值构造》，中国人民大学出版社 1998 年版。

张明楷：《犯罪构成体系与构成要件要素》，北京大学出版社 2010 年版。

陈兴良：《刑法哲学》，中国政法大学出版社 2000 年版。

张文显：《二十世纪西方法哲学思潮研究》，法律出版社 1996 年版。

陈兴良：《刑法理念导读》，法律出版社 2003 年版。

陈美延：《陈寅恪集·金明馆丛稿二编》，生活·读书·新知三联书店 2001 年版。

张汝伦：《现代西方哲学十五讲》，北京大学出版社 2003 年版。

张甘妹：《刑事政策》，台北三民书局 1974 年版。

卢建平：《刑事政策学》，中国人民大学出版社 2007 年版。

张智辉：《刑事责任通论》，警官教育出版社 1995 年版。

杨春洗：《刑事政策论》，北京大学出版社 1994 年版。

何勤华：《法律名词的起源》（上），北京大学出版社 2009 年版。

孙万怀：《在制度和秩序的边际——刑事政策的一般理论》，北京大学出版社 2008 年版。

王晨：《刑事责任的一般理论》，武汉大学出版社 1998 年版。

邱兴隆：《刑罚理性评论——刑罚的正当性反思》，中国政法大学出版社 1999 年版。

杜宇：《传统刑事责任理论的反思与重构》，中国政法大学出版社 2012 年版。

张苏：《量刑根据与责任主义》，中国政法大学出版社 2012 年版。

谢军：《责任论》，上海世纪出版集团 2007 年版。

罗中树：《刑法制约论》，中国方正出版社 2000 年版。

黄荣坚：《刑法学基础》（下），中国人民大学出版社 2009 年版。

许道敏：《民权刑法论》，中国法制出版社 2003 年版。

黄河：《行政刑法比较研究》，中国方正出版社 2001 年版。

王世洲：《德国经济犯罪与经济刑法研究》，北京大学出版社 1999 年版。

李洪祥：《文化视角下的行政法治》，吉林人民出版社 2007 年版。

于改之：《刑民分界论》，中国人民公安大学出版社 2007 年版。

徐静村：《刑事诉讼法学》，法律出版社 1997 年版。

龙宗智、杨建广：《刑事诉讼法》，高等教育出版社 2003 年版。

冯军：《论刑事责任》，法律出版社 1996 年版。

胡新：《刑法学（总论）》，中国政法大学出版社 1990 年版。

高铭暄、马克昌：《刑法学》，北京大学出版社、高等教育出版社 2000 年版。

陈浩然：《应用刑法学总论》，华东理工大学出版社 2005 年版。

张文等：《刑事责任要义》，北京大学出版社 1997 年版。

杨敦先：《刑法运用问题探讨》，法律出版社 1992 年版。

张中秋：《中西法律文化比较研究》，南京大学出版社 1991 年版。

王国维：《人间词话》，滕咸惠校注，齐鲁书社 1981 年版。

何秉松：《刑法教科书》，中国政法大学出版社 1997 年版。

周其华：《刑事责任解读》，中国方正出版社 2004 年版。

马克昌：《刑罚通论》，武汉大学出版社 2000 年版。

武小凤：《刑事责任专题整理》，中国人民公安大学出版社 2007 年版。

曲新久：《刑法的精神与范畴》，中国政法大学出版社 2000 年版。

肖洪：《论刑法的调整对象》，中国检察出版社 2008 年版。

梁治平：《法辨——中国法的过去、现在与未来》，中国政法大学出版社 2002 年版。

顾肖荣·《经济刑法比较研究》，上海社会科学院出版社 2008 年版。

王世洲：《德国经济犯罪与经济刑法研究》，北京大学出版社 1999 年版。

龚鹏程：《中国传统文化十五讲》，北京大学出版社 2006 年版。

蒋锴：《真理进化论——模仿宇宙建立完美社会》，科学教育出版社 2005 年版。

季卫东：《法治秩序的建设》，中国法制出版社 1999 年版。

洪福增：《刑事责任之理论》，刑事法杂志社 1986 年版。

陈瑞华：《刑事诉讼的中国模式》，法律出版社 2010 年版。

魏晓娜：《刑事正当程序原理》，中国人民公安大学出版社 2006 年版。

周枏：《罗马法原论》（上册），商务印书馆 1994 年版。

王立峰：《惩罚的哲理》，清华大学出版社 2006 年版。

李卫红：《刑事政策学》，北京大学出版社 2009 年版。

徐行言：《中西文化比较》，北京大学出版社 2004 年版。

《马克思恩格斯全集》第 25 卷，人民出版社 2001 年版。

《马克思恩格斯选集》第 4 卷，人民出版社 2012 年版。

［俄］列宁：《哲学笔记》，人民出版社 1974 年版。

［日］西原春夫：《日本刑事法的形成与特色》，李海东等译，法律出版社 1997 年版。

［日］山中敬一：《刑法总论》，成文堂 2008 年版。

［日］大谷实：《刑事责任的展望》，成文堂 1983 年版。

〔日〕曾根威彦：《刑法学基础》，黎宏译，法律出版社 2005 年版。

〔日〕小野清一郎：《犯罪构成要件理论》，王泰译，中国人民公安大学出版社 1991 年版。

〔日〕美浓部达吉：《公法与私法》，黄冯明译，中国政法大学出版社 2003 年版。

〔日〕曾根威彦：《刑法学基础》，黎宏译，法律出版社 2005 年版。

〔日〕大塚仁：《刑法概说（总论)》，冯军译，中国人民大学出版社 2003 年版。

〔日〕大谷实：《刑事政策学》，黎宏译，法律出版社 2000 年版。

〔日〕大塚仁：《犯罪论的基本问题》，冯军译，中国政法大学出版社 1993 年版。

〔日〕西田典之：《日本刑法中的责任概念》，金光旭译，中国人民大学出版社 2009 年版。

〔日〕大谷实：《刑法总论》，黎宏译，法律出版社 2003 年版。

〔美〕H. C. A. 哈特：《惩罚与责任》，王勇、张志铭等译，华夏出版社 1989 年版。

〔美〕理查德·昆尼、约翰·威尔德曼：《新犯罪学》，陈兴良等译，中国国际广播出版社 1988 年版。

〔美〕马尔康姆：《回忆维特根斯坦》，李步楼、贺绍甲译，商务印书馆 1984 年版。

〔美〕哈罗德·J. 伯尔曼：《法律与革命——西方法律传统的形成》，贺卫方等译，中国大百科全书出版社 1993 年版。

〔美〕卡尔·A. 魏特夫：《东方专制主义》，徐式谷等译，中国社会科学出版社 1989 年版。

〔美〕小约翰·科布、大卫·格里芬：《过程神学》，曲跃厚译，中央编译出版社 1999 年版。

〔美〕博西格诺：《法律之门》，邓子滨译，华夏出版社 2002 年版。

〔美〕埃里克·方纳：《美国自由的故事》，王希译，商务印书馆 2002 年版。

〔德〕克劳斯·罗克辛：《德国刑法学 总论》，王世洲译，法律出版社 2005 年版。

［美］H. W. 埃尔曼：《比较法律文化》，贺卫方、高鸿钧译，生活·读书·新知三联书店 1990 年版。

［美］约翰·马丁·费舍、马克·拉维扎：《责任与控制——一种道德责任理论》，杨绍刚译，华夏出版社 2002 年版。

［美］安德鲁·冯·赫希：《已然之罪还是未然之罪——对罪犯量刑中的该当性与危险性》，邱兴隆、胡云腾译，中国检察出版社 2001 年版。

［美］道格拉斯·N. 胡萨克：《刑法哲学》，谢望原等译，中国人民公安大学出版社 2004 年版。

［澳］皮特·凯恩：《法律与道德中的责任》，罗李华译，商务印书馆 2008 年版。

［英］维特根斯坦：《哲学研究》，陈嘉映译，上海人民出版社 2005 年版。

［英］维克托·塔德洛斯：《刑事责任论》，谭淦译，中国人民大学出版社 2009 年版。

［英］梅因：《古代法》，商务印书馆 1959 年版。

［英］史蒂文·卢克斯：《个人主义》，阎克文译，江苏人民出版社 2001 年版。

［英］安东尼·奥格斯：《规制——法律形式与经济学理论》，骆梅英译，中国人民大学出版社 2008 年版。

［英］鲁珀特·克罗斯、菲利普·A. 琼斯：《英国刑法导论》，赵秉志等译，中国人民大学出版社 1997 年版。

［英］阿尔弗雷德·诺思·怀特海：《过程与实在》，周邦宪译，贵州人民出版社 2006 年版。

［英］理查德·麦尔文·黑尔：《道德语言》，万俊人译，商务印书馆 2005 年版。

［英］乔治·摩尔：《伦理学原理》，长河译，上海人民出版社 2005 年版。

［英］J. C. 史密斯、B. 霍根：《英国刑法》，李贵方等译，法律出版社 2000 年版。

［德］H. 科殷：《法哲学》，林荣远译，华夏出版社 2002 年版。

［德］汉斯-格奥尔格·伽达默尔：《诠释学Ⅱ：真理与方法——补充和索引》，洪汉鼎译，商务印书馆 2007 年版。

［德］伽达默尔：《伽达默尔选集》，夏镇平译，上海三联书店 1988 年版。

［德］汉斯·海因里希·耶赛克、托马斯·魏根特：《德国刑法教科书》，徐久生译，中国法制出版社 2001 年版。

［德］格吕恩特·雅科布斯：《行为　责任　刑法——机能性描述》，冯军译，中国政法大学出版社 1997 年版。

［德］弗兰茨·冯·李斯特：《德国刑法教科书》，徐久生译，法律出版社 2000 年版。

［德］黑格尔：《精神现象学》，先刚译，人民出版社 2013 年版。

［意］贝卡利亚：《论犯罪与刑罚》，黄风译，中国法制出版社 2002 年版。

［意］杜里奥·帕多瓦尼：《意大利刑法学原理》（注评版），陈忠林译评，中国人民大学出版社 2004 年版。

［意］菲利：《实证派犯罪学》，中国人民公安大学出版社 2004 年版。

［意］帕多瓦尼：《刑法学原理》，陈忠林译，法律出版社 1998 年版。

［法］欧里斯特·勒南：《耶稣的一生》，梁工译，商务印书馆 2000 年版。

［法］勒内·达维德：《当代主要法律体系》，漆竹生译，上海译文出版社 1984 年版。

［法］萨特：《存在与虚无》，陈宣良译，生活·读书·新知三联书店 1987 年版。

［古罗马］西塞罗：《论老年　论友谊　论责任》，陈奕春译，商务印书馆 2007 年版。

［瑞士］皮亚杰：《结构主义》，倪连生、王琳译，商务印书馆 1984 年版。

［苏］A. A. 皮昂特洛夫斯基等：《苏联刑法科学史》，曹子丹等译，法律出版社 1984 年版。

［苏］Л. B. 巴格里 – 沙赫马托夫：《刑事责任与刑罚》，韦政强等译，法律出版社 1984 年版。

［苏］H. A. 别利亚耶夫、M. И. 科瓦廖夫：《苏维埃刑法总论》，马改秀、张广贤译，群众出版社 1987 年版。

齐文远、周祥：《刑法、刑事责任、刑事政策研究——哲学、社会性、法律文化的视角》，北京大学出版社 2004 年版。

罗豪才：《行政法学》，北京大学出版社 1996 年版。

蔡墩铭：《刑法争议问题研究》，五南图书出版公司 1998 年版。

［英］吉米·边沁：《立法理论——刑法典原理》，李贵方等译，中国人民公安大学出版社 1993 年版。

宋英辉主编：《刑事和解实证研究》，北京大学出版社 2010 年版。

［澳］娜嘉·亚历山大：《全球调解趋势》，王福等译，中国法制出版社 2011 年版。

《甘添贵教授六秩祝寿论文集》，学林出版社 2002 年版。

余能斌：《民法学》，中国人民公安大学出版社、人民法院出版社 2003 年版。

期刊、会议录、论文集

王牧：《犯罪研究：刑法之内与刑法之外》，载《中国法学》，2010 年第 6 期。

王政勋：《论社会危害性的地位》，载《法律科学》，2003 年第 2 期。

王政勋：《刑法解释问题研究现状述评》，载《法商研究》，2008 年第 4 期。

李洁：《三大法系犯罪构成论体系性特征比较研究》，载《刑事法评论》（第 2 卷），1998 年。

李洁：《刑事和解的机理研究》，载《扬州大学学报》（社会科学版），2012 年第 3 期。

李洁：《论犯罪构成理论构建的价值前提与基本思路》，载《刑事法评论》（第 24 卷），2009 年。

张旭：《关于刑事责任的若干追问》，载《法学研究》，2005 年第 1 期。

徐岱：《刑法解释学的独立品格》，载《法学研究》，2009 年第 3 期。

王志远：《在"公益"与"私权"之间：违法性问题认识再认识》，载《法学家》，2015 年第 1 期。

陈兴良：《期待可能性的体系性地位——以罪责构造的变动为线索的考察》，载《中国法学》，2008 年第 5 期。

陈兴良：《为辩护权辩护——刑事法治视野中的辩护权》，载《法学》，2004 年第 1 期。

张明楷：《责任主义与量刑原理——以点的理论为中心》，载《法学研究》，2010 年第 5 期。

陈兴良：《从政治刑法到市民刑法——二元社会建构中的刑法修改》，载《刑事法评论》（第 1 卷），1997 年。

陈兴良：《论主观恶性中的规范评价》，载《法学研究》，1991 年第 6 期。

陈兴良：《从刑事责任理论到责任主义——一个学术史的考察》，载《清华法学》，2009 年第 2 期。

张明楷：《结果与量刑——结果责任、双重评价、间接处罚之禁止》，载《清华大学学报》（哲学社会科学版），2004 年第 6 期。

杜宇：《刑事和解与传统刑事责任理论》，载《法学研究》，2009 年第 1 期。

周洪波、单民：《论刑事政策与刑法》，载《当代法学》，2005 年第 5 期。

谢望原：《论刑事政策对刑法理论的影响》，载《中国法学》，2009 年第 3 期。

潭小宏、秦启文：《责任心的心理学研究与展望》，载《心理科学》，2005 年第 4 期。

林亚刚、何功荣：《论刑罚适度与人身危险性》，载《人民司法》，2002 年第 11 期。

张令杰：《论刑事责任》，载《法学研究》，1986 年第 5 期。

刘军：《刑事政策与刑法关系片论》，载《河南省政法管理干部学院学报》，2007 年第 5 期。

韩秋红、史巍：《现代西方哲学转向与哲学观的变革——以西方哲学发展的内在逻辑为视角》，载《社会科学战线》，2007 年第 2 期。

孙伟平：《哲学转向与哲学范畴的变迁》，载《求索》，2004 年第 1 期。

闫顺利、敦鹏：《存在过程论与过程哲学的对话——海德格尔和怀特海的过程观比较》，载《昆明理工大学学报》（社会科学版），2009 年第 2 期。

袁祖社、董辉：《过程哲学的人文旨趣及对生态价值的"后现代"承诺》，载《河北学刊》，2010 年第 5 期。

李景春、李佳：《过程哲学视域的社会进化》，载《湖南城市学院学报》，2010 年第 3 期。

李世雁、曲跃厚：《论过程哲学》，载《清华大学学报》（哲学社会科学版），2004 年第 2 期。

王新举：《论后现代主义对法律主体的解构和建构——以过程哲学为视角》，载《求是学刊》，2008 年第 5 期。

成凡：《是不是正在发生？——外部学科知识对当代中国法学的影响，一个经验调查》，载《中外法学》，2004 年第 5 期。

车凤成：《过程性思维之内涵理解——兼论怀特海过程哲学》，载《延边大学学报》（社会科学版），2008 年第 1 期。

张曙光：《过程范畴与过程哲学》，载《学术交流》，1992 年第 5 期。

许恒达：《刑罚理论的政治意蕴——评"刑事政策"的诞生》，载《月旦法学杂志》，2006 年第 137 期。

黄金荣：《法的形式理性论——以法之确定性问题为中心》，载《比较法研究》，2000 年第 3 期。

汪海燕：《形式理性的误读、缺失与缺陷——以形式诉讼为视角》，载《法学研究》，2006 年第 2 期。

黎宏：《我国犯罪构成体系不必重构》，载《法学研究》，2000 年第 10 期。

张小虎：《大陆法系犯罪构成理论进程解析》，载《社会科学辑刊》，2007 年第 3 期。

李永升：《刑事责任的概念和本质探究》，载《河南科技大学学报》（社会科学版），2008 年第 8 期。

张立伟：《经验传统与历史选择：英国早期人权进程分析》，载《现代法学》，2002 年第 1 期。

宋显忠：《英美国家的宪政传统及其程序观念》，载《法制与社会发展》，2003 年第 5 期。

邓子滨：《法律制裁的历史回归》，载《法学研究》，2005 年第 6 期。

李化祥：《刑事责任及其本质》，载《湖南广播电视大学学报》，2004 年第 1 期。

于光远：《关于责任学的两篇文章》，载《学术研究》，1992 年第 1 期。

吴常青：《论恢复性司法的本土资源与制度构建》，载《法学论坛》，2006 年第 3 期。

邱兴隆：《从复仇到该当——报应刑的生命路程》，载《法律科学》，2000 年第 2 期。

邱兴隆：《报应刑的价值悖论——以社会秩序、正义与个人自由为视角》，载《政法论坛》，2001 年第 2 期。

邱兴隆：《个别预防论的价值分析》，载《法学论坛》，2000 年第 2 期。

邱兴隆：《一般预防论的价值分析》，载《法学论坛》，2000 年第 4 期。

李翔、韩晓峰：《自由与秩序的和谐保证——从刑罚目的谈起》，载《中国刑事法杂志》，2004 年第 3 期。

李婧：《大陆法系近代行政法理念及其实践》，载《南通大学学报》（社会科学版），2008 年第 4 期。

沈岿、王锡锌、李娟：《传统行政法控权理念及其现代意义》，载《中外法学》，1999 年第 1 期。

余蓝、殷茵：《试论行政法理念的重塑》，载《云南行政学院学报》，2005 年第 1 期。

邓蔚：《控权理念与服务理念在当代行政法中的逻辑整合——兼论行政法理论基础的完善》，载《山东社会科学》，2008 年第 6 期。

杨解君：《契约理念引入行政法的背景分析——基础与条件》，载《法制与社会发展》，2003 年第 3 期。

张春莉、杨解君：《论行政法的平等理念——概念与观念》，载《文史哲》，2005 年第 5 期。

陈泉生：《论我国行政法的产生和发展》，载《上海大学学报》（社科版），1995 年第 2 期。

袁华卿、毛玮：《论当前我国行政法的新发展》，载《石河子大学学报》（哲学社会科学版），2007 年第 5 期。

高镜：《我国行政法的基本框架已经形成》，载《人民之声》，2004 年第 7 期。

马长山：《市民社会与政治国家：法治的基础和界限》，载《法学研究》，2001 年第 3 期。

季金华：《论中国传统刑法文化的基本特征》，载《河海大学学报》（哲学社会科学版），2001 年第 1 期。

徐立：《刑事责任的实质定义》，载《政法论坛》，2010 年第 2 期。

张京婴：《也论刑事责任》，载《法学研究》，1987 年第 2 期。

余淦才：《刑事责任理论试析》，载《法学研究》，1987 年第 5 期。

吴常青：《论恢复性司法的本土资源与制度构建》，载《法学论坛》，2006 年第 3 期。

杨磊：《论民事责任的价值》，载《法制与经济》，2008 年第 4 期。

王泽鉴：《损害赔偿法之目的：损害填补、损害预防、惩罚制裁》，载《月旦法学杂志》，2005 年第 8 期。

程红：《刑罚与损害赔偿之关系新探》，载《法学》，2005 年第 3 期。

孙长春、陈淑智：《犯罪被害人"国家补偿"制度的正当性与合法性——法哲学角度考证》，载《福建行政学院福建经济管理干部学院学报》，2006 年第 1 期。

李光灿、罗平：《论犯罪与刑事责任》，载《吉林大学学报》（哲社版），1979 年第 5 期。

方秀菊：《对参考文献作用及规范化著录的探讨》，载《浙江科技学院学报》，2003 年第 4 期。

邓宏炎：《参考文献功能探析》，载《江汉大学学报》，2000 年第 1 期。

成凡：《从引证看法学——法学引证研究的三个基本方面》，载《法商研究》，2005 年第 1 期。

张秀玲：《修复性司法下的多元化犯罪预防》，载《内蒙古大学学报》

（哲学社会科学版），2008 年第 2 期。

苏力：《也许正在发生——中国当代法学发展的一个概览》，载《比较法研究》，2001 年第 3 期。

梁根林：《责任主义原则及其例外——立足于客观处罚条件的考察》，载《清华法学》，2009 年第 2 期。

黎宏：《关于"刑事责任"的另一种理解》，载《清华法学》，2009 年第 2 期。

赵秉志：《刑事责任基本理论问题研讨》，载《中央政法管理干部学院学报》，1995 年第 1 期。

赵廷光：《罪刑均衡论的兴衰与罪责刑均衡论的确立》，载《山东公安专科学校学报》，2003 年第 4 期。

马克昌：《刑事责任的若干问题》，载《郑州大学学报》（哲学社会科学版），1999 年第 5 期。

李永升、林培晓：《刑事责任在刑法学体系中之反思与重构》，载《江西公安专科学校学报》，2008 年第 1 期。

梁华仁、刘仁文：《刑事责任新探——对"罪、责、刑"逻辑结构的反思》，载杨敦先：《刑法运用问题探讨》，法律出版社 1992 年版。

邹建华：《论刑事新派的刑法学思想》，载《南通工学院学报》，2001 年第 4 期。

赵微：《徘徊于前苏联模式下的刑事责任根据理论及前景展望》，载《环球法律评论》，2002 年夏季刊。

戴茂堂：《中西道德责任观比较研究》，载《学习与实践》，2007 年第 6 期。

李强：《法律的道德论证——一个语言哲学的视角》，载《法律科学》，2006 年第 5 期。

李光灿、罗平：《论犯罪和刑事责任》，载《吉林大学学报》（社会科学版），1979 年第 5 期。

王希仁：《刑事责任论》，载《河北法学》，1984 年第 4 期。

张智辉：《我国社会主义刑事责任理论初探》，载《现代法学》，1986 年第 2 期。

刘德法：《刑事责任与刑罚》，载《法学杂志》，1987 年第 5 期。

高铭暄：《论刑事责任》，载《中国人民大学学报》，1988 年第 5 期。

刘广三、单天水：《犯罪是一种评价——犯罪观的主体角度解读》，载《北大法律评论》，2005 年第 1 期。

孔一：《规范的内外破解：道德突破与伦理消解——对犯罪形成过程的实证研究》，载《犯罪学论丛》，2009 年第 7 期。

郭自力、孙立红：《论罪责对犯罪论体系的影响———以期待可能性为基点》，载《法律科学》，2006 年第 1 期。

许永勤、陈天本：《刑罚执行中的人身危险性研究》，载《中国人民公安大学学报》（社会科学版），2006 年第 3 期。

陈伟：《人身危险性评估的理性反思》，载《中国刑事法杂志》，2010 年第 6 期。

杨书文：《刑事责任评价基点的客观主义及其功能评价》，载《国家检察官学院学报》，2001 年第 3 期。

杨建军、张杰：《论罗马法中的刑事责任制度》，载《铁道警官高等专科学校学报》，2010 年第 4 期。

毕成：《论法律责任的历史发展》，载《法律科学》，2000 年第 5 期。

赵微：《中俄犯罪构成理论刍议》，载《求是学刊》，2003 年第 2 期。

陶东风：《大学文艺学的学科反思》，载《文学评论》，2001 年第 5 期。

陈吉猛：《本质主义与整体主义》，载《广西社会科学》，2005 年第 8 期。

和磊：《反本质主义》，载《国外理论动态》，2006 年第 11 期。

郭贵春、李小博：《维特根斯坦与后现代反本质主义思潮》，载《山西大学学报》（哲学社会科学版），2001 年第 2 期。

卞悟（秦晖）：《有了真问题才有真学问》，载《读书》，1998 年第 6 期。

关贵海：《俄罗斯政治变迁的历史和思想基础及其走向》，载《国际政治研究》，2010 年第 1 期。

杨亚非：《判例与俄罗斯法的发展》，载《法制与社会发展》，2000 年第 1 期。

张京婴：《也论刑事责任——兼与张令杰同志商榷》，载《法学研究》，

1987 年第 2 期。

王华平、丛杭青：《概念内容与非概念内容》，载《哲学研究》，2009 年第 9 期。

孙国祥：《社会危害性的刑法地位刍议》，载《江海学刊》，2008 年第 4 期。

詹红星：《社会危害性理论功能论》，载《刑法论丛》第 17 卷，2009 年。

聂昭伟：《论社会危害性与罪刑法定原则的一致性——兼论我国犯罪构成体系的完善》，载《海南大学学报》（人文社会科学版），2006 年第 3 期。

翟中东：《刑罚个别化的蕴涵：从发展角度所作的考察——兼与邱兴隆教授商榷》，载《中国法学》，2001 年第 2 期。

肖世杰：《刑事责任与人权保障———以中外刑事责任理论的比较为视角》，载《广州大学学报》（社会科学版），2009 年第 7 期。

彭利元：《情景语境与文化语境异同考辨》，载《四川外语学院学报》，2008 年第 1 期。

王瑞君：《空白罪状研究》，载《法学论坛》，2008 年第 4 期。

周光权：《违法性认识不是故意的要素》，载《中国法学》，2006 年第 1 期。

周赵顺：《论概念的认识功能》，载《铁道师院学报》（社会科学版），1990 年第 2 期。

蒙晓阳：《为概念法学正名》，载《法学》，2003 年第 12 期。

李居全：《刑事责任比较研究》，载《法学评论》，2000 年第 2 期。

杨国章：《我国借鉴期待可能性理论的分析》，载《政法学刊》，2008 年第 2 期。

杨春洗、刘生荣：《加强我国刑法基础理论的研究》，载《中国法学》，1991 年第 5 期。

宋英辉等：《刑事和解实证研究总报告》，宋英辉等：《刑事和解实证研究》，北京大学出版社 2010 年版。

罗洪阳：《中西方法律文化中的利益观（权利观）比较研究》，载《贵州民族学院学报》（哲学社会科学版），2000 年第 3 期。

谭兆强：《论行政刑法对前置性规范变动的依附性》，载《法学》，2010 年第 11 期。

萨其荣桂：《刑事和解实践中的行动者——法社会学视野下的制度变迁与行动者逻辑》，载《现代法学》，2012 年第 2 期。

张晓渝：《宽恕何以可能》，载《西南农业大学学报》（社会科学版），2012 年第 3 期。

吴泽勇：《从程序本位到程序自治——以卢曼的法律自治理论为基础》，载《法律科学》，2004 年第 4 期。

季卫东：《法律程序的意义——对中国法制建设的另一种意义》，载《中国社会科学》，1993 年第 1 期。

俞荣根、魏顺光：《中国传统"调处"的非诉讼经验》，载《中国政法大学学报》，2012 年第 1 期。

杨会新：《"被害人保护"与"刑罚轻缓化"：刑事和解不能承受之重》，载《法律科学》，2011 年第 6 期。

邱兴隆：《穿行与报应与功利之间——刑罚"一体论"的解构》，载《法商研究》，2000 年第 6 期。

屈耀伦、于文斌：《刑事和解与正义之恢复》，载《江苏警官学院学报》，2011 年第 1 期。

蔡军：《借鉴恢复性司法重构刑事司法正义》，载《求索》，2008 年第 7 期。

耿开君：《中国亟待建立修复正义的观念与实践体系》，载《探索与争鸣》，2004 年第 11 期。

王娜：《修复正义的理论之争》，载《法学评论》，2007 年第 3 期。

韦临、流銮：《论报应、报应的制约与一般预防——兼论一般预防不应是刑罚目的》，载《法律适用》，1997 年第 5 期。

于志刚：《关于民事责任能否转换为刑事责任的研讨》，载《云南大学学报》（法学版），2006 年第 6 期。

沈玉忠：《刑事责任与民事责任衔接与协调的实现——以损害赔偿为切入点》，载《武汉科技大学学报》（社会科学版），2008 年第 1 期。

朱铁军：《民事赔偿的刑法意义》，载陈兴良主编：《刑事法评论》

（第 26 卷），2010 年。

童光政、龚维玲：《论赎刑制度》，载《社会科学家》，1996 年第 3 期。

刘军：《西方财产观念的发展》，载《文史哲》，2007 年第 6 期。

王铁雄：《论财产所有权观的历史变迁》，载《外国法制史研究》，2012 年第 15 期。

何悦华：《从台阶看民族的阴暗心理》，载《现代语文》（教学研究版），2010 年第 6 期。

王瑞君：《赔偿该如何影响量刑》，载《政治与法律》，2012 年第 6 期。

任海涛、苏明星：《论民事赔偿对量刑的影响》，载《吉林省经济管理干部学院学报》，2014 年第 2 期。

张朝霞、谢财能：《刑事和解：误读与澄清——以与恢复性司法比较为视角》，载《法制与社会发展》，2010 年第 1 期。

周长军：《刑事和解与量刑平衡》，载《法律适用》，2010 年第 4 期。

戴昕：《威慑补偿与"赔偿减刑"》，载《中国社会科学》，2010 年第 3 期。

蔡军：《借鉴恢复性司法重构刑事司法正义》，载《求索》，2008 年第 7 期。

姜涛：《无直接被害人犯罪非犯罪化研究》，载《法商研究》，2011 年第 1 期。

王保战：《悔罪如何影响量刑——量刑方法的具体适用》，载《法律方法》（第 16 卷），2014 年。

高金桂：《论刑法上之和解制度》，载《东海法学研究》（第 14 卷），1999 年。

王瑞君：《赔偿作为量刑情节的司法适用研究》，载《法学论坛》，2012 年第 6 期。

王瑞君：《赔偿与刑罚关系研究》，载《山东大学学报》（哲学社会科学版），2011 年第 3 期。

王建平：《死刑判决的民事赔偿挤压功能初论——以被动赔偿不能算孙伟铭"积极悔罪"为视角》，载《社会科学研究》，2010 年第 1 期。

劳东燕：《被害人视角与刑法理论的重构》，载《政法论坛》，2006

第 5 期。

王瑞君：《刑事被害人谅解不应成为酌定量刑情节》，载《法学》，2012 年第 7 期。

孙万怀：《刑事正义的宣谕——宽容》，载《环球法律评论》，2012 年第 5 期。

傅宏：《中国人宽恕性情的文化诠释》，载《南京社会科学》，2009 年第 8 期。

陈根发：《论宗教宽容的政治化和法律化》，载《环球法律评论》，2007 年第 2 期。

王文华：《"法外复仇"传统与"仇恨犯罪"的抗制——以中国传统复仇文化为视角》，载《法学论坛》，2011 年第 6 期。

明辉：《法律与复仇的历史纠缠——从古代文本透视中国法律文化传统》，载《学海》，2009 年第 1 期。

莫妮克·坎托 - 斯佩伯：《我们能宽容到什么程度》，钟明良译，载《第欧根尼》，1999 年第 1 期。

约安娜·库茨拉底：《论宽容和宽容的限度》，黄育馥译，载《第欧根尼》，1998 年第 2 期。

张宁：《德里达的"宽恕"思想》，载《南京大学学报》（哲学·人文科学·社会科学），2001 年第 5 期。

刘宗棠：《中国传统思维方式的逻辑哲学》，载《贵州社会科学》，1993 年第 1 期。

易小明：《本质的生成与生成的本质——本质主义思维方式与生成主义思维方式比较探究》，载《社会科学战线》，2005 年第 4 期。

白玉民、王子平：《关于思维方式若干问题的思考》，载《河北师范大学学报》（哲学社会科学版），2008 年第 4 期。

鲁绍臣：《马克思主义研究应注意范式转化》，载《社会科学报》，2008 年第 4 期。

赵修义：《主体觉醒和个人权利意识的增长：当代中国社会思潮的观念史考察》，载《华东师范大学学报》，2003 年第 3 期。

王国宏：《论 21 世纪中国发展的核心理念：权利本位》，载《攀登》，

2006 年第 6 期。

徐志辉：《分析方法独占思维方式的王位：整体观念的缺失及危害》，载《南京晓庄学院学报》，2002 年第 1 期。

晋荣东：《概念的双重作用"与逻辑理论的证成———对冯契理论的一点引申与应用》，载《华东师范大学学报》（哲学社会科学版），2007 年第 2 期。

马德、苏永生：《我国刑法的压制性文化品格之形成与批判》，载《青海民族研究》，2007 年第 3 期。

《公正与效率是 21 世纪人民法院的工作主题》，载《中华人民共和国人民法院公报》，2001 年第 1 期。

［日］西田典之：《日本刑法中的责任概念》，金光旭译，载《比较刑法研究》，中国人民大学出版社 2007 年版。

［日］大塚仁：《刑法论集》，有斐阁 1978 年版；转引自杨国章：《我国借鉴期待可能性理论的分析》，载《政法学刊》，2008 年第 2 期。

［美］杰伊·麦克丹尼尔：《过程哲学及其对世界的适用性》，载《"哲学：基础理论与当代问题"国际学术研讨会论文集》，2007 年。

［美］丹尼尔·W. 凡奈思：《全球视野下的修复性司法》，载《南京大学学报》，2005 年第 4 期。

［英］安德鲁·瑞格比：《和平、暴力与正义：和平研究和核心概念》，熊莹译，载《学海》，2004 年第 3 期。

［英］詹姆斯·哈里斯：《论西方的财产观念》，载《法制与社会发展》，2003 年第 6 期。

外文文献

Savoy, "The Spiritual Nature of Equality: Natural Principles of Constitutional Law", *Howard Law Journal*, 1985, 2.

Douglas Hay, Peter Linebaugh, "Property, Authority and the Criminal Law", in *Albion's Fatal Tree: Crime and Society in Eighteenth-Century England*, Verso, 1975.

Lawrence M. Friedman, *Crime and Punishment in American History*, Basicbooks, 1993.

Russell Powell, "Forgiveness in Islamic Ethics and Jurisprudence", *Berkeley Journal of Middle Eastern & Islamic Law*, 2011, 4.

David M. Lerman, "Forgiveness in the Criminal Justice System: If It Belongs, Then Why Is It so Hard to Find?", *Fordham Urban Law Journal*, 2000, 27.

Alexis de Tocqueville, *Democracy in America*, Henry Reeve trans. , Saunders and Otley, 1945.

State v. Long, 2 N. C. 455, upreme Court of North Carolina, Salisbury, March, 1797.

Paul H. Robinson, Sean E. Jackowitz, Daniel M. Bartels, "Extralegal Punishment Factors: A Study of Forgiveness, Hardship, Good Deeds, Apology, Remorse, and Other Such Discretionary Factors in Assessing Criminal Punishment", *Vanderbilt Law Review*, 2012, 4.

Sate of New Jersey v. Thomas J. Koskovich, Supreme Court of New Jersey, 776 A. 2d 144, 172, June 7, 2001; State v. Timmendequas, 737 A. 2d 55, 115-16 (N. J. 1999); State v. Clark, 990 P. 2d 793, 806-07 (N. M. 1999); State v. Torres, 713 A. 2d 1, 18 (N. J. A. D. 1998).

Beck v. Commonwealth, 484 S. E. 2d 898 (Va. 1997).

Campbell v. State, 679 So, 2d 720 (Fla, 1996); State v. Barone, 969 P. 2d 1013(Or. 1998).

Graham v. Collins, 506 U. S. 461, 492 (1993).

Stephanos Bibas, "Richard A. Bierschbach. Integrating Remorse and Apology into Criminal Procedure", *Yale Law Journal*, 2004, 114.

Jeffrey L. Kirchmeier, "A Tear in the Eye of the Law: Mitigating Factors and the Progression Toward a Disease Theory of Criminal Justice", *Oregon Law Review*, 2004, 83.

Hannah Arendt, *The Human Condition*, the University of Chicago Press, 1998.

John Hospers, "Psychoanalysis and Moral Responsibility", in *The Prob-*

lems of Philosophy, William P. Alston & Richard B. Brandt eds,1978.

Caryl E. Rusbult et al. , "Forgiveness and Relational Repair", in *Handbook of Forgiveness*, Everett L. Worthington, Jr. ed. , 2005.

Minow,"The Role of Forgiveness in the Law", *Fordham Urban Law Journal*, 2000, 27.

Linda Ross Meyer,"Forgiveness and Public Trust", *Fordham Urban Law Journal*, 2003, 27.

Solangel Maldonado, "Cultivating Forgiveness: Reducing Hostility and Conflict After Divorce", *Wake Forest Law Review*, 2008, 43.

Charlotte van Oyen Witvliet, Thomas E. Ludwig & Kelly L. Vander Laan, "Granting Forgiveness or Harboring Grudges:Implications for Emotion", *Physiology, and Health*, *Psychological Science*, 2001, 12.

Susan W. Hillenbrand & Barbara E. Smith, Victims Rights Legislation: An Assessment of Its Impact on Criminal Justice Practitioners and Victims 71 tbl. 5-9, A. B. A. Crim. Just. Sec. Victim Witness Project 1989.

Frederick Luskin,"The Stanford Forgiveness Projects", in *Forgiveness:A Sampling of Research Results*, 2006, 14. ,http: //www. apa. org/international/ resources/forgiveness. pdf.

Fethullah Gulen, *Forgiveness*, 2001, 9,http://en. fgulen. com/recent-articles/903-forgiveness. html.

Barton Poulson,"A Third Voice: A Review of Empirical Research on the Psychological Outcomes of Restorative Justice", *Utah Law Review*, 2003, 167.

Stephanos Bibas,"Forgiveness in Criminal Procedure", *Ohio State Journal Criminal Law*, 2007, 4.

Richard Lowell Nygaard, "On the Role Forgiveness in Criminal Sentencing", *Seton Hall Law Review*, 1997, 27.

Brad R. C. Kelln & John H. Ellard,"An Equity Theory Analysis of the Impact of Forgiveness and Retribution on Transgressor Compliance", *Personality & Social Psychology Bulletin*, 1999, 25.

Kurt Vonnegut, *Welcome to the Monkey House*, Rosettabooks, 1968.

Frank D. Fincham, "Forgiveness: Integral to Close Relationships and Inimical to Justice?", *Virginia Journal of Social Policy & the Law*, 2009, 16.

Everett L. Worthington, Jr. , "Is There a Place for Forgiveness in the Justice System?", *Fordham Urban Law Journal*, 2000, 27.

Dennis M. Cariello, "Forgiveness and the Criminal Law: Forgiveness through Medical Punishment", *Fordham Urban Law Journal*, 2000, 27.

Edna Erez, "Who's Afraid of the Big Bad Victim? Victim Impact Statements as Victim Empowerment and Enhancement of Justice", *Criminal Law Review*, 1999.

Mahmoud Ayoub, "Repentance in the Islamic Tradition", in *Repentance: A Comparative Perspective*, Amitai Etzioni & David E. Carney eds. ,1997.

Jeffrie G. Murphy, "Remorse Emorse, Apology, and Mercy", *Ohio State Journal of Criminal Law*, 2007, 4.

Hannah Arendt, *The Human Condition*, the University of Chicago Press, 1998.

Paul H. Robinson, Sean E. Jackowitz, Daniel M. Bartels, "Extralegal Punishment Factors: A Study of Forgiveness, Hardship, Good Deeds, Apology, Remorse, and Other Such Discretionary Factors in Assessing Criminal Punishment", *Vanderbilt Law Review*, 2012, 4.

Anne C. Minas, "God and Forgiveness", *Philosophical Quarterly*, 1975, 25.

Meg Leta Ambrose, Nicole Friess, Jill Van Matre, "the Future of Forgiveness in the Internet Age", *Santa Clara Computer & High Technology Law Journal*, 2012, 29.

Julie Juola Exline et al. , "Forgiveness and Justice: A Research Agenda for Social and Personality Psychology", *Personality and Social Psychology Review*, 2003, 7.

Avishai Margalit, *The Ethics of Memory*, the President and Fellows of Harvard College, 2002.

Kin S. Hirsh, "Daughter of Holocaust Survivors Finds Commonality with Children of Oppressors", *Chicago Trib.* , Apr. 30.

F. B. M. Wall, & J. J. Pokorny, "Primate Conflict and Its Relation to Human Forgiveness", In E. L. Worthington, Jr. (Ed.), *Handbook of forgiveness*,

New York：Brunner-Routledge,2005.

H. Reed, L. Burkett, & F. Garzon,"Exploring forgiveness as an interven-tion in psychotherapy", *Journal of Psychotherapy in Independent Practice*, 2001,2.

Worthington, Everett, L. , Jr. , Sharp, C. B. , Lerner, A. J. , & Sharp, J. R. ,"Interpersonal Forgiveness as an Example of Loving One's Enemies", *Journal of Psychology and Theology*, 2006, 34.

Jeffrie G. Murphy,"The Role of Forgiveness in the Law", *Fordham Urban Law Journal*, 2000, 27.

Louis Blom-Cooper, *The Literature of the Law*, The Macmillan Company, 1965.

Roscoe Pound, *Criminal Justice in the American City-A Summary*(1922), Kessinger Publishing, 2010.

Dean G. Kilpatrick et al. ,"The Rights of Crime Victims-Does Legal Pro-tection Make a Difference", *National Institute of Justice*, 1998.

Heather Strang, Lawrence W. Sherman,"Repairing the Harm：Victims and Restorative Justice", *Utah Law Review*, 2003, 15.

Susan Bandes, "Empathy, Narrative, and Victim Impact Statements", *University of Chicago Law Review*, 1996, 63.

Cornelius Prittwitz,"The Resurrection of the Victim in Penal Theory", *Buffalo Criminal Law Review*, 1999, 3.

David Heyd, "Is There a Duty to Forgive?", *Criminal Justice Ethics*, 2013, 32.

Winston Churchill, Home Secretary, *Speech Delivered to House of Com-mons*, Robert Rhodes James ed. , 1974.

Dennis M. Cariello, " Forgiveness and the Criminal Law：Forgiveness through Medical Punishment", *Fordham Urban Law Journal*, 2000, 278.

Derek A. Denckla,"Forgiveness as a Problem-Solving Tool in the Courts：A Brief Response to the Panel on Forgiveness in Criminal Law", *Fordham Urban Law Journal*, 2000, 27.

Maxine D. Goodman, "Removing the Umpire's Mask: The Propriety and Impact of Judicial Apologies", *Utah Law Review*, 2011.

Monica K. Miller, Edie Greene, Hannah Dietrich, Jared Chamberlain, and Julie A. , "How Emotion Affects the Trial Process", *Judicature*, 2008, 92.

Steven Keith Tudor, "Why Should Remorse Be a Mitigating Factor in Sentencing?", *Criminal Law and Philosophy*, 2008, 2.

Bryan H. Ward, "A Plea Best Not Taken: Why Criminal Defendants Should Avoid the Alford Plea", *Missouri Law Review*, 2003, 68.

McKoy v. North Carolina, 494 U. S. 433, 440-43 (1990).

State v. Koon, 328 S. E. 2d 625, 627 (S. C. 1984).

State v. Spain, 953 P. 2d 1004, 1015 (Kan. 1998).

Wilkie v. State, 813 N. E. 2d 794, 800 (Ind. Ct. App. 2004).

Ohio Revised Code, 2929, 12(D)(5).

Bryan H. Ward, "Sentencing Without Remorse", *Loyola University Chicago Law Journal* , 2006, 38.

R. A. Duff, *Punishment, Communication and Community*, Oxford: Oxford University Press, 2001.

State v. Roberts, 77 Wn. App. 678, 685, 894 P. 2d 1340, 1344 (1995).

Simon Wiesenthal, *The Sunflower: On the Possibilities and Limits of Forgiveness*, New York: Schocken Books Inc. , 1998.

John Tasioulas, "Mercy and Clemency: Repentance and the Liberal State", *Ohio State Journal of Criminal Law*, 2007, 4.

American Heritage Dictionaries, *The American Heritage Dictionary of the English Language*, New York: Houghton Mifflin, 2000.

Ralph Slovenko, "Remorse", *The Journal of Psychiatry & Law*, 2006, 34.

Riggsv v. Palmer, Court of Appeals of New York, Decided October 8; 1889, 115 NY 506.

M. Bagaric, K. Amarasekara, "Feeling Sorry? Tell Someone Who Cares: The Irrelevance of Remorse in Sentencing", *The Howard Journal*, 2001, 40.

Ken-IchiOhbuchi & Kobun Sato, "Children's Reactions to Mitigating Accounts: Apologies, Excuses, and Intentionality of Harm", *Journal of Social Psychology*, 1994, 134.

Jeffrie G. Murphy, "Mercy and Clemency: Remorse, Apology, and Mercy", *Ohio State Journal of Criminal Law*, 2007, 4.

Ralph Slovenko, "Remorse", *The Journal of Psychiatry & Law*, 2006, 34.

Pickens v. State, 850 P. 2d 328, 337 (Okla. Crim. App. 1993).

Milton Heumann, "Plea Bargaining: The Experiences of Prosecutors", *Judges, and Defense Attorneys*, 1978.

Brown v. State, 934 P. 2d 245—246 (Nev. 1997).

United States v. Stockwell, 472 F. 2d 1186 (9th Cir. 1973).

Michel de Montaigne, "Of Repentance", in *The Complete Essays of Montaigne*, Donald M. Frame(Translator), Stanford University Press, 1958.

Theodore Eisenberg, Stephen P. Garvey, Martin T. Wells, "But Was He Sorry? The Role of Remorse in Capital Sentencing", *Cornell Law Review*, 1998, 83.

State v. Hardwick, 905 P. 2d 1391 (Ariz. Ct. App. 1995).

Robert Verkaik, "Criminals Offered Shorter Sentences in Return for Guilty Plea", *The Independent*, London, 2004.

Bryan H. Ward, "Sentencing Without Remorse", *Loyola University Chicago Law Journal*, 2006, 38.

Werner Z. Hirsch, "Reducing Law's Uncertainty and Complexity", *UCLA Law Review*. 1974, 21.

Michael M. O'Hear, "Remorse, Cooperation, and 'Acceptance of Responsibility': The Structure, Implementation, and Reform of Section 3E1. 1 of the Federal Sentencing Guidelines", *NW University Law Review*, 1997, 91.

Taft, "Apology Subverted: The Commodification of Apology", *Yale Law Journal*, 2000, 109.

Bryan H. Ward, "A Plea Best Not Taken: Why Criminal Defendants Should Avoid the Alford Plea", *Missouri Law Review*, 2003.

Mary M. Cheh, "Constitution Limits on Using Civil Remedies to Achieve Criminal Objectives: Understanding and Transcending the Criminal—Civil Law

Distinction", *Hastings L. J.*, 1991, 42.

J. P. Reid, *Constitutional History of the American Revolution: the Authority of Rights*, the University of Wisconsin Press, 1986.

Laura J. *Moriarty*, *Controversies in Victimlogy*, Anderson Publishing Co., 2003.

S. P. Garvey, "Restorative Justice, Punishment, and Atonement", *Utah Law Review*, 2003.

Cross, Jones, and Card Criminal Law (10th ed.), *Butterworths*, 1984.

Ralph Slovenko, "Remorse", *The Journal of Psychiatry & Law*, 2006.

Wayne R. LaFave, Austin W. Scott Jr., *Criminal Law*, West Publishing Company, 1986.

学位论文

敬大力：《刑事责任一般理论研究——理论的批判和批判的理论》，载《全国刑法硕士论文荟萃（1981 届—1988 届）》，中国人民公安大学出版社 1989 年版。

陈秋霞：《本质主义及其祛魅历程》，郑州大学 2003 年博士学位论文。

黄广进：《论刑事责任的根据》，西南政法大学 2006 年博士学位论文。

许道敏：《民权刑法论》，北京大学 2001 年博士学位论文。

报纸

范进学：《中西方视野中的权利观》，载《法制日报》，2002 年 7 月 21 日，第 3 版。

黄太云：《〈刑法修正案（七）〉内容解读（二）》，载《人民法院报》，2009 年 4 月 15 日，第 6 版。

吕婧：《刑事赔偿作为法定量刑情节的理性思考》，载《法制日报》，2011 年 10 月 26 日，第 10 版。

吴宏耀、高仰光：《"花钱买刑"：刑事和解的正当性追问》，载《中国社会科学报》，2009 年 7 月 14 日，第 6 版。

李松、黄洁：《刑事和解不是"花钱买刑"》，载《法制日报》，2008

年12月8日，第5版。

杜金存、陈科：《刑事和解不等于以钱抵刑》，载《江西日报》，2009年10月29日，第C2版。

姜福廷、吴池亮：《将赔偿损失作为法定量刑情节的立法思考》，载《人民法院报》，2000年8月21日，第3版。

邓学平：《触摸刑法的温度》，载《检察日报》，2014年1月9日，第3版。

吴涛、谭晓鹏：《撞死人后报警是履行义务还是自首》，载《深圳特区报》，2008年3月25日，第B2版。

任朝亮：《"躲猫猫"案一审 宣判牢头判无期狱警判缓刑》，载《广州日报》，2009年8月15日，第24版。

刘畅：《贪官当庭忏悔传出怎样的画外音》，载《中国青年报》，2014年9月2日，第3版。

石述思：《贪官的忏悔是不是"秀"?》，载《工人日报》，2014年12月21日，第2版。

李克诚：《"忏悔书"中的中国贪官群像》，载《东方早报》，2011年9月8日，第A21版。

胡印斌：《贪官的"N个怨"：忏悔还是推脱?》，载《济南日报》，2013年9月25日，第F2版。

吴元中：《行悔罪渲染易造就伪君子》，载《南方都市报》，2014年12月22日，第A2版。

张黎：《出狱后半年 两次杀人他再度迷失》，载《华西都市报》，2014年3月14日，第F7版。

阮齐林：《刑法总则这两款大有来头，删不得!》，载《检察日报》，2008年2月25日，第3版。

胡友石：《谈谈法律责任》，载《光明日报》，1981年1月6日，第3版。

后　记

　　本书是在博士后出站报告的基础上修改形成的。作为刑法的基础理论，该论题本身就有研究的难度，又有前人成果卓著，更感难以有所谓的创新。且时至今日，似乎这已经成为了无人问津的冷门。我在选择这个研究方向之初亦不无忐忑。但是，结果性刑事责任为什么会被诸多学者作为刑法的基础理论来研究，并从当初的显学发展到今日的无人问津，着实令人困惑。在得到恩师王牧先生的肯定后才坚定了信念，决定以此为题，一探究竟。尽管本书的内容已思索数年，但仍畏言成熟。所以我对"刑事责任的生成"这一命题被认可没有任何期待，更没有妄想这本书是传统刑事责任研究的终点，那无异于痴人说梦。仅期待以此书与同行碰撞思想，学术上有所收获。

　　对于我等无学术天赋者而言，学术民工并不是个美差，青灯黄卷绝对是种孤寂的生活。但对社会可能无意义的东西，却对自己就是生产力，或许在学术民工的行当上，这是绝佳的例子。无益之事却不能释，作为我的第一本书，权且以此自勉。

　　或许不应免俗，我应该逐一真诚地感谢在这本书的创作过程中给予我帮助的人。但我更深知言语的苍白。所以在此，请原谅我不一一道谢，感激之情将铭记于心。

　　本书有幸得到扬州大学出版基金资助，我必须特别感谢扬州大学。

高永明

2017 年 10 月